高等院校**电子商务类**
“十三五”新形态规划教材

电 子 商 务 系 列

电子商务
文案策划与写作

软文营销 内容营销 创意文案

廖敏慧 吴敏 李乐／主编
李宝 杨丹 李家华 程洁宇／副主编

人 民 邮 电 出 版 社
北 京

图书在版编目（CIP）数据

电子商务文案策划与写作 ： 软文营销 内容营销 创意文案 / 廖敏慧，吴敏，李乐主编. -- 2版. -- 北京：人民邮电出版社，2019.6（2021.6 重印）
高等院校电子商务类“十三五”新形态规划教材. 电子商务系列
ISBN 978-7-115-50997-0

Ⅰ. ①电… Ⅱ. ①廖… ②吴… ③李… Ⅲ. ①电子商务－应用文－写作－高等学校－教材 Ⅳ. ①F713.36

中国版本图书馆CIP数据核字(2019)第051267号

特别说明

本书的所有案例仅用于电子商务文案相关课程的教学，编者并非要为涉及的企业、品牌做宣传、推广，也不对企业所宣称的产品功效的真实性和安全性负责。本书引用的图片来源于企业新浪微博、支付宝官方微信、视图网等网站和网络平台，图片版权归属相关企业或设计者。

内容提要

电子商务文案是基于我国蓬勃发展的电子商务行业而兴起的一个岗位，随着电子商务行业的飞速发展与逐渐完善，社会对电子商务文案人员的需求也越来越大。本书针对电子商务文案这一岗位，从岗位要求入手，详细介绍了电子商务文案撰写攻略、商品认知与卖点提炼、网店内页文案策划与写作、网络推广文案策划与写作、内容电商文案写作与发布等知识。本书内容层层深入，且实例丰富，为读者全方面介绍电子商务环境下文案策划与写作所需的知识和技能，能有效地提高读者文案策划与写作的水平。

本书可作为高等院校、职业院校电子商务专业相关课程的教材，也可供有志于或正在从事电子商务文案相关工作的人员学习和参考。

◆ 主　　编　廖敏慧　吴　敏　李　乐
　副 主 编　李　宝　杨　丹　李家华　程洁宇
　责任编辑　侯潇雨
　责任印制　彭志环

◆ 人民邮电出版社出版发行　　北京市丰台区成寿寺路 11 号
　邮编　100164　　电子邮件　315@ptpress.com.cn
　网址　http://www.ptpress.com.cn
　三河市中晟雅豪印务有限公司印刷

◆ 开本：787×1092　1/16
　印张：15.75　　　　2019 年 6 月第 2 版
　字数：326 千字　　　2021 年 6 月河北第 11 次印刷

定价：49.80 元

读者服务热线：(010)81055256　印装质量热线：(010)81055316
反盗版热线：(010)81055315
广告经营许可证：京东市监广登字20170147 号

FREFACE 前言

为适应高等院校电子商务专业相关课程的需要，应广大读者要求，我们对2016年出版的《电子商务文案策划与写作》进行了修订。

《电子商务文案策划与写作》自2016年10月面世以来，深受广大院校电子商务文案课程的教育工作者的喜爱，并受到了广大读者的好评。通过广大读者对本书的评价，我们总结了《电子商务文案策划与写作》的可取之处。

一是内容翔实，理论精要，案例丰富，对初学者和电商从业者具有非常强的指引性，能够帮助他们了解电子商务文案岗位的工作职责并学习文案的写作。

二是体例结构清晰，每章在讲解了理论知识后，都通过实训进行文案的写作训练。不仅帮助读者巩固所学知识，还以实训案例的形式帮助读者提高文案的写作技能。

三是具有非常明确的教学目标及重点，知识讲解深入浅出、通俗易懂，图文并茂、案例经典、可操作性强，性价比高。

为此，我们修订《电子商务文案策划与写作》时，遵循“读者至上”的原则，从更有利于读者学习和使用的角度出发，力求带给读者更加满意的阅读体验。在此次改版中，我们在原书结构体例的基础上删掉了“拓展阅读”版块，将知识以更加贴合读者的方式贯彻于全书，引导读者通过二维码扫描的方式进行拓展知识的学习，其余体例结构并未做大幅度的删改或增加。此次改版工作主要集中在以下几个方面。

一是基于目前电子商务的发展和岗位需求，重新调整了知识点的整体框架，从电子商务文案的相关概念入手，先对电子商务文案的写作进行介绍，再分别对商品认识和卖点提炼、网店内页文案、网络推广文案、内容电商文案进行详细介绍。

二是增加并更新了案例，理论知识附上相应案例，并选取最新经典案例作为示例，便于老师教学和读者自学参考。

三是增加网络推广文案与内容电商文案等新知识，帮助读者更好地进行电子商务文案的学习与写作。

四是校订了上一版中的错误。

本书设计了6章内容，分别是电子商务文案认知、电子商务文案撰写攻略、商品认知与卖点提炼、网店内页文案策划与写作、网络推广文案策划与写作、内容电商文案写作与发布。每章的具体内容如下。

第1章：主要包括电子商务文案的概念、电子商务文案岗位认知和电子商务文案赏析等内容。

第2章：主要包括电子商务文案策划与写作的步骤、电子商务文案的标题写作、电子商务文案的正文写作、电子商务文案的写作注意事项和电子商务文案的视觉呈现等内容。

第3章：主要包括商品认知、目标消费人群分析与定位、竞争对手分析与定位和商品卖点提炼与展现等内容。

第4章：主要包括拟定商品标题、商品详情页文案写作和电商品牌文案写作等内容。

第5章：主要包括微博推广文案写作、微信推广文案写作和资讯类网站推广文案写作、社群推广文案写作等内容。

第6章：主要包括常用内容电商平台简介、淘宝内容电商文案写作与发布等内容。

本书的内容主要有以下特点。

1. 知识系统，结构合理

本书针对电商行业的文案岗位，循序渐进地介绍电子商务文案所涉及的知识，由浅入深，层层深入。与此同时，本书结合“知识＋实战＋练习”，让读者在学习基础知识的同时，能够进行模拟实战，从而加强对知识的理解与运用。

2. 案例新颖、丰富，实战性强

本书每章的开头以案例导读的方式引导读者进行学习，并在正文的知识讲解过程中穿插对应的真实案例，这些案例都十分具有代表性，且比较新颖，具有很强的可读性和参考性，可以帮助读者快速理解与掌握文案写作的方法。

3. 教学资源丰富

书中的“专家指导”栏目总结了相关的经验、技巧，能帮助读者更好地梳理知识。此外，本书通过二维码的方式提供了书中的一些拓展知识，读者扫描二维码即可阅读，从而开阔眼界。

为了保持网络文案的“原汁原味”，编者未对书中所示的大多文案内容进行语言、措辞等修改，特此说明。

本书由廖敏慧、吴敏、李乐担任主编，李宝、杨丹、李家华、程洁宇担任副主编。由于时间仓促和作者水平有限，书中难免存在不足之处，欢迎广大读者批评指正。

编者

2018年12月

CONTENTS
目 录

第5章 网络推广文案策划与写作...156

第6章 内容电商文案写作与发布...213

第 1 章

电子商务文案认知

学习目标

| 熟悉电子商务文案的基础知识

| 掌握电子商务文案的岗位要求和职业素养

| 了解电子商务文案学习领域的要求和目标

引导案例

在2012年前，褚橙只是云南的一种普通冰糖脐橙。然而，在年逾八旬、昔日的烟草大王褚时健通过种植这种橙子再次创业时，这种普通的橙子就被贴上了“励志橙”的标签，并引发了人们的购买热潮。褚时健曾是一名优秀的企业家，王石、冯仑、潘石屹、任志强等企业家都对他惺惺相惜，这些企业家在微博等社交媒体平台上主动传播他的故事，“励志橙”的名字也因此而被人们所熟知。

这个励志故事就是褚橙的品牌故事，因为这个故事，橙子被赋予了更加丰富的价值。它的网上销售代理商——本来生活网也靠着褚橙迅速打开了网站的知名度。2013年，褚橙销售季再次到来时，本来生活网采取了一种个性、幽默、娱乐的方式进行营销，与韩寒以及“一个”App合作。韩寒发布了一则微博：“我觉得，送礼的时候不需要那么精准……”附图是一个大纸箱，上面仅摆着一个橙子，纸箱上印着一句话：“在复杂的世界里，一个就够了。”

文案一经发布，就获得了网友的大量阅读和转载，不仅引发了网友的讨论，还传播了商品的价值，对企业形象和商品质量进行了更好的宣传。其实，不只是微博推广文案，微信推广文案、电子邮件推广文案和社群推广文案等都属于电子商务文案的范畴。

一则优秀的电子商务文案可以让读者将其当作有趣的故事来阅读，让人眼前一亮，印象深刻。随着电子商务市场的逐渐完善，电子商务文案在商品销售、企业品牌传播等方面的作用越来越重要。要想成为一名合格的电子商务文案写手，不仅需要掌握文案的写作方法，还要了解电子商务环境中文案的相关知识，并掌握和具备电子商务文案岗位的岗位要求与职业素质。本章将详细介绍这些知识，让读者全面了解并掌握。

1.1 了解电子商务文案

互联网的快速发展推动着电子商务的不断进步，在这一进程中，电子商务文案应运而生，并逐渐发展成为一个新兴的岗位，它基于电子商务这个广阔的平台，在继承传统文案特点的基础上，延伸出自己的特点。下面将对电子商务文案的相关知识进行介绍。

1.1.1 电子商务文案的内涵

随着经济文化的发展，文案的含义也由原本放书的桌子，衍变为公司或企业中从事文字工作的文章，它是以文字来表现已经制定的创意策略，多存在于广告推广、企业宣传、和新闻策划等之中。随着电子商务的蓬勃发展，服务于电子商务的广告文案也顺势产生，并成为各个商家宣传、推广企业和商品的一种途径。

1. 什么是电子商务文案

传统的文案是指广告作品中的所有语言文字，即在大众媒介上刊发出来的广告作品中的所有语言文字。而随着新媒体时代的到来，文案逐渐发展并基于网络平台传播；这类文案以商业目的为写作基础，通过网站、论坛、微博和微信等交流平台进行发布，达到让消费者信任并引起其购买欲望的目的。

电子商务文案不仅包括文字，还能通过图片、视频、超链接等网络元素来丰富文案的内容，使文案更加富有吸引力。图1-1所示为淘宝首页中的促销广告文案，该广告以文字和图片为主，通过“抢爆款！”“前1小时半价”“领券再减”等文字突出商品优惠信息，再搭配上美观的商品图片，可以快速让消费者对商品有非常直观的印象，并刺激消费者点击该促销广告，进而浏览商品最终产生购物行为。图1-2所示为微博“红人淘”中博主推广的商品文案，主要通过视频直观地展现出商品的包装和使用过程等内容，增加消费者对商品的信任，这是目前电子商务文案的一种常用方式。根据以上两则文案内容可知，事实上，电子商务文案更像是一种营销文案，它不仅展示文案人员的文字功底和创意，更重要的是与消费者沟通，通过文案所展示的内容说服消费者，让消费者产生购买欲望。

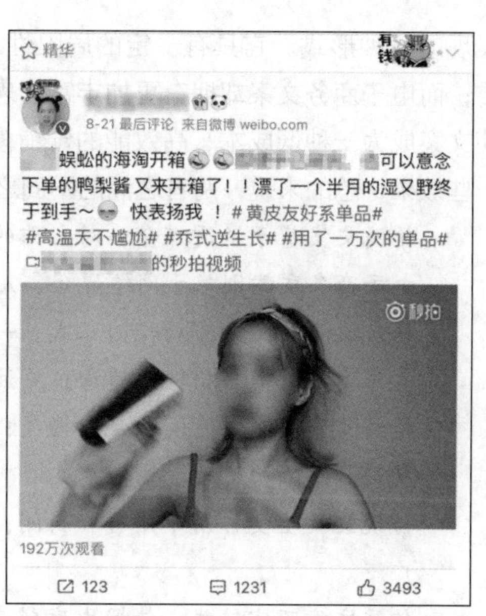

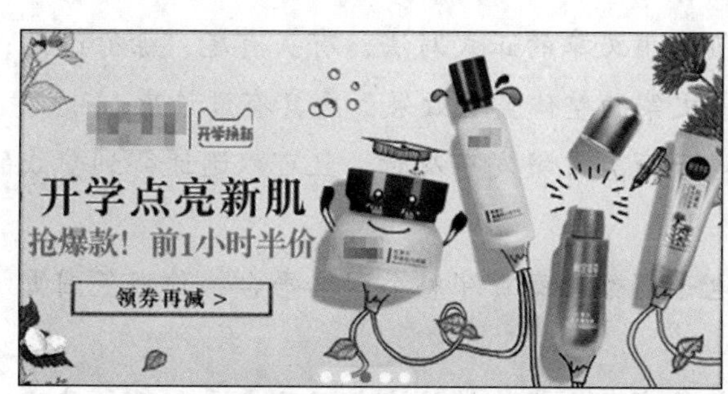

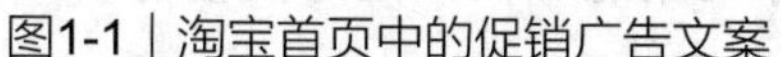

开学换新
开学点亮新肌
抢爆款！前1小时半价
领券再减 >

图1-1｜淘宝首页中的促销广告文案

精华
8-21 最后评论 来自微博 weibo.com
蜈蚣的海淘开箱
可以意念下单的鸭梨酱又来开箱了！！漂了一个半月的湿又野终于到手～ 快表扬我 ！#黄皮友好系单品# #高温天不尴尬# #乔式逆生长# #用了一万次的单品#
的秒拍视频
秒拍
192万次观看
123
1231
3493

图1-2｜微博“红人淘”中的推广商品文案

电子商务文案服务于电子商务领域，不管是文案主题表达，还是具体的商品信息传播，都是为了促进交易的产生和完成。通常采用环环相扣的表达方式来串联内容，不同的环节会有不同的侧重点，每一部分文案表达分工明确，让消费者层层深入，逐渐对文案所表达的内容形成较为全面的认识，进而引起消费者的购买欲望。

基于网络的特点，电子商务文案用语还更加自由和时尚，可以第一时间使用网络中流行的新词、热词来吸引消费者的关注。比如“Duang”这个词是将成龙拍摄洗发水广告时所说的一段话“当我第一次知道要拍洗发水广告的时候，其实我是拒绝的”，与庞麦郎的《我的滑板鞋》进行了同步，“Duang”瞬间成了网络上最新、最热门的词语。于是，很多电商文案开始使用“Duang”来进行文案宣传，图1-3所示为包含“Duang”的电商文案。

当我第一次知道要发好玩的微博的时候，其实我是，是拒绝的，我跟老板讲，我拒绝，因为其实我根本不搞笑，老板跟我讲，发完看效果，转发很好，很多，很牛，发了一天之后呢，转发duang~~~~就上去了！就像加了特技！！duang~~duang~duang~
— 微博版本
当别人给我推荐有道词典的时候，其实我是，我是拒绝的，因为，其实我，一句，一句英语都不会。但词典君跟我讲，有网络释义，热词很多，很全，连 duang 都能查！后来我试了一下，觉得真的不错，立刻，立刻学会了一个单词，duang~duang~ 加特技 ~duang~
— 有道词典版本

图1-3｜包含“Duang”的电商文案

2. 电子商务文案与传统文案的区别

传统的文案是以报纸、杂志、书籍和直接邮寄的广告等为载体的，进行广告信息内容

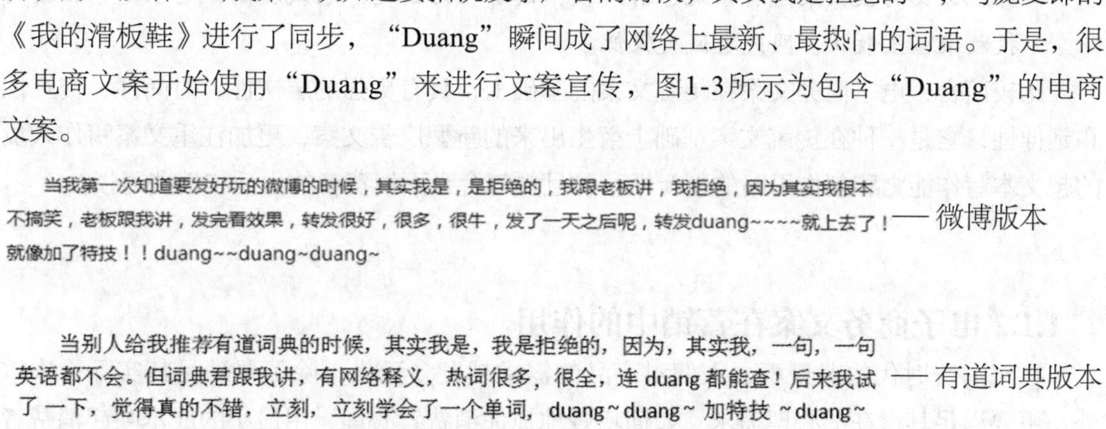

表现的一种形式。它具有一定的局限性，只能通过文章或图文并茂的形式来进行静态宣传；而电子商务文案却拥有更加丰富的表现形式和传播途径，这提高了文案的使用价值，使文案成为一种低成本、高效能的营销模式。但传统文案也有电子商务文案所不能达到的一些效果，总的来说，两者之间的不同之处主要有以下几点。

- 传统文案基于纸质媒介，对文章的质量和语言有较高的要求，具有较强的可信度；电子商务文案则基于网络媒介，用语自由、来源不明，可信度较低。
- 传统文案的文章布局较为正式，一般采用文章的正式写法，有头有尾、徐徐道来；电子商务文案布局较为随意，更注重文案的整体美观效果，更具有设计感。
- 传统文案发布的时间长且门槛高；电子商务文案发布及时，且可以迅速得到受众的反应。
- 传统文案主要作用于广告和新闻；电子商务文案贯穿整个网络平台，作用范围更加广泛。
- 传统文案不宜转载，传播力度弱；电子商务文案能够被广大网民查看，且极其容易被复制、粘贴和传播。
- 传统文案主要以大中小企业或工厂为主；电子商务文案则以网站站长、网商及店长为主。
- 传统文案主要以纸质媒介为主，是静态的；电子商务文案则以网络媒体为主，是动态的。
- 传统文案寿命较短，难以保存；电子商务文案寿命长，可以存储在数据库中或计算机中。
- 传统文案的投放渠道有系统、有规模，读者较为固定，忠诚度高；电子商务文案的投放渠道呈散状，网民忠诚度较低。

比较而言，电子商务文案在传统文案的基础上，具有更强的层次性、时尚性、交互性和延伸性，它是一种在传统文案基础上衍生出来的新型广告文案，更加注重文案写作人员的超文本写作能力和创作思路的创新性，并且更符合当下消费者的生活和消费习惯。

1.1.2 电子商务文案在营销中的作用

在新消费时代的背景下，人们对商品的需求越发多元化，除了要满足其实际需求以外，更要满足其潜在的心理需求。如何巧妙地抓住消费者心理，用最小的成本唤起消费者的共鸣，挖掘消费者的潜在心理需求并满足它，成为摆在众多商家面前的一道难题。而电子商务文案的出现，很好地改善了这些问题。电子商务文案不仅可以展现商家自己的文化和商品，还能更好地体现消费者需求，吸引消费者购买。

1. 促进品牌资产的积累

随着市场与商品竞争的不断加大，企业之间、商品品牌之间的竞争也越来越受到商家的重视，消费者也更容易受到品牌的影响进而选择购买商品。一般来说，品牌资产包括品牌认知、品牌形象、品牌联想、品牌忠诚度和附着在品牌上的其他资产。

- 品牌认知即品牌的知名度，是指受众对该品牌的内涵、个性等有较充分的了解。
- 品牌形象是指消费者对某一品牌的总体质量感受或在品质上的整体印象。
- 品牌联想是指消费者对品牌或商品的联想，包括与商品有关的属性定义或服务功能的联想，或有关商品或服务的购买或消费的外在联想。
- 品牌忠诚度是指消费者在购买决策中，多次表现出来对某个品牌有偏向性的行为反应，它是一种行为过程，也是一种心理（决策和评估）过程。

文案可以将企业和商品品牌以形象生动的文字表达出来，让消费者了解品牌的形成过程、品牌所倡导的文化精神、品牌所代表的意义等。同时，通过对网络信息进行监管，提高品牌的形象，可以增加消费者对品牌的好感和信任度。长此以往，就可以逐渐累积品牌美誉度，提升公众对该品牌的质量可信度、社会公信力、市场竞争力、服务诚意、致力公益和回报社会等方面的综合评价。

例如，经典的王老吉与加多宝微博文案比拼——“对不起”比拼“没关系”。2013年1月31日，广州市中级人民法院裁定，加多宝应立即停止使用“王老吉改名为加多宝”“全国销量领先的红罐凉茶改名为加多宝”或与之意思相同、相近的广告语进行广告宣传的行为。随后，加多宝官方微博连发4条主题为“对不起”的自嘲系列文案，并配以幼儿哭泣的图片，引发上万网友转发。而在同一天的傍晚，微博上马上出现了王老吉版的“没关系”文案，配以幼儿微笑的图片，回应加多宝的“对不起”。两条微博共引来十几万网友的转发和评论，图1-4所示为“对不起”比拼“没关系”文案。

这场文案大战由加多宝发起，通过4组“对不起”文案首先引起了网友的热烈讨论，其巧妙的用语与微妙的表情图片直观地表明了加多宝品牌的态度，激起了网友的同理心，在博得网友一笑的同时又激发了他们转发、讨论的热情。加多宝虽然输了官司，但仍然在网友心中树立起了加多宝正宗凉茶的品牌形象；而接下来王老吉的“没关系”文案则从正面回复，巧妙地将对自己不利的负面消息转化为正面效应，在官司胜诉的基础上进一步扩大了品牌的影响力。可以说，加多宝与王老吉的文案大战是双赢的，它们都通过文案传达出了品牌的理念、形象，建立起了消费者对品牌的深度认知与认同，非常值得文案人员深度研究与学习。

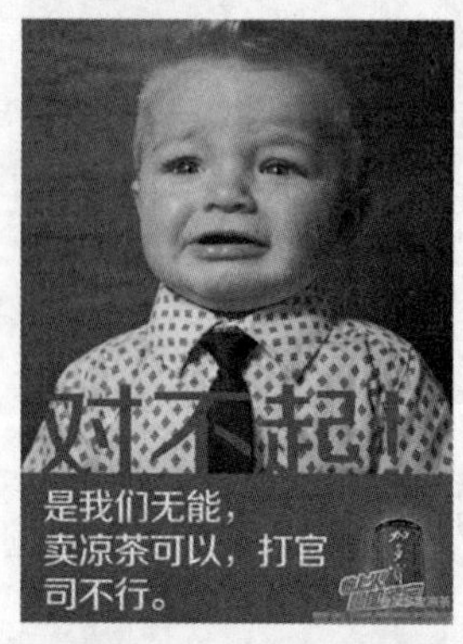

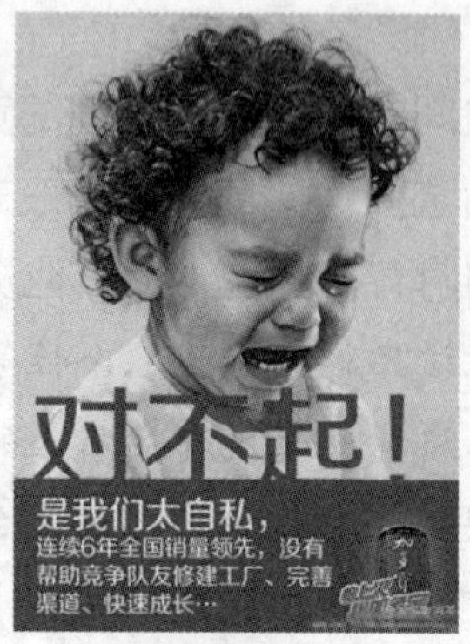

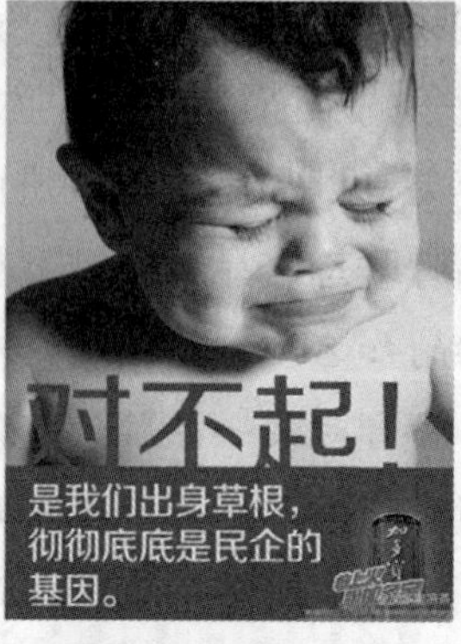

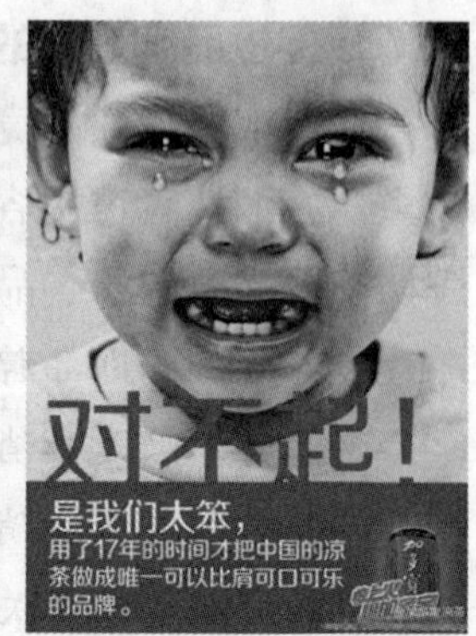

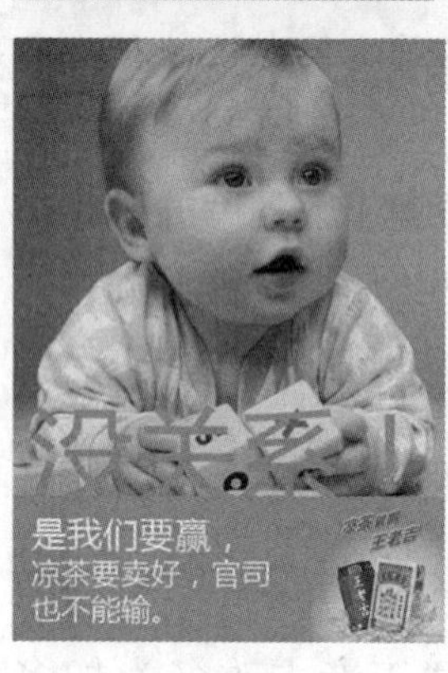

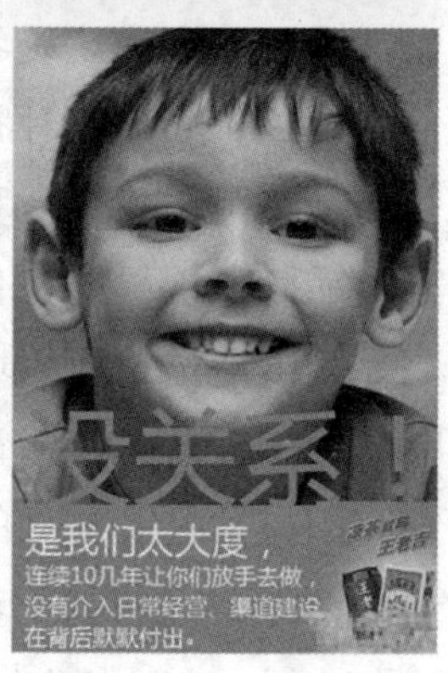

图1-4 | “对不起”比拼“没关系”文案

2. 增加消费者的信任

很多电子商务文案是一种带有销售性质的文案，其主要目的是让消费者信任文案中所描述的商品并产生购买的欲望。因此，也可以将电子商务文案看作是一种销售行为，销售基于信任，而文案恰恰能够建立起商家与消费者之间的信任，如详细的商品信息展示、第三方评价、权威机构认证等都是很好的途径。

不仅如此，文案还能更加准确地揣摩消费者的心理，从多方面出发，做到动之以情、晓之以理，激发出消费者平时没有关注到的潜在需求，引起消费者情感上的共鸣，促使消费者产生购买动机。

比如，海飞丝的文案“对我来说，一个干净的肩膀，让她随时依靠，就是我对她的支持”“去头屑，让你靠得更近”，不仅说明了洗发水的超强去屑功能，还可以引起消费者对头屑问题的联想，加深消费者对这个问题的重视程度，进而产生对商品的需求。

3. 整合与互动作用

电子商务文案基于网络平台可以无处不在，消费者只要具备上网的条件就可以在网络上看到它。商家可以通过各种平台进行文案的推广与宣传，扩大文案的作用范围，如网页、邮件、微博、论坛、QQ、微信等都可以进行推广与整合营销。同时，能及时获得公众的意见与回复，增加彼此之间的互动，形成讨论与话题，如果互动的范围和讨论的话题具有一定的热点，还能更好地进行宣传与营销，起到事半功倍的效果。图1-5所示为某微博知名美食视频博主的一篇博文，先以文字的形式介绍了视频中的内容，再以抽奖的形式吸引更多的用户参与互动，转发、评论和点赞数都非常可观。同时，博主也在评论中积极回复留言，加强了与粉丝之间的联系。

图1-5 | 文案的整合与互动

专家指导

文案如同自我表达，表达能力强的人可以很好地引起他人的注意，不善于表达的人则无人问津。因此，要想达到良好的整合与互动效果，还要有较高的文字表达能力，以吸引受众进行讨论。

4. 增加外部链接与点击量

电子商务文案的一个优点是可以添加外部链接，以带来更多的外部流量并提升网站的

PR值（网页级别）。消费者可以通过点击这些外部链接访问更多的网页，了解企业或商品的更多信息。其次，从搜索引擎优化的角度来考虑，外部链接越多的网页越能够被搜索引擎发现和收录，这意味着网页越能够被消费者搜索到，这样流量也会逐渐上升。

专家指导

消费者的需求得到满足时就会产生愉悦的心理感受，同时会对满足其需求的商品或品牌产生好感；相反，若需求不能得到满足则容易对商品或品牌产生排斥的感受。而文案就是为了实现与客户的良好沟通，改变消费者的固有观念，促使他们产生购买行为，并树立商品和品牌良好形象而产生的。

1.1.3 电子商务文案的类型

电子商务文案种类繁多，不同的文案适用于不同的情景，所达到的效果也大不相同，我们可以大致将电子商务文案分为网店内页文案、网络推广文案、内容电商文案3类。下面分别对各类文案的相关知识进行介绍。

1. 网店内页文案

网店内页包含的页面众多，如商品列表页、搜索页、商品展示页等。对于文案写作来说，网店内页文案主要是为了描述商品展示信息而写作的文案，常表现为商品标题文案、商品促销广告文案、商品描述文案、品牌故事文案等，下面分别进行介绍。

（1）商品标题文案

消费者通过搜索关键词可以在电子商务网站中获得与搜索关键词相关的所有商品信息，而搜索结果与搜索关键词和商品标题内容的匹配度有密切关系。在不考虑商品其他因素的情况下，商品标题文案与消费者搜索关键词之间的匹配度越高，搜索结果中出现该商品的概率就越高，消费者点击该结果进入内页查看的概率也就越高。

因此，商品标题文案是非常重要的，它不仅需要包含与消费者搜索意向相匹配的关键词，还要在符合电子商务平台对商品标题限制的条件下，合理地将关键词与其他词汇组合起来，使其形成语句连贯、关键词突出、信息包含完整的标题内容，才能最大可能地被电子商务平台检索出来，并呈前列显示在消费者眼前，吸引消费者对商品产生兴趣。图1-6所示为在淘宝网中以关键词“运动休闲鞋男潮2018新款”进行搜索的结果，从中可以看到，商品标题中与消费者搜索关键词相匹配的词语是组成商品标题的关键性词语，可以通过不同的组合方式关联商品的其他信息，使其成为具有点击率的商品标题文案。需要文案人员注意的是，商品标题文案不需要华丽的辞藻和夸张的修辞，而是要在综合考虑消费者搜索需求的基础上，按照电子商务平台搜索引擎的搜索规则来进行写作，以实用性为主。

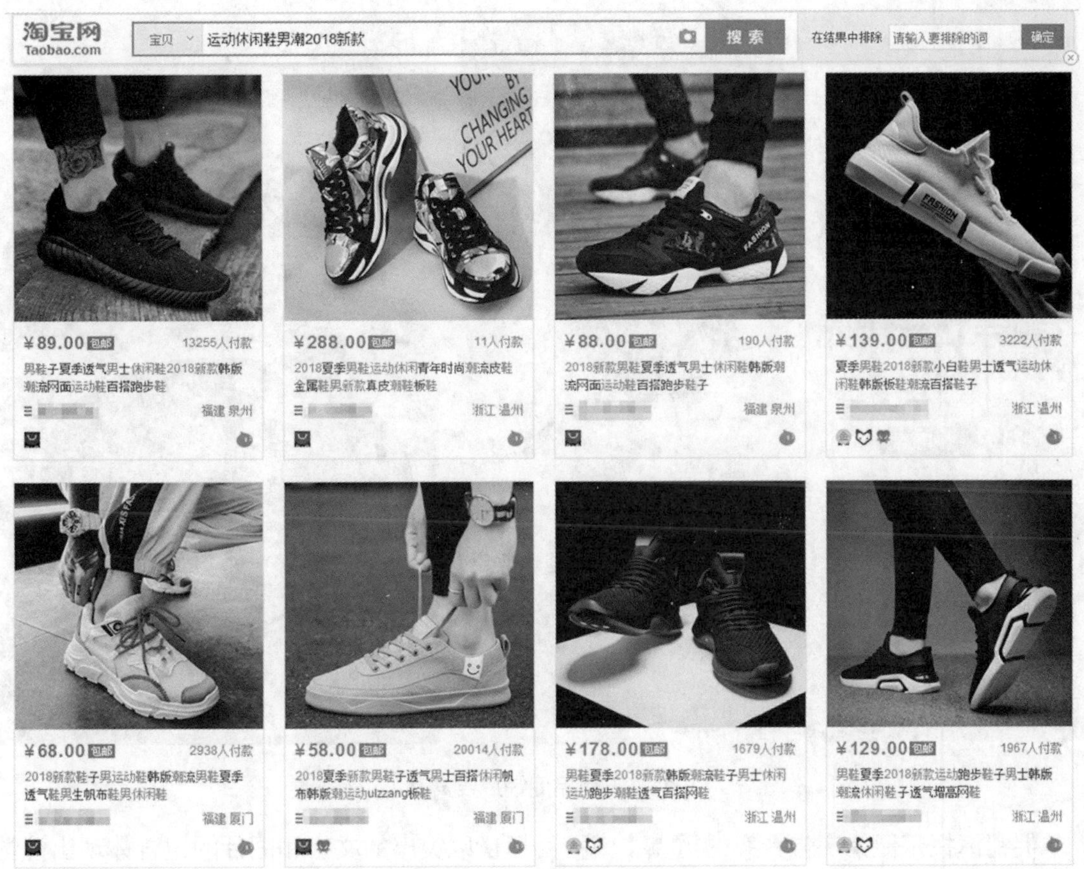

图1-6｜商品标题文案

（2）商品促销广告文案

为了宣传商品，商家常常会通过一些促销广告文案来吸引消费者，这类文案的目的是刺激消费者产生购买商品的欲望，增加商品的浏览量与销量。商品促销广告文案的重点是促销，文案内容常以口号的形式号召消费者参与购物，因此，用语相对简洁，内容简短，以突出性的商品卖点、优惠价格、促销力度等内容为主。图1-7所示为一款苏泊尔“红点锅”商品详情页中的促销广告文案，主要包括促销海报和商品卖点两部分。文案首先通过3张优惠促销海报展示促销信息，不仅向消费者展示了本商品“直降50元”的优惠信息，还展示了店铺内的其他商品促销信息，增加商品的关联营销力度，增加其他商品的跳转率；其次，还以“有点不一样　平底”文案展示了商品的基本信息，说明商品是一款平底锅，但又与其他的平底锅不一样，引起消费者想要一探究竟的欲望，增加消费者在商品详情页中的停留时间，进而继续浏览商品信息，最终达到提升销量的目的。

图1-7｜商品促销广告文案

促销海报是促销广告文案的重点，海报要尽量以突出的文字和图片的组合体现出视觉吸引力，以提高消费者对促销商品的认知，激发他们的购买欲望。在策划促销海报时，要注意海报文案的内容形式并不是固定的，可以是“标题+副标题+活动规则”，可以是“标题+副标题+销售话语”，也可以添加商品卖点、促销力度、活动时间或最低价等内容，若是线下实体店也有活动，还可在海报上添加实体店的活动地点。由此可以看出，海报文案的内容非常灵活，商家可以根据促销目的灵活安排。

专家指导

除了网店内页中的促销海报文案外，网店其他页面也可能出现海报文案，这些海报的内容既可以是新商品上新宣传、优惠促销，也可以是活动推广。

（3）商品描述文案

商品描述文案是用于进行商品信息说明的文案，其作用是解释说明商品的各项信息，包括功能、性能、规格、参数、使用方法等，让消费者对商品有一个全面详细的了解。商品描述文案主要围绕商品信息进行写作，其内容一般较多，贯穿在整个商品展示页面，因此要注意描述语言的风格统一和用词准确。在商品详情页中常通过详细的商品描述文案来说明商品，如商品颜色、商品细节、工艺技术等内容。图1-8所示为一款电风扇商品的部分描述文案，说明了商品的内部组成、风力感应、参数组成、实时显示屏等信息，让消费者对这款商品的主要功能有所了解后继而打动他们，产生购买欲望。

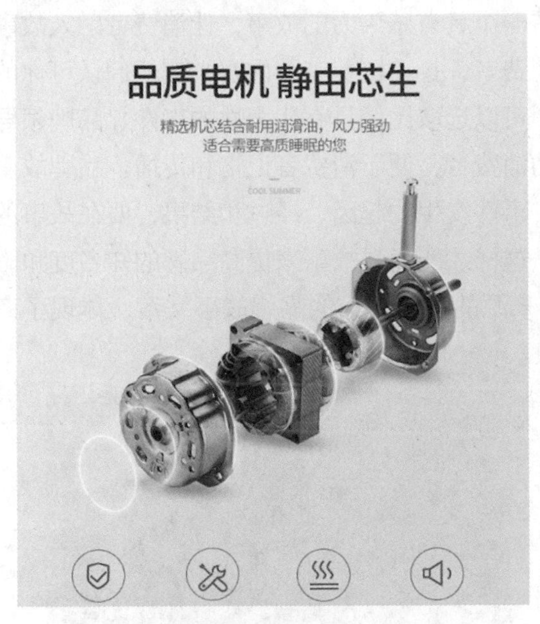

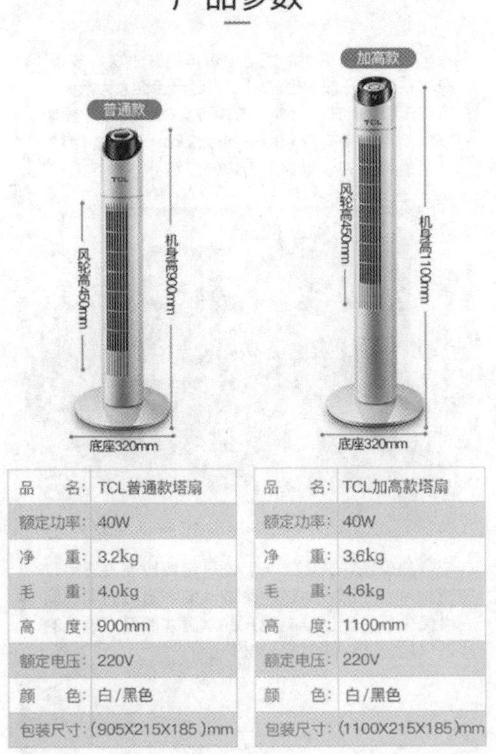

品　　名：	TCL普通款塔扇
额定功率：	40W
净　　重：	3.2kg
毛　　重：	4.0kg
高　　度：	900mm
额定电压：	220V
颜　　色：	白/黑色
包装尺寸：	(905X215X185)mm

品　　名：	TCL加高款塔扇
额定功率：	40W
净　　重：	3.6kg
毛　　重：	4.6kg
高　　度：	1100mm
额定电压：	220V
颜　　色：	白/黑色
包装尺寸：	(1100X215X185)mm

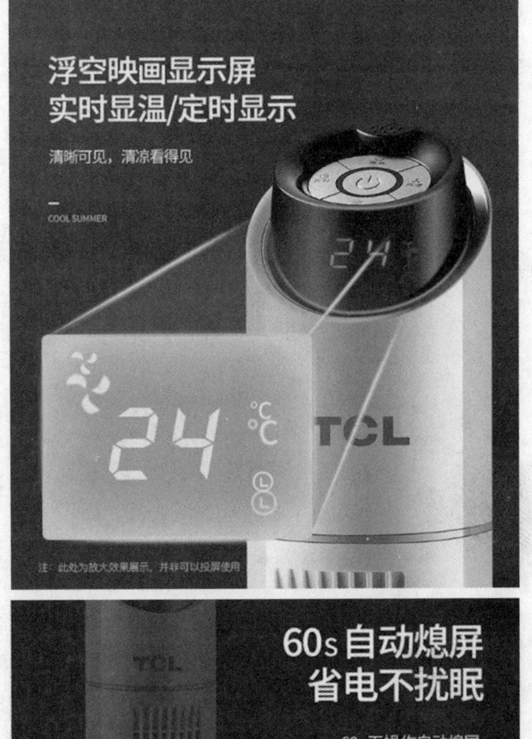

图1-8｜电风扇描述文案

（4）品牌故事文案

品牌故事文案常出现在网店内页文案中用于展示企业的实力与品质。品牌故事文案的重点是“故事”，通过一定的描写手法来塑造一个具有感染力的故事，让消费者融入故事情节中，产生自我带入情绪才能更好地感染消费者，打动消费者的内心，使他们认可你的品牌。品牌故事文案写作不能太过天马行空，可以选取比较具有代表性的事件、品牌领导人、企业来历等角度来切入，这样更容易触动消费者，便于消费者记忆和传播。品牌故事文案要写清楚故事发生的时间、地点、人物，事件发生的起因、经过和结果，要在故事的发展中融合品牌的来历、理念、价值等信息，这样才能通过故事来提高品牌的知名度和影响力。图1-9所示为一款护肤商品从商品原料来源的角度写作的品牌故事文案，体现了商品的高品质，给消费者留下了良好的品牌印象。

图1-9｜品牌故事文案

2. 网络推广文案

电子商务文案服务于整个网络平台，为了推广并宣传自己的商品、品牌或服务，商家可以通过各种网络渠道（如目前较为主流的微博、微信、资讯类网站和社群）进行宣传，相应的，文案人员就要在这些平台中写作并发布商品、品牌或服务的推广文案。网络推广文案由于推广平台不一，其写作方法和表现形式也有所不同，但相同的是，它们都是通过写作具有吸引力的内容来吸引消费者，提高消费者对话题的关注度，并引导他们积极参与话题讨论，在无形中将商品的特性和功能诉求详细地告诉消费者，激发他们的关注度和购买欲。图1-10所示为两则微博推广文案，它们借势七夕节，将品牌、商品与热点融合起来，借用热点来宣传商品，是网络推广文案常用的一种手法。

图1-10｜微博借势推广文案

3. 内容电商文案

随着电子商务的快速发展，消费者的行为习惯渐渐发生了变化，从最初的由商家被动提供信息，到如今主动通过网络渠道获取内容，消费者对网上信息的真实性有了更多的考量，能够快速分辨出哪些是广告，哪些是真实信息。在这种环境下，生硬的电商推广文案对消费者的影响在逐渐变小，内容电商逐渐兴起并成为影响消费者购物行为的主要因素。

内容电商文案是内容电商进行宣传营销的一种营销策略，它将图片、文字、视频和音乐等元素以内容的形式呈现出来，使其成为消费者可以消费的信息，淘宝头条和京东快报就是最为典型的内容营销方式。通过文章的形式将需要营销的内容转化为有价值的服务，进而吸引用户点击、阅读，引起消费者的购物兴趣并付诸行动。同时这种内容的表达方式又使企业与消费者之间建立起了强有力的互动，为企业品牌与形象的建立提供了更直接的途径。

图1-11所示为京东快报、发现、发现好货的首页，它们都是京东专为电商商家提供的内容营销平台入口，文案人员可以通过这些入口写作并发布文章，向消费者推荐各种购物咨询或分享购物、使用心得，通过高质量的内容来赢得消费者的青睐，使消费者成为商家的忠实粉丝，进而聚集粉丝以提升店铺转化的一种营销方式。

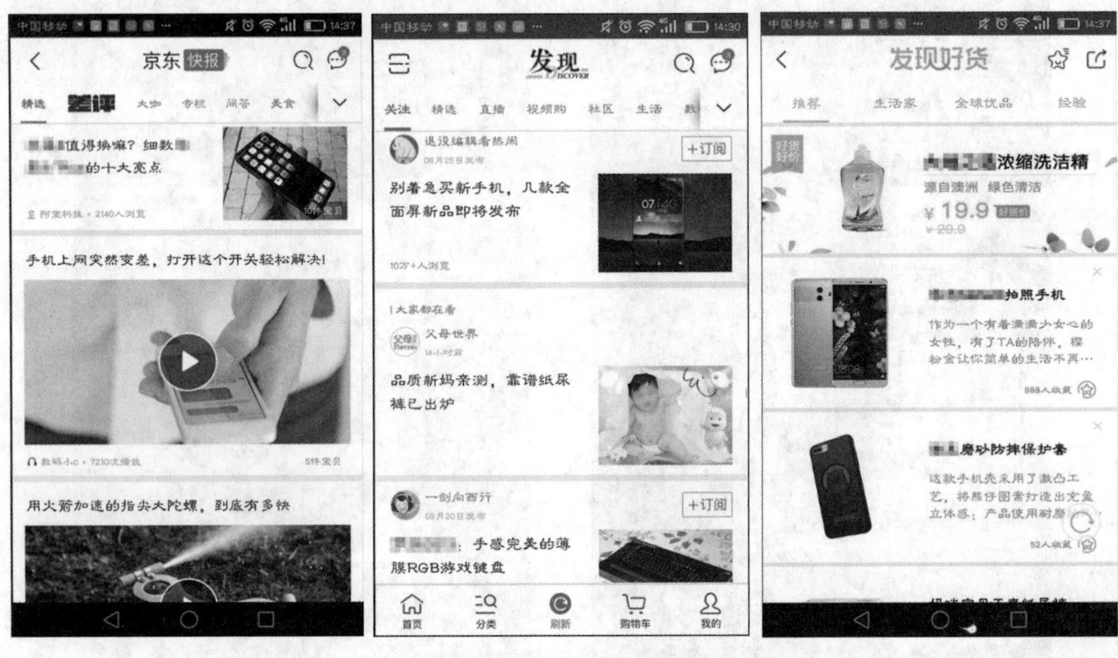

图1-11｜京东内容电商平台入口

1.2 电子商务文案岗位认知

电子商务文案岗位工作人员的工作能力与职业素养决定着文案优秀与否。一个优秀的文案人员不仅可以写出成功的文案，引起网友的共鸣，还能配合公司其他部门进行商品或服务的推广与宣传。

1.2.1 电子商务文案岗位工作职责

电子商务文案岗位的工作内容主要是为电商企业的商品设计、广告宣传等进行相应的文案撰写，其工作范围非常广泛，还包括各种品牌推广、活动策划、平面设计、新媒体运营、美工设计和美术指导等所有与电商的宣传、推广、营销相关的内容。要成为一名合格的电子商务文案工作者，需要先了解其岗位职责，主要包括以下几项。

- 根据公司或企业的品牌定位及商品风格，对商品进行创意思考及文案策划。
- 分析市场上的同类竞争品牌和受众心理，撰写品牌文案，提升公司形象。
- 抓住卖点，跟进热点，编写能突出商品特点、展现商品价值、使消费者产生强烈购买欲的商品描述。
- 写作商品文案、广告文案、品牌宣传文案、活动文案等各类营销文案或软文。
- 协助公司或企业推广团队完成推广方案的文案策划和撰写。
- 熟练掌握和运用各种新媒体营销推广渠道进行文案的撰写和发布，提高公司或企业的品牌知名度。

专家指导

很多时候，文案岗位所承担的工作内容不仅仅在于文案的撰写，更多的是“策划”“编辑”“推广”等工作内容的整合。

1.2.2 电子商务文案岗位的要求

要想成为一名合格的电子商务文案人员，需要拥有能够胜任该岗位的基本能力，主要包括以下几点。

- 要有协调合作能力。文案写作涉及的范围较广，需要与各部门的工作人员进行多方协调与沟通，因而要具备良好的团队合作能力。
- 要有敏锐的市场洞察力；具备能够快速并准确地捕捉商品亮点，对受众进行深入分析的能力。
- 要有扎实的文字功底，具备优秀的文案资料搜集、整理、组织和编辑的能力。写作语言要流畅有技巧，能打动目标群体。
- 要思维活跃、有创意，从多样化的角度去看待事物，找到事物不同的切入点。
- 要有高度的责任感，爱岗敬业、诚实守信的工作作风和严谨踏实的工作态度。

除此之外，文案岗位还有专业要求，一般倾向于选择广告、新闻、中文等专业的就业者，但电子商务文案的灵活性很大，若是个人拥有文案功底或是对这个行业有独到见解，是个会创新、有创意的人，企业也会放宽录用条件。

专家指导

以文案为关键词进行搜索可以发现，新媒体运营类文案职位的招聘信息发布的数量最多，其次是网站编辑、内容运营、网络运营专员/助理、微信推广等，可见针对社交类媒体文案的岗位较多，需求量也较大，而新媒体文案、内容运营等都包含在电子商务文案中，可见电子商务文案的发展前景十分乐观。

1.2.3 电子商务文案岗位的职业目标

职业目标的达到意在职业能力素养的培养，电子商务文案岗位工作人员的工作能力与职业素养对文案的质量起着决定性作用。只有具备文案创作的各种相关知识储备与能力储备，才能更好地应对文案岗位工作中的各种问题，写出优秀的、符合消费者需求的文案佳作。

1. 知识目标

文案工作者需要大量的知识储备，包括广泛的知识面和其他专业性知识，具体如下。

- 注重积累，博览群书，学习别人的文章、创意，积累经验。
- 了解行业知识及具体的商品特性、功能等，使文案更具针对性。
- 了解受众的消费心理与行为，让文案更具沟通性。
- 学习传播学知识，让文案更具传播性。
- 掌握电子商务文案的含义、特点与写作基本要求。
- 掌握电子商务文案的标题写作原则、文章切入技巧。
- 明确电子商务文案的写作禁忌与误区。

2. 能力目标

在从事文案岗位工作时，至少应具备以下几种能力。

- **写作能力**｜具体包括文案的语法、逻辑等写文章应掌握的基本技能；对于文章语言风格的把控；文章具体内容写作时的灵活性，即根据文案类型的不同进行不同的描述；注意文案写作的技巧，善用图片（包括动态图片）、音乐、视频、超链接等元素。
- **软件能力**｜文案创作人员除了应具有写作能力外，还需具备基本的软件操作能力，一些企业是让文案创作人员同时承担文案的写作与排版设计的。所以为了确保文案创作人员的自行排版能力，其最好掌握Photoshop、InDesign、Office等软件的操作。
- **审美能力**｜只有文案创作人员本身具备欣赏美的能力，才能写出让受众觉得美的文案。对美的把握可从这些方面入手：文字排版如版式的整体风格、字体大小、颜色、字间距、行间距等，图文的搭配是否协调，版面是否整洁优美，文案读来是否让人觉得简练而有重点等。

专家指导

审美能力可通过解析优秀文章来进行提升，在观摩优秀文章时，可以分析它的文案排版及文字是否颇具节奏、韵律与美感，包括每段、每行、每句甚至是标点符号等细节的设计。切记版块不要太多，颜色不可太杂，保证整体的简洁舒服。

- **分析能力**｜对公司、品牌定位和风格的分析，对商品投放的市场、面对的目标群体及其需求和消费心理的分析，对投放渠道及用户反馈的分析。通过数据分析，文案创作人员能快速对文案做一个比较有条理的结构输出，使文案层次清晰，有理有据，具有针对性。杰出的分析能力能帮助文案创作人员抓住商品的核心卖点，写出直击消费者痛点、用户转化率高的文案。
- **学习能力**｜文案的写作是一个不断积累与学习的过程，学习能力强的人能在面对新事物时，取其精华，去其糟粕，能更快吸收新知识，对新知识融会贯通，将学到的知识转化为自己所需要的能力，并在此基础上推陈出新，创造出优秀的作品。

3. 理念目标

写作文案时应持有理念目标，这样才能为文案的写作树立一个整体的大局观，具体内容如下。

- 树立积极正面的营销意识和行业竞争观，为文案写作提供方向与动力。
- 培养创新思维、创新意识和创新能力，形成以创新为立足点的文案策划与写作观。
- 形成系统、完整、条理清晰的商品推广理念。

专家指导

文案写作中的创新能力也非常重要，充满新意的想法能使文案不落俗套，从而引起受众的注意与共鸣。

1.3 电子商务文案赏析

随着互联网和电子商务的快速发展，网络中出现了很多优秀的文案。下面节选一些比较有代表性的文案进行赏析，帮助读者快速了解并学会文案写作的切入角度。

1.3.1 Jeep经典文案赏析

Jeep是汽车史上最具传奇色彩的名字，能够让听到它名字的人有一种向往自由的感觉。时至今日，Jeep早已成为自由、野性、刚毅与豪情的代名词，更赢得了“无往不至，无所不能”的美誉。Jeep汽车作为越野车型的先驱领导者，已经历经73年的不断更新，不断地迎合着人们的越野理念以及更加先进的越野技术。为此，Jeep策划了“每个人心中都有一个Jeep”的文案，这一系列文案一语双关，通过对生活态度、人生哲学的探讨，渗透着品牌价值观，不仅巧妙地植入了竞争品牌，而且让自身品牌形象显得更加从容而高大。图1-12所示为Jeep文案“每个人心中都有一个Jeep”。

图1-12 | Jeep文案“每个人心中都有一个Jeep”

1.3.2 江小白经典文案赏析

江小白是一款面向年轻受众群体的高粱酒，其品牌理念是“我是江小白，生活很简单”，主张“简单纯粹，特立独行”的生活态度。江小白创立于2012年，通过其经典的文案从众多的酒类商品中异军突起，品牌知名度和用户认知度快速提升，成为酒类品牌中的“网红”商品。下面对两个比较经典的江小白文案进行赏析，希望读者能够有所收获。

1. 表达瓶文案

表达瓶文案是指消费者将创作的文案印在江小白瓶身上，放大消费者的倾诉欲望，调动消费者的参与积极性，加强消费者与江小白之间的沟通，真正实现了消费者与商品之间的交流。

江小白表达瓶以“我有一瓶酒，有话对你说”为基础语录，鼓励消费者扫描江小白瓶身上的“扫一扫”二维码，进入表达瓶H5互动页面，在该页面中消费者可以写下任何想说的话，也可上传自己的照片，如果消费者的表达内容十分出彩，就有可能被江小白采用，拥有属于消费者自己的“定制表达瓶”。图1-13所示为江小白表达瓶文案示例，它改变了以往消费者单向接收信息的形式，让消费者也参与到商品的创作过程中，这些文案来自消费者的心声，能够更加引起消费者内心的情感共鸣，达到树立品牌形象的目的。

图1-13｜江小白表达瓶文案

2. “早知道”系列文案

俗话说“千金难买后悔药”，如果“早知道”事情的结果，是不是就可以提前做选择，避免产生遗憾！但是，世上没有后悔药，人生也没有那么多的“早知道”。江小白抓住消费者的这种遗憾情绪，以“早知道”为切入点写作了一系列推广文案，通过诉说人生中的各种憾事，引起消费者内心的情感共鸣，最终以“人生没有早知道　只有当下酒，眼前人”的文案作为结尾，既点明了推广的主题“酒”，又让消费者与江小白产生情感上的共鸣和满足，达到品牌塑造与植入的目的。图1-14所示为“早知道”系列文案的部分示例。

图1-14｜江小白“早知道”系列文案

1.4 本章实训

为了帮助读者熟练掌握电子商务文案的基础知识，下面以两个实训为例进行练习。

1.4.1 电子商务文案岗位认知

电子商务文案岗位的未来从业人员，必须了解电子商务文案的当前发展趋势和行业前景，才能更好地制订学习方案并规划未来计划。下面，请在搜索引擎中搜索电子商务文案，并通过招聘网站搜索电子商务文案的相关工作岗位，查看其任职要求和需要具备的职业素质。

1. 实训要求

①通过搜索引擎获取电子商务文案的相关知识。

②在招聘网站中查看电子商务文案岗位的相关要求。

2. 实训准备

在搜索引擎中搜索电子商务文案的相关知识，需要熟悉在网络中筛选信息的原则与方法，以帮助找到符合自己需要的、有价值的信息。一般来说，在搜索引擎中筛选信息时需要遵循4个原则，分别是目的性、计划性、全面性和及时性。

- **目的性**｜搜索信息前要先明确自己的目的，在此基础上确定信息搜集的执行方向。
- **计划性**｜对于搜索信息的行为要有一定的统筹规划，有计划地搜集信息可以提高信息搜集的效率与内容的准确性。
- **全面性**｜网络中的信息非常丰富，在搜索并筛选信息时不要仅仅只看一两条排列在前面的信息，要通过不同的关键词搜索，综合对比分析并找出具有阅读价值的信息进行查看，保证信息的全面客观和真实。
- **及时性**｜网络信息具有很强的时效性，要注意筛选信息的时间，尽量选择接近当前环境下的有效信息，避免被已经淘汰的过时信息干扰，而对最终的结果产生不良影响。

在遵循以上原则的基础上，对信息的真实性进行判断，注意查看信息的来源、信息内容的真实性和准确性，并对信息进行归纳整理，最终才能得到最有用的信息。

3. 实训步骤

①了解电子商务的相关知识。在百度搜索引擎中输入关键词“电子商务”，查看网页中关于“电子商务”的解释，并单击“电子商务的最新相关信息”超链接，查看电子商务的发展情况，如图1-15所示。

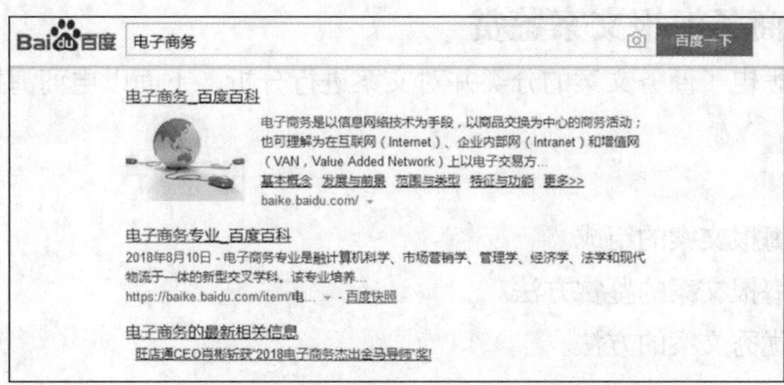

图1-15｜在百度搜索引擎中查看电子商务的相关信息

②搜索电子商务文案的相关知识。在搜索引擎中输入“电子商务文案”进行搜索，查看搜索结果中对于电子商务文案的相关描述，由于信息很多，需要合理筛选具有价值的信息进行整理、归纳，并总结出电子商务文案的内涵。

③查看电子商务文案岗位的任职要求。在智联招聘网站首页单击“职位搜索”超链接，在打开的页面中输入关键词“文案”和“电商文案”，对两者的搜索结果进行对比分析，查看电子商务文案在整个文案岗位中的分布比例，并单击查看关于电商文案的任职要求，如图1-16所示。

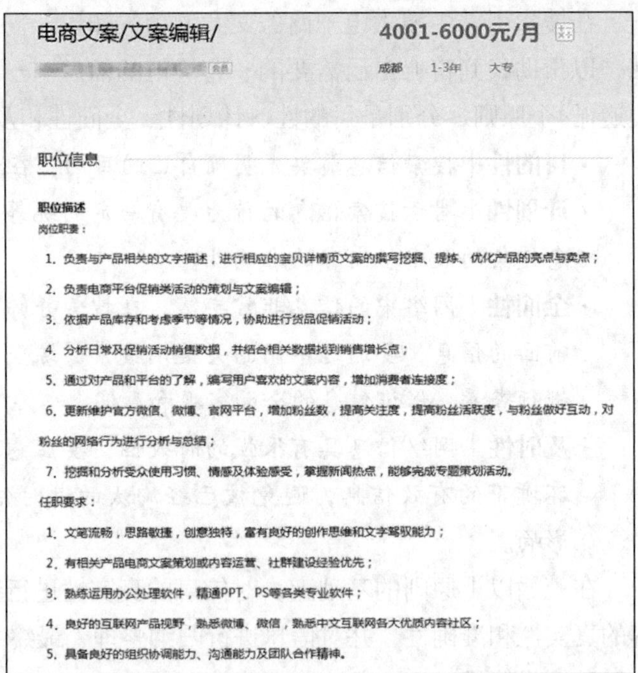

图1-16｜查看电子商务文案岗位的任职要求

1.4.2 电子商务海报文案鉴赏

为了更加熟悉电子商务文案的分类并对文案进行分析，下面以电商海报文案为例进行文案的鉴赏分析。

1. 实训要求

①掌握电商海报文案的组成。

②掌握电商海报文案的鉴赏方法。

③学会分析优秀文案的方法。

2. 实训准备

海报是电商常用的促销或活动推广载体，主要由图片和文字组成，以其强烈的视觉冲击力和突出的卖点吸引消费者。一般来说，促销海报文案大致可分为两种，一种是普通的商品上新或活动文案，这种文案一般不展示优惠信息；另一种是依托某种活动而制定的，利用打折、优惠券等营销手段制作而成的活动海报，是为了促进商品的销售而采取的一种促销策略，这种海报文案主要体现商品的优惠性。不管是哪种类型的电商海报文案，在进行鉴赏时都要注意从海报文案的排版、写法两个方面进行分析。

- **海报文案的排版**｜海报文案的视觉冲击力主要通过文案、图片的组合排版来实现，特别是海报中的文案内容，一定要突出标题、副标题或其他卖点信息，让消费者一眼就能看到最具有吸引力的内容。一般来说，海报文案的排版可以从文字的大小、粗细对比和疏密对比来进行区别。大小、粗细对比是指通过对不同的文案内容运用粗细、大小不同的字体来体现内容的重要程度，一般标题文案的字体大小最明显，副标题次之，需要突出的卖点、价格、活动时间等特殊信息则可设置得比标题稍小一些，以作对比强调。疏密对比是指文案内容之间的字间距、行间距要合适，不能太密，也不能太疏，以免造成视觉混乱。
- **海报文案的写法**｜电商海报文案的写作要点是在抓住消费者需求的基础上，以强烈的视觉吸引力给消费者留下印象。对于不以优惠信息为主要目的的海报文案来说，写作时主要通过文案渲染出新商品的特点或活动氛围；而优惠性海报文案则主要以优惠信息为主，打折促销、优惠满减、积分换购、满就送等优惠文案就是吸引消费者购物的主要因素；除此之外，还要体现出优惠信息的时间和限制条件。

3. 实训步骤

①鉴赏新商品海报文案。图1-17所示为一款笔记本电脑的上新海报文案，通过对海报中的内容进行分析可知，海报主要突出了商品的性能“真六核”，通过加大加粗的标题文字体现了该商品的实力，这部分内容也是消费者最先看到的；其次，是商品的价格信息“首发价 7699”、商品的型号“战神ZX7-CP5S2”、商品的配置信息等。

图1-17｜商品上新海报文案

该商品上新海报文案通过将重点提炼出来并进行加粗放大，让消费者一眼看到文案内容之间的对比，根据强烈的视觉感官依次浏览海报中的文案内容，不会造成主次不分、重点不突出的情况。这则海报文案的内容层次分明，极具引导性，能够吸引消费者逐层浏览海报中的内容。

②鉴赏活动宣传海报文案。图1-18所示为一家店铺的开学钜惠活动宣传海报，海报中通过加大加粗的标题文字“开学钜惠　换新装备”，让消费者一眼就看到活动的主题；然后在主题下方以底纹高亮的形式突出活动可能获得的优惠，营造活动气氛并引起消费者的兴趣；最后在主题的上方以小于其他文案的字体说明活动的时间。这则活动宣传海报文案的内容十分直观，包括活动主题、活动优惠、活动时间，每个内容之间通过文字的大小来加强对比，且文字间距合适，利于消费者直观查看。

图1-18｜活动宣传海报文案

第2章

电子商务文案撰写攻略

学习目标

| 熟悉电子商务文案策划与写作的步骤

| 掌握电子商务文案的标题写作方法

| 掌握电子商务文案的正文写作方法

| 掌握电子商务文案写作的注意事项

引导案例

“步履不停”是一家淘宝女装店。这家店的消费者已经习惯了在购物的同时，听她家的音乐，看她家的文字，在这种惬意的氛围下寻找内心的宁静。这家女装店的商品定位是“森女风”，但在淘宝平台中这样风格的店铺很多，她与竞争对手在商品上的差距并不明显，怎么才能突出自身拉开与其他竞争商品的差距呢？“步履不停”决定从文案上入手，打造文艺范的店铺风格。所谓文艺范，就是不追求时尚潮流的衣服而热衷于宽松舒适的棉麻衣料，风格自然清新，有些远离主流市场。“步履不停”抓住这个主题，通过文案深入商品、品牌的每个角落，借此吸引了具有相同内心共鸣的消费者，成功吸引了大批消费者，成为淘宝女装店中颇具影响力的店铺。

“步履不停”的文案有单品文案、外包装文案、塑封文案等不同的类型，消费者在店铺中浏览商品时，会看到关于商品的文案描述，如某款工装风连帽廓形牛仔卫衣的文案如下。

水洗蓝牛仔做的卫衣裙，比卫衣再嗲一点，比连衣裙更酷，

和时间磨合久了，会出现不同颜色变化，

驯化的过程，正是深色牛仔的迷人之处。

整体是中长款廓形，半高领连帽款，安全感满分，
侧边的开叉用暗扣固定，留出富余活动量，适合不安分的灵魂，
要是只带它去格子间呆坐一整天，应该会有点委屈。
工整的撞色明线，在工艺上更为考究和费时，
不安分归不安分，
工装本该有的严谨牢靠，都被我们放进了细节里，
很爱后背那块小口袋，工装风里常有的元素，
如今看来，倒适合被偷偷塞进糖果之类的。

这样充满生活气息、具有艺术行文风格的文案，给呆板生硬的商品赋予了生动有趣的气息，深入消费者的内心，让追求自由、文艺的消费者非常心动。消费者购买了商品后，在收到包裹时，还会看到如下的外包装文案。

打开一件新衣，寻找一段新生。

我们不是很懂时尚之类的事，只知道这世间的嘈杂和无趣，再美艳的衣服也无法遮掩。所以就默默地，为你做一件懒得争辩的衣服、一双能去远方的鞋、一个容得下理想的包，假如你恰好也喜欢，这样就很美好。想和我们发生深入关系，加微信。

还有商品塑封文案，活动/商铺介绍文案等。购买鞋子，买回来的鞋盒上也有文案。

不仅仅是商品，“步履不停”还会举办一些主题活动，如2018年的元旦，就将店铺的12件主推商品分别对应12个月的不同心情，通过文案描绘了12种文艺青年眼中的世界，既表达了对新一年的期望，又隐藏了积极的力量。如：一月踌躇满志的凌晨三点；二月缩进壳里，想冬眠；三月身上有破土而出的力量……

文案是“步履不停”的核心竞争力，它通过深层次地解读目标群体的心理，以文字的形式将这种与消费者共鸣的情感传达出来，触动消费者内心，使其成为店铺的忠实粉丝。由此可以看出，文案对店铺的品牌塑造和消费者累积是非常重要的，而在电子商务环境下，文案的表现形式更加多种多样，写作手法也层出不穷，如何写作出打动消费者的文案则是文案人员需要考虑的重点。本章将从文案策划与写作攻略的角度入手，介绍电子商务文案策划与写作的步骤，帮助文案人员明确写作的初衷，然后介绍文案标题、正文的写作方法，以及写作注意事项，帮助文案人员快速掌握文案写作的方法，写作出具有一定吸引力的文案内容。

2.1 电子商务文案策划与写作的步骤

很多文案人员在一接到文案写作任务时，就根据商品、公司的相关材料及一些经典案例开始套用模仿、直接下笔，或自己随机或漫无目的地进行资料搜集，这样写出来的文案

效果总是事倍功半，也很难打动消费者。电子商务文案的写作并不是简单的字词组合，其背后是一套有始有终、全面周到的营销思维，文案人员如果能够掌握连贯精确的写作步骤，就能写出一篇语言流畅、结构合理、逻辑严密并且满足消费者需求的电子商务文案。

2.1.1 明确写作目的

在写作电子商务文案时，最先应该做的一件事就是明确该篇文案的写作目的，这也是判断电子商务文案人员是否专业的标准。也就是说，在写作文案之前，文案人员必须先明确文案是为了促进商品的销售，还是为了宣传品牌；是要与消费者互动，还是单纯的活动推广等。目的不同，文案中所运用的写作思路和方法也就不同。

如果文案的目的在于促进商品的销售，那么就要思考如何让商品更具竞争优势、怎样让消费者觉得你的商品使用价值高于其他竞争对手的商品；如果文案的目的在于宣传品牌或公司，则创作时需要思考如何在文案中体现所要宣传的对象并且不引起消费者的反感，文案的内容怎样才能更贴近品牌或企业的整体风格与形象；如果文案的目的是为了与消费者互动，就得充分激起消费者的兴趣，调动他们的互动积极性；如果文案的目的是为了进行活动推广，那么文案需要思考的则是如何让人觉得这个活动有吸引力，值得参与。

图2-1所示的文案为一家淘宝店铺上新活动的微博文案，从“上新”“新品”等文字可以明显看出文案发布的目的在于新品的促销和推广。文案正文要求的活动形式为“关注+评论”赠送东西，是通过赠品来吸引消费者产生关注与评论行为，增加人气并引起广泛传播，进而进行前期引流与造势。由此可以看出文案的内容是根据文案目的而定的。

图2-1 | 新品推广微博文案

2.1.2 拓展创意思维

电子商务文案写作中常需要创意性的思考方法，包括发散思维与聚合思维、横向思维与逆向思维等创意思维拓展方式。通过这些方法，文案人员可以拓展创意生产能力，写作出条理清晰、融入性更好的创意性文案，以吸引更多消费者的目光，从而获得更大的收益。

1. 发散思维与聚合思维

创意的思考方式常表现为两种，一种是发散思维，另一种是聚合思维，这是进行创意思考的常见技能，也是评定创造力的主要标志。

（1）发散思维

发散思维亦称扩散思维、辐射思维，是指在创造和解决问题的思考过程中，从已有的信息出发，尽可能地向各个方向扩展，不受已知或现存的方式、方法、规则和范畴的约束，并且从这种扩散、辐射和求异式的思考中，求得多种不同的解决办法，衍生出各种不同的新的设想、答案或方法的思维方式。

进行发散思维需要有充足的想象力。以曲别针为例展开想象，一般从它的作用出发，会想到装订书页，当别针、书签，用来别衣服，运用发散思维展开联想，它还可以用来当手机支架、钥匙扣、临时鱼钩、别在两个拉链之间防裂开、挂日历、挂窗帘、晾衣绳、扭成心形做装饰等；也可从其材质分析，加工可制成弹簧，加硫酸可制成氢气等。善于运用这种思考方法可以丰富商品本身的文化内涵，给文案人员更多选择的空间，使文案内容更加丰富并充满吸引力。

（2）聚合思维

聚合思维又称为求同思维、集中思维、辐合思维法和收敛思维，是指从已知信息中产生逻辑结论，从现有资料中寻求正确答案的一种有方向、有条理的思维方式。它与发散思维正好相反，是一种异中求同、由外向里的思维方式。

聚合思维就是在众多的信息里找出关键点，然后对症下药，也可以说是对核心卖点的把握。以洗发露为例，洗发露有针对头屑头痒提出去屑止痒的，有针对干枯发质提出顺洁水润的，有针对易油腻发质提出清爽去油的。但并不是说具有止痒功能的就不具备滋润养护、净化发丝的作用，它只是从众多功效中选择了最合适、最具针对性的功能，这就是聚合思维的体现，即从信息中挑选最关键有效的信息，以达到一击即中的目的。图2-2所示为飘柔针对干枯发质推出的洗发露文案，文案内容为“兰花清香　顺洁水润”“水润小能手　让枯发喝饱水”，虽然提到了洗发露的香气，但也只是一笔带过，能看出它的卖点重心在治疗干枯的“水润”上。

图2-2｜柔的一款洗发露文案

2. 横向思维与逆向思维

创意思维的表现形式还体现在横向思维与逆向思维。

（1）横向思维

横向思维是一种打破逻辑局限，将思维往更宽广领域拓展的前进式思考模式，它是不限制任何范畴，以偶然性概念来逃离逻辑思维，从而创造出更多天马行空的新想法、新观点、新事物的一种创造性思维。其最大的特点是打乱原来明显的思维顺序，从另一个角度寻求新的解决办法。

如果使用横向思维去思考一个关于节能的问题，很多人都会给出很直接的答案，比如让人们随手关灯，从行为上减少用电量。但是当返回这个问题的本源时会发现，节能的目的是什么？就是节约电力。要节约电力，除了随手关灯之外难道没有更有效的办法吗？有的，比如循环使用，这就给出了新的解决方法而并非原来的途径了。比如售卖一款耳机，可以思考消费者心目中最希望它是怎样的，怎样才会大受欢迎，这就是问题的终点；再进行市场调研，充分了解消费者需求，找出该商品的创意点，如耳机的音质或独特的外形，这就是从终点返回起点式的横向思维。

换位思考也是横向思维的一种表现形式。一个人就是一个角色，他有自己的思考角度，但通过换位思考，他就成了另一个人，角度自然也就不同了，新鲜的视角比较容易突破约定俗成的规矩，从另一条路出发，推陈出新。

（2）逆向思维

逆向思维也叫求异思维，它是对人们几乎已有定论的或已有某种思考习惯的事物或观点进行反向思考的一种思维方式。它敢于“反其道而思之”，让思维向对立的方向发展，从问题的相反面进行摸索，找出新创意与新想法。

如“泰宁诺”止痛药上市时，在止痛药界阿斯匹林止痛药一家独大，如果直接以宣传商品功效的方法进行竞争，肯定效果不佳，吸引不到消费者，于是“泰宁诺”利用逆向思维使出了一个妙招，就是自认第二，将商品定位于“非阿斯匹林的止痛药”，显示药物成分与其他的同类商品有明显区别，从而让它在止痛药商品中独树一帜，取得了成功。

逆向思维的运用还体现在电子商务文案的标题上，不少文章的标题都是“千万不要……”反而激起了受众的逆反心理和阅读欲望。如“千万别喝茶了，喝了以后，你会开始嫌弃其他饮料，因为茶是没有添加剂的饮料，它健康！”在阅读了这样的文案标题后，会发现这样的表现手法更有说服力、受众印象也更加深刻，效果更好。这就是逆向思维所展现的作用。

通过以上方法进行思维的拓展后，在匹配消费者需求的基础上，找到合理的切入点，才可进行文案策划与写作的下一步流程，确定文案主题，写出具有诉求的文案内容，使文案标新立异、出奇制胜，在消费者心中留下深刻印象，从而打动他们。

2.1.3 确定写作主题

明确文案写作目的并进行创意思维的拓展后，很多文案人员就开始直接提笔进行写作了，然而这样做的效果并不理想。文案写作目的只是文案写作的一个方向，用于帮助文案人员进行文案写作的构思，但如果没有一个明确的文案写作主题，随意按照自己的喜好和思路来写作文案内容，就会使文案变成一堆散沙，没有突出的重点，也就无法吸引消费者。这容易使文案变成自娱自乐类型的文案，既不能达到好的营销效果，也不利于文案人员写作水平的提高。

文案人员在写作文案前需要明确的一点是，写作主题要始终贯彻整个文案创作过程，统筹文案策划和创作的方向。主题对文案的最终呈现效果有很大的影响，对内，能影响文案的撰写、传播渠道选择和投放；对外，主题还担当着传播者的角色，消费者通过文案透露出的主题能够知晓宣传推广的重点信息，从而激起消费者参与的欲望。可以说，文案写作的目的就是为了传达出商品、服务或品牌的某种信息，这种信息就是文案所要表达的主题，如商品卖点、促销优惠、企业精神、品牌理念等。

例如一篇推广文案的目的是为了让消费者在9月4日这天参与抢购活动，因此文案以“巅峰24小时”为主题展开创作，通过号召消费者动手描绘自己理想的潮流生活而引起他们的行动欲望，同时搭配上明星推广解说视频，增加文案内容的说服力和吸引力，如图2-3所示。

图2-3｜明确的写作目的和主题

2.1.4 明确表达方式

确定了文案写作的目的和主题后，即可根据文案的创作方向选择一种合适的表达方式进行文案创作。文案的目的是通过信息的传递创造商品或品牌价值，因此文案最终呈现的效果应该能够让消费者对文案主题产生新的认知，这要求文案人员不仅必须具备写作文章的基本能力，还要掌握文案的具体表达方式。表达方式主要包括动机型、暗示型、实力型和理想型等。

- **动机型**｜动机型表达方式是将商品的价值融入文案写作的具体场景中，通过文案描述的场景给消费者一个具象化的理由，使消费者在众多的竞争商品中更加倾向于你的商品，从而给自己带来更多的竞争优势。这种写作方式的重点是站在消费者的角度来思考什么样的文案能够影响他们的感知，图2-4所示为小米体重秤的文案，在描述其精准、细微的差别特点时，使用“喝杯水都可感知的精准”很好地给消费者塑造了一个生活化的场景，让消费者能快速联想并感知到商品的性能。

图2-4｜动机型写作方式

- **暗示型**｜暗示型表达方式是指不直接说明自己的主题思想，而通过暗示的方式让消费者意会文案的真实意图，这种写作方式比较适合以创意为主的文案内容，不建议应用于商品上新、活动推广之类的文案写作，可以作为企业理念、品牌精神等文案的创作思路，以加强消费者对文案内容的认同。
- **实力型**｜实力型表达方式是指直接以商品或服务的过硬功能、性能、质量等为主要表达重点，给消费者树立一个“人无我有，人有我精”的印象，注重通过商品或服务的核心竞争力来体现竞争优势。如格力空调的“格力，掌握核心科技”中“核心技术”4字就直观地体现出了商品的分量。
- **理想型**｜理想型表达方式是指通过塑造远大、愿景类的目标，激发消费者与文案在价值层面的共鸣。这种写作方式比较适合具有一定品牌知名度的企业，主要从精神层面来体现与竞争对手的差距。如现代途胜的广告文案“去征服，所有不服”，就很好地体现了其目标消费群体的征服欲与野心，引发了消费者内心的共鸣。

专家指导

文案的表达方式多种多样，这里只是选取了几种比较具有代表性的表达方式进行介绍，文案人员在进行文案策划的过程中可多方结合，通过多种表达方式与写作手法来增强文案内容对消费者的吸引力，如加入热点，使用修辞手法等。

2.1.5 完善内容构思

在确定了写作的具体方式之后，文案人员就可以开始进行文案的具体写作了，写作主要包括标题写作和正文写作两部分内容。标题是消费者对文案的第一印象，能够快速吸引消费者对宣传推广的内容产生兴趣，进而继续阅读其他的内容；正文是对标题的补充和说明，是消费者全面了解推广信息的主要途径，二者相辅相成，构成消费者对商品或服务的最终印象。文案人员在下笔写作内容时，不管是写作前、写作中还是写作完成后，都需要按照一定的逻辑来进行文案内容的构思，以完善文案内容，使文案表达效果更加出众。一般来说，可以从内容、结构、风格、配合和写作技巧几个方面进行考虑。

- **内容**｜文案写作具体内容的逻辑关系要清楚明了，突出文案写作目的和主题。
- **结构**｜文案标题与正文之间的联系要紧密，正文的结构要合理，广告内容要以消费者能够接受的方式进行体现。
- **风格**｜文案的行文风格要符合消费者的阅读习惯，用词要贴合核心主题。
- **配合**｜文案内容要符合最终发布平台的要求，文章、视频、图片等不同的表现形式具有不同的特点，要根据具体情况进行分析。
- **写作技巧**｜文案中可以使用一定的写作技巧来增加文案的可读性，但切忌不要频繁使用，以免因为写作技巧反而掩盖文案需要传达的信息。

从以上角度进行考虑，对写作的文案内容进行修改完善，不仅能提高文案人员的写作水平，还能加强文案对消费者的吸引力。

2.2 电子商务文案的标题写作

电子商务环境下，消费者掌握着信息的浏览主动权，他们会选择自己感兴趣的信息进行阅读。作为文案人员，要在熟悉电子商务文案策划与写作步骤的基础上，掌握文案标题的写作方法。因为消费者在浏览信息时，最先看到的就是标题，标题如果具有吸引力，就会吸引消费者的注意力，消费者进而对文案正文内容产生阅读的兴趣，增加文案的点击量和读者数量，最终达到宣传推广的目的。

2.2.1 标题在电子商务文案中的作用

一则成功的文案标题必然能够快速吸引消费者眼球。文案人员在写作标题时要明确，通过一些传统的文字写作手法和技巧来创作标题，只能在一定程度上增加标题的文学技巧，而电子商务环境下的文案标题写作还要兼顾许多其他方面的因素，以达到吸引注意力、筛选消费者、传达完整信息、引导正文阅读等几方面的作用。

1. 吸引注意力

无论是哪种形式的广告文案，人们看到标题的第一眼就会在心里迅速分析这与自己有无关联、它提供了什么新信息、带来了哪些好处，文案正是凭借这份第一印象来赢得消费者的注意力，正如邮购文案高手约翰·卡普斯所说的那样：最出色的标题，能够关照消费者的自身利益或提供新信息。因此，文案人员在考虑标题吸引力时，可从以下几个方面入手。

- **提供给消费者好处**｜标题中要体现出消费者能够直观看到的好处，或帮助消费者解决某些疑难问题，如“帮助孩子击败蛀牙”“一周瘦10斤，胖人的理想”等标题就将消费者可以获得的好处明确地表达出来了。
- **提供优惠感**｜商品或服务的价格优惠、超值活动等是消费者比较感兴趣的内容，在标题中体现出超高的性价比或优惠信息，可以快速激起消费者的优惠心理，提高点击率。“免费”“最后机会”“秒杀”“仅此”“限时”“折扣”等关键性词语常用来提升表达内容的优惠感，吸引消费者的注意力，如“免费领取|黄桃罐头”“维达抽纸整箱装，限量免费领取！”“仅此1天|5斤红富士苹果、40颗百香果仅售39.9元！”“限时福利|5000元现金红包马上到手！”。
- **提供新消息**｜新消息总能引起人的好奇心与注意力，如“首发预售|2018年明前春茶，限时抢鲜”“新春福利提前送啦！”“两款星巴克活力早餐全新上市”。“发现”“最近”“全新”“惊现”“创新”“预售”等词语都是表现“新”的常用词语，在标题中添加这些词语会让标题更有吸引力，消费者也更容易因为好奇心而产生点击行为。

专家指导

这些都是最直观的关系到消费者本身的标题拟定方法，文案人员还可通过借势来获取关注，如借势时事热点、名人、流行词汇等，因为这些信息本身就自带关注度与流量，可以快速吸引消费者的注意力。

2. 筛选消费者

在写作文案标题时，要时刻注意文案的消费者，针对消费者来设置标题。如标题“制作出醇香松软的蛋糕有哪些诀窍？”针对的消费者是蛋糕制作爱好者，消费者明确，感兴趣的人自然会点开，这样不仅能帮助消费者节约时间，还能筛选出文案合适的消费者。又如为一款老花眼镜商品做微信营销，标题设置为“戴上它，还你清晰视界”可以看出它是眼镜商品，但这针对的消费者不明确，只会让消费者以为它是普通的近视眼镜，消费者点击进去后会大失所望，若将标题改为“老眼昏花？你的父母因你的选择而改变！”就能明显让人知道这是针对老年人的老花眼镜商品了，这样就不会让消费者误读而产生不满。

3. 传达完整信息

传达完整信息是指标题内容要符合正文主题。有些消费者只喜欢看标题，或是没有时间阅读正文，这时，如标题涵盖了正文内容，做出一个完整的表述，就能达到标题推销的作用，如一款冷暖气机的标题文案“为您省下一半的冷气与暖气费”。

4. 引导阅读正文

由于标题的一大作用在于引起消费者阅读正文的兴趣，因此引导读者阅读文案内文十分重要，这时就需要激发读者的好奇心，可以利用幽默感、吊胃口、提问或挑衅的方式，也可以承诺提供奖赏、新消息或有用的信息。例如，一款面霜商品的标题为“只要花5美元就能享受美容手术的效果”，让消费者对商品感到好奇，对这种美容效果的怀疑态度，反而能激起消费者的求知欲。再比如，某丝袜商品的文案标题为“你见过能装菠萝的丝袜吗？”，就让消费者对这种不勾丝、不破散的丝袜产生了了解的欲望，增加了文案的点击率和浏览率。

2.2.2 常见的电子商务文案标题类型

优秀的文案标题都有一些共同的特性和写作模式，掌握这些特性和写作模式可以帮助文案人员快速打造出具有吸引力的标题，以提高标题的点击率。这些标题的写作模式在各种电子商务平台中都是通用的，如微博、微信、淘宝、京东等。

1. 直言式标题

直言式标题就是直接点名文章宣传意图的标题，这种标题常开门见山，直接告诉消费者会获得哪些利益或服务，让消费者一看标题就知道文章的主题是什么。某些折扣促销活动、商品上新的文案就常用这种标题。以下为直言式标题的常见示例。

- “双11”惊爆 呢子大衣买二送一！
- 99元即购价值12800元超值学习大礼包。
- 每天7分钟教你更好地投资自己。
- 滴，学生卡！专享6折优惠上线。

- 儿童节，800元豪礼卡等你来抢。

2. 提问式标题

提问式标题即用提问的方式来引起消费者的注意，引导他们思考问题并阅读全文一探究竟。在使用提问的方式来写作标题时，要从消费者关心的利益点出发，这样才能引起他们的兴趣，否则标题根本不能达到引起消费者注意的目的。提问式标题的"提问"有多种方法，如反问、设问、疑问或明知故问等都是常用的提问方法。以下为提问式标题的常见示例。

- 如何才能在强势的节日营销中脱颖而出？
- 如何在业余时间，通过写作月入过万？
- 这个神秘公式，支配了整个硅谷？
- 4K显示屏到底厉害在哪里？
- 为什么接你电话的客服总是解决不了问题？
- 法国队夺冠，华帝到底是赢了还是输了？

3. 警告式标题

警告式标题是通过一种严肃、警示、震慑的语气来说明内容，以起到提醒、警告的作用，常用于进行事物的特征、功能、作用等属性的内容写作。警告式标题对具有相同症状或心里有某种担忧的消费者来说，可以给予他们强烈的心理暗示，引起他们内心的共鸣。需要注意的是，警告式标题可以有一定的夸张，但不能扭曲事实，要在陈述某一事实的基础上，以发人深省的内容、严肃深沉的语调给消费者以暗示，让其产生一种危机感，进而忍不住点击标题。警告式标题有几种常用的表达形式，包括"惊叹词+主语+意外词+结论""千万不要+事情""你不可能+事情"等，以下为警告式标题的常见示例。

- 天啦！这款化妆品竟然让人脸上长斑。
- 千万不要再这样吃这种东西啦！
- 你不可能只靠它就变成千万富翁！
- 防不胜防！细数我们网购的那些雷点！

专家指导

写作警告式标题的关键是与消费者密切相连，如描述消费者经常做的事情、消费者忧虑的事情、消费者想做但没有做的事情等。通过警告给予消费者一种紧迫感和危机感，进而提高点击率和转化率。

4. 励志式标题

励志式标题是指从自身或他人的角度出发，以现身说法的方式来告诉消费者怎样才能达到某种效果。当然，借鉴的人或事需要有一定的激励性与可行性，最好是成功人士的创业故事、经验分享或其他具有激励性质的故事。这种类型的标题可以使用“××是如何×××的”或“××的××”等方式进行写作。以下为励志式标题的常见示例。

- 马云是怎么从普通教师变成商业大亨的。
- 坚持一周就能变白的秘方。
- 学会这些写作技巧，轻松月入三万。
- 这，才是中国足球的希望！
- 学会像CFO一样思考。

5. 指导式标题

指导式标题用于对某一具体事情的问题提供解决的建议和方法。这种标题常使用“怎样”“更”“解决”等词语来凸显问题，以吸引具有相同疑惑的消费者的注意力或对未知领域具有好奇心的消费者的目光。以下为指导式标题的常见示例。

- 7招解决Word跳版问题。
- 怎样进行手机电池的保养。
- 如何让计算机运行得更快。
- 盘点Excel的10大快捷功能。

6. 命令式标题

命令式标题的第一个词都是明确的动词，具有祈使的意味，可以让消费者感觉到重要性和必要性，从而产生点击行为。以下为命令式标题的常见示例。

- 让你爱车的性能如虎添翼！
- 收藏并转发到朋友圈，可获得×××。
- 千万不要做这几件事。
- 方太这款新品，建议你收藏。
- 来，挑选101小姐姐们的同款。

7. 证明式标题

证明式标题就是以见证人的身份阐释商品或品牌的好处，增强消费者的信任感，既可以是自证，也可以是他证。该类型常使用口述的形式来传递信息，语言自然通俗。以下为证明式标题的常见示例。

- 亲测！这可能是我用过超好用的洗面奶！
- 据说用了就可以4天不洗头的洗发水！
- 马云说：能干掉淘宝的只有“大数据”。

8. 导向式标题

一些文章的正文常用明确清晰的思路直列特点，这种写作方法简单又有效，这时就可通过展示明确的目标来写标题，可运用“为什么”“6大技巧”“7大理由”等字眼来突出商品的重要性。以下为导向式标题的常见示例。

- 一定要买羽绒服的6大理由。
- 你应该加入文字极客社群的7大理由。
- 一年会员免费领，这样的机会不能错过！

9. 推新式标题

重在体现新消息，较为直白地给消费者传递新的商品信息，可以用在新商品的问世、旧商品的改良、旧商品的新应用等时机。以下为推新式标题的常见示例。

- 倒计时距离掌阅全新iReader阅读器发布还有5天！
- 资生堂推出全新品牌WASO与千禧一代共迎5000万美元品牌的诞生。
- 苹果Air创、新、薄（世界上最薄的笔记本电脑）。
- 来自巴西热带雨林的新品，不要错过！

2.2.3 电子商务文案标题的写作技巧

无论是微信文章标题、广告文案标题，还是活动文案标题，这些为电子商务商家服务的文案标题都是至关重要的，都是影响转化率的首要因素，在上节我们对常见的几种标题类型进行了讲解，文字奥妙无穷，难免有遗漏的地方，但只要掌握了以下标题写作的技巧，就能帮助文案人员写出更加优秀的电子商务文案标题。

1. 用数字

数字给人一种理性思考的感觉，人们天生就有数字论证的情结。在标题中使用数字可以增加事情的可信度，能激起消费者强烈的阅读欲望。如“20条养生建议，看到第5条毫不犹豫地转了”“3天时间，赚足5000元”“5分钟祛除黑头”“1秒转账成功”等就是典型的数字式标题。

除此之外，数字的识别度很高，消费者要在繁杂的信息中找到自己需要的内容，往往会通过一些亮眼的数字来快速进行判断，如“月薪3000元的人与月薪30000元的人的文案的区别”和“差文案与好文案的区别”两则标题，前者就能快速吸引消费者的视线。特别是对于总结性的数量、销量、折扣、时间和排名等数据，使用数字比文字更容易表达出震撼的效果，也更容易让人记住。如“手握15亿流量的美图，怎么突破美妆电商市场？”“9260亿元！细说中国人过年都把钱花在哪了？”“10个iPhone隐藏技能，不信你全知道”等。

2. 用符号

标题中的符号可以定义为两部分，一部分是真正意义上的符号，如感叹号或疑问号，另一部分是“极”“炸裂”这样的字眼。符号能给人强烈的感官刺激，促进消费者点击的欲望，当然在使用符号时一定要避免夸大其词，不然很可能被认为是“标题党”，从而影响口碑。如“添加剂最多的零食排行榜，看了吓一跳！”“海尔＋海信=国际品牌”“口碑炸裂！中国观众给这部电影打了史上最高分！”

专家指导

灵活使用符号可以使文章标题妙笔生花，但切记不要乱用标点符号，以免适得其反。常用标题符号中，省略号表示意犹未尽，可以引起消费者的兴趣；感叹号主要用于抒发赞颂、喜悦、愤怒、叹息或惊讶等感情；问号主要表达疑问、设问或反问，给人留下悬念；破折号表示语气的转变或延续，常用于解释说明。

3. 用亮点词汇

亮点词汇与数字有异曲同工之处，可以在第一时间让消费者知道该文章传递的价值，快速吸引消费者的关注。较常用的亮点词汇有“推荐”“震惊”“当心”“警惕”“天啊”等，这类词语可以使消费者产生共鸣或震撼等感受，是一种较常用的标题设计技巧。如“警示：过夜的开水千万不能喝”等。

4. 用对比

世界上并没有独立存在的单一事物，任何事物都是在相互联系中由多种因素构成的。对比式标题就是通过针对当前事物的某个特性，与相反的或性质截然不同的事物进行对比，给消费者提供当前事物与对立事物的认知，通过强烈的对比引起消费者的注意。对比式标题的关键是对比同类型的商品或服务，突出自身需要营销的内容的独到之处，加深消费者对当前事物的印象和好感。如“吃过这枚凤梨酥，其他的都是将就”“只要雅诗兰黛一半的钱就可以解决你的问题”等。

专家指导

采用对比手法时要注意，对比的对象之间应是旗鼓相当的竞争对手，或具有一定知名度的商品或品牌，这样才能通过对比对象的地位体现出自身形象的高大，如“比宝马和奔驰更适合你的国产车”“三只松鼠、良品铺子居然输给了它！”等。

5. 借力借势

借力是指利用别人的资源或平台（如政府、专家、社会潮流或新闻媒体），对自身商品或服务进行推广营销，达到快速销售的目的。该方法对于那些没有太多精力投入营销的初创企业或中小企业比较实用，能够快速提高它们的知名度。

借势主要是借助最新的热门事件、新闻，以此为文案标题创作源头，通过大众对社会热点的关注，来引导消费者对文章的关注，提高文章的点击率和转载率，如世界杯、奥运会、热播电视剧和时事热点等。图2-5所示为苏宁易购借助iPhone 7新品发布会制作的推广海报文案，通过主标题“如7而至”，副标题“倒计时01天”，将宣传信息与iPhone 7联系起来，再以“买手机上苏宁易购”文案突出主题，很好地体现了借势文案的写法。图2-6所示为某微信公众号文案人员借助2018年暑期档热播电视剧“延禧攻略”的热点来写作的推广文案标题“不磕糖活不了！延禧你站哪对？”，标题中直接引用热播剧的名称，并将其中最具有热度的3对组合与自己商品进行类比，很好地将热点信息与自身商品的特点结合在一起，借助网友对热点信息的敏感度与参与度增加文章的热度。

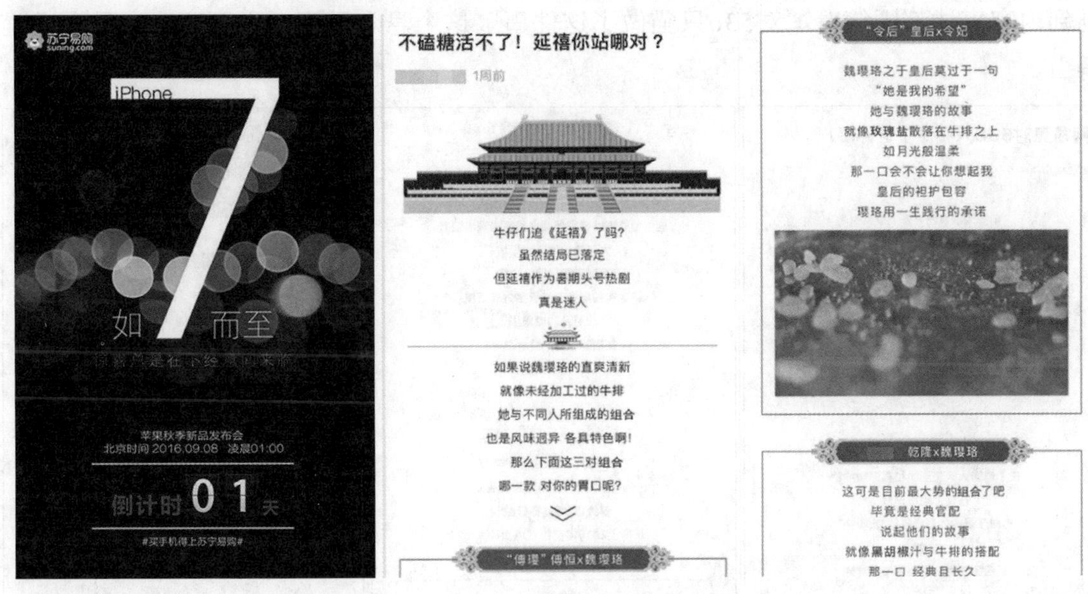

图2-5 | 苏宁易购借势海报文案　　　　图2-6 | 借助热播剧写作热点标题和文章

专家指导

借热点写标题时，一定要注意将热点与标题联系起来，但注意避免过度蹭热点，而成为一个“标题党”。

6. 设置悬念

在标题中设置悬念可以诱发消费者追根究底的心理，从而跟着你的思路走下去，利用消费者的好奇心来引发消费者的兴趣。这类标题在写作时要注意以下3点。

- **标题要明确** | 要将事实与悬念的线索融会贯通，即标题要明确，并能展现事件的主体。
- **标题要新** | 悬念式标题一定要是新近发生的，能让人感到既熟悉又新鲜。
- **标题要简明** | 悬念的设置要含蓄、简明而单一，不要使用太过暴露的话来提示消费者，也不能隐藏得太深，故弄玄虚。

悬念可以引发消费者进行思考，让消费者带着疑问去阅读文章，使消费者在阅读的过程中逐渐得到问题的答案，吸引消费者一步步阅读下去，是一种很好的引导消费者继续阅读文章正文的写作技巧。图2-7所示的一则标题“网易竟对536只猫做了这件事！”就通过设置悬念的方式引起消费者想要了解的心理，进而引导其点击标题阅读文案正文内容。从文案正文内容可以看出，这是一款推广有道云笔记联手pidan打造的“雪屋猫砂盆”商品的文案，该文案通过悬念式的标题写作手法先引起消费者的好奇心，在正文中再一步步地向消费者说清楚为什么要做这件事，逐步解开标题中设置的悬念，全文从标题到内容表述都围绕着“对536只猫做了这件事”这个悬念展开，主题明确，悬念设置得当。

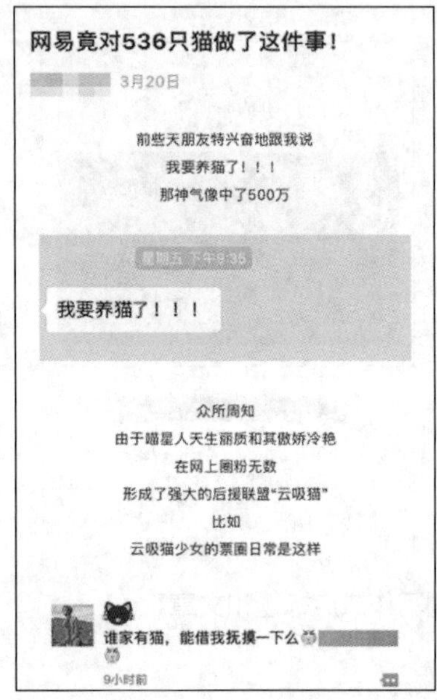

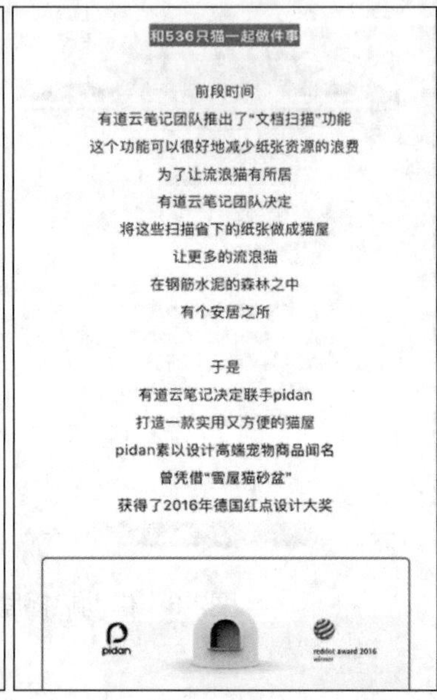

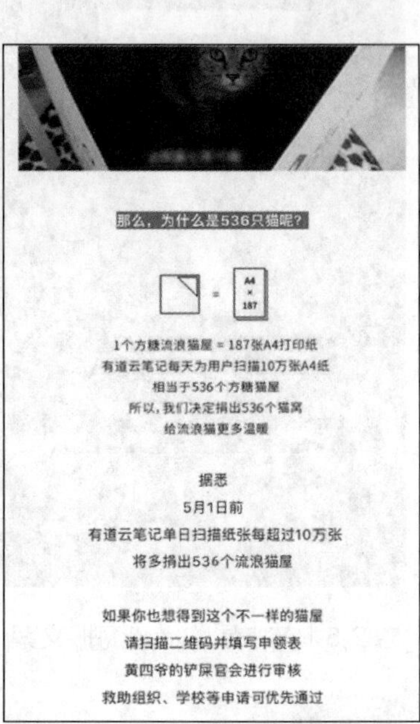

图2-7 | 在标题中设置悬念

专家指导

无论哪一种标题的写作都需要勤加练习，特别是新手缺乏经验的积累更应该专心磨炼。标题写作是有技巧的，这个技巧就是基于消费者需求，按上文所讲的方法，从不同写作角度出发，或是进行多角度整合，如“数字+对比”“名人/热点+符号”“归纳+数字+符号”等，尽量多写一些标题，然后从中挑出好标题。大部分人只要经常练习，就能掌握这些技巧，写出夺人眼球的好标题。

2.3 电子商务文案的正文写作

具有吸引力的标题可以引导消费者继续浏览文案的正文内容，若正文内容也写得对消费者胃口，则能让消费者接受你所传达的信息，成为你的潜在客户。因此，文案创作人员要掌握文案正文的写作方法，包括正文开头、正文内容和正文结尾的具体写作方法。下面分别对每部分内容的写作方法进行介绍，帮助文案创作人员写作出吸引消费者的正文内容。

2.3.1 正文开头写作

当消费者因为对标题感兴趣而继续浏览正文信息时，若发现正文开头平淡无奇，就会有一种受到欺骗的感觉，从而打消他们的阅读积极性。那么，怎么才能写出一个精彩的开头，留住消费者的视线呢？正文开头的写法很多，文案人员可参考下面介绍的几种方法来提高自己的写作水平。

1. 开门见山

开门见山就是直截了当，直奔主题，毫不拖泥带水。这种写作方法在文章一开始，就引出文中的主要人物或点出故事，或揭示主题或点明说明的对象，它要求快速切入文章中心，将文章需要表达的内容直接描述给消费者。对于营销性质的文章来说，就是直接说明某商品或服务的好处，介绍如何解决某种问题等。这类开头可围绕所营销商品或服务本身的功能或特性来展开，同时结合消费者的情况，以引起消费者的共鸣。但要注意，采用这种方法开头时，文章的主题或事件必须要足够吸引人，否则太过直白的营销信息会使消费者快速放弃继续阅读的欲望。图2-8所示的文章正文开头就直接围绕营销的商品“PETS包过班”来进行叙述，并通过消费者能够获得的好处“意大利品牌口红”来进行营销。

2. 引用名言

在文章开头精心设计一则短小、精练、扣题又意蕴丰厚的句子，或使用名人名言、谚语或诗词等，来引领文章的内容，凸显文章的主旨及情感。这是一种既能吸引消费者，又能提高文案可读性的方法。名言警句本身是对文章内容的演绎、归纳、解释和论证，具有言简意赅、画龙点睛的作用，也能使消费者更深刻地懂得人生哲理。图2-9所示的文章开头就以电影《当幸福来敲门》中的一段经典桥段开头，通过哲理性的话语“如果你有梦想的话，就要去捍卫它。”来展开方太的营销广告。

3. 利用故事

开头可以使用富有哲理的小故事，或者与要表达的中心思想或段落相关的小故事，一句话揭示道理。图2-10所示的文章开头就以在东京创立多元事务所的故事为开头，既符合其与标题之间的定位，又符合文章正文所要描述的内容。

专家指导

采用故事开头要注意故事的长短，故事主要是一个引导的作用，建议尽量选择短小有趣的故事，若故事内容太长，可添加超链接引导有兴趣的消费者继续阅读。

【送口红了】PETS倒计时24天——3.6-3.8号购买“包过班”，有机会领取意大利品牌口红一支！（押题课马上来了）
2018-03-07 Andy
最美福利来了！
凡3.6—3.8期间购买“PETS包过班”的学员，均有机会通过参与竞猜领取意大利品牌口红一支！
具体参与办法，凡期间购买课程的均可添加QQ号：，参与知识竞猜，获取意大利品牌口红一支！
微信扫描或识别可购买“PETS三级包过班”课程
还有50元课程券可以领取

14个月，方太新广告终于出街
原创 2018-03-07 飞鱼
电影《当幸福来敲门》里有一处经典桥段：
父亲陪儿子在篮球场上打球，儿子说我要做职业篮球员，父亲给儿子泼了一盆冷水，说你在篮球上并没有什么天赋。看到儿子随即沮丧的神情，父亲有些愧疚，改口道：
如果你有梦想的话，就要去捍卫它。
如果你有梦想的话
You got a dream...
《方太梦想录》
这句颇为励志的话，给了许多人抵御现实的勇气。只是，捍卫梦想并不是一件轻松的事。

原来我们在INS打卡的地标，都是他们的杰作
原创 2018-03-18 你的灵感库
20世纪九十年代初，毕业于英国皇家艺术学院的Astrid Klein和Mark Dytham于东京共同创立了Klein Dytham Architecture。这是一间以建筑设计、室内设计和公共空间设计著称的多元事务所。作品涉猎品牌旗舰店、餐厅、度假村、办公室以及私人住宅等领域。
对于KDA来说，东京是一个永恒的灵感来源地。日本人对新事物的渴望，对制作材料和细节的敏感度，以及不断变化的城市环境，激发了KDA的思维和产出。
将于四月在中国深圳举办的MINDPARK创意大会2018，KDA的创始人Astrid Klein和 Mark Dytham也将来到现场，分享他们打造文化消费空间的秘籍。（更多大会详情戳这里）
MINDPARK创意大会2018嘉宾

图2-8｜开门见山开头　　图2-9｜引用名言开头　　图2-10｜利用故事开头

4. 内心剖白

即把内心的真实想法表露出来，移动互联网时代人与人之间的交流是隔着整个网络的有距离交流，有时候屏幕上那些独白的文字反而能拉近距离、打动人心。要在文案中写出内心独白，就需要将文案写成类似戏剧对白或作者的陈述，向消费者道出内心的活动。一般来说，人物独白的语言，会给消费者一种正在亲身经历此种感受或故事的感觉，听起来比较亲切，因此内心剖白被认为是内心活动的真实反映，不掺杂虚伪和矫情，极易给消费者以情真意切、直诉肺腑的印象，引起消费者的共鸣与信任。图2-11所示为一则视频励志广告“我，三十岁了”的开头部分，它就通过人物独白的方式讲述了小时候父母对她的教诲。

从我小时候起

你们就告诉我什么都不要怕

妈妈，我怕

不要怕黑

不要怕摔倒

不要怕做自己

不要怕去追寻自己的梦想

现在我就要30岁了，我做了个决定……

通过这个开头向观看者传达出了一种勇往向前、无惧前行、追求自我的信息，在广告一开头就让观看者体会到与主人公相同的内心共鸣，激发他们继续观看的欲望。

图2-11｜内心剖白式正文开头

专家指导

对于内心独白型的文案，需要注意以下3点，一是在人物方面可一人独白，也可二人相互补充情节；二是在情节方面可叙述出相对完整的内心历程；三是在氛围方面，语调要娓娓动人且亲切感人。

5. 以新闻热点引入

热点不仅适用于标题，在正文开头使用也不失为一个吸引消费者注意力的好办法。如在推荐衣服时，从最近的红毯活动、电影节入手，分析明星穿搭，再结合引入自己的推荐单品；在品牌推广时，借助节日、新闻热点等撰写宣传文案等。热点引入正文的文章阅读量都较高，在消费者之间也很受欢迎，所以文案创作人员在写作过程中可以适当地借助热点。一般来说，从微博热搜获取热点信息是比较快的渠道，运营人员可酌情考虑，从今日头条、百度风云榜、天涯社区、搜狗热搜榜、360热榜、豆瓣、知乎等获取即时信息。如2018年8月28日的一则电视新闻，一位18岁的杭州小伙小吴在一家美容SPA店理发，做了一个免费体验项目，但中途被店员要求签了一份价值近4万的消费清单，其中提发际线原价8800元，特价6800元，中间还提出帮小吴修眉毛，由于小吴并不清楚这份单子的具体情况，直到结账时店家要求小吴付款39000多元，折后价仍有18000元，最后小吴报警后付款2500元。由于新闻中涉及了理发产业的一些内幕，再加上事件主人公小吴理发后搞笑的面部表情，这则新闻迅速点燃了网友们的热情，网友在心疼小吴理发费的同时，更是制作了一系列的搞笑表情包，其热度迅速抢占了微博热搜的前五，如图2-12所示。文案人员可借助这则热点新闻写作文案开头，通过新闻本身的热度吸引网友浏览查看你的文章，如图2-13所示。

查看完整热搜榜»

1 全上海寻找的徐子博被抓了
2
3 中戏报到
4 婚礼视频
5 #发际线男孩表情包#
6 蚂蚁金服回应支付宝法人变更
7 炸酱面
8 谈绑架案
9 # 长大了#
10 宿舍挤30多人 家长网上抱怨

图2-12｜发际线男孩表情包热搜榜

近日，
杭州小伙小吴因为意外上了一条电视新闻，
凭借其富有个性的外表火了！

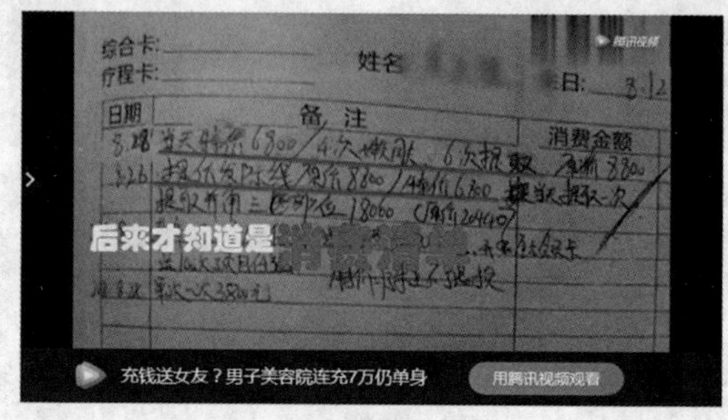

小吴今年18岁，
刚在杭州找了工作。
8月28日他去尚进美容SPA店理发，
对方说有个免费的项目可以体验。
结果做完对方给出的消费清单要39000多元。

图2-13｜以热度新闻引入文案开头

6. 直接下结论

直接在文案开头得出结论，再通过正文推出论据，证明开头的结论，这种开头的好处是文案逻辑清晰、观点鲜明，消费者很快就能知道文案表达的意思。例如一篇鼓励阅读的文章“我害怕阅读的人”，开头“不知何时开始，我害怕阅读的人。就像我们不知道冬天从哪天开始，只会感觉夜的黑越来越漫长”就直接下结论，然后在正文中再进行论证，文章结构严密，具有说服力，有引导和总结的作用，如图2-14所示。

不知何时开始，我害怕阅读的人。就像我们不知道冬天从哪天开始，只会感觉夜的黑越来越漫长。

我害怕阅读的人。一跟他们谈话，我就像一个透明的人，苍白的脑袋无法隐藏。我所拥有的内涵是什么？不就是人人能脱口而出，游荡在空气中最通俗的认知吗？像心脏在身体的左边。春天之后是夏天。[illegible] 但阅读的人在知识里遨游，能从食谱论及管理学，八卦周刊讲到社会趋势，甚至空中跃下的猫，都能让他们对建筑防震理论侃侃而谈。相较之下，我只是一台在MP3时代的录音机；过气、无法调整。我最引以为傲的论述，恐怕只是他多年前书架上某本书里的某段文字，而且，还是不被荧光笔画线注记的那一段。

我害怕阅读的人。当他们阅读时，脸就藏匿在书后面。书一放下，就以贵族王者的形象在我面前闪耀。举手投足都是自在风采。让我明了，阅读不只是知识，更是魔力。他们辨，有时会获得劝导或慰藉。这一切毫无保留，又不带条件，是带亲情的爱情，是热恋中的友谊。一本一本的书，就像一节节的脊椎，稳稳地支持着阅读的人。你看，书一打开，就成为一个拥抱的姿式。这一切，不正是我们毕生苦苦找寻的？

我害怕阅读的人，他们总是不知足。有人说，女人学会阅读，世界上才冒出妇女问题，也因为她们开始有了问题，女人更加读书。就连爱因斯坦这个世界上智者中的最聪明者，临终前都曾说：「我看我自己，就像一个在海边玩耍的孩子，找到一块光滑的小石头，就觉得开心。后来我才知道自己面对的，还有一片真理的大海，那没有尽头」。读书人总是低头看书，忙着浇灌自己的饥渴，他们让自己是敞开的桶子，随时准备装入更多、更多、更多。而我呢？手中抓住小石头，只为了无聊地打水漂而已。有个笑话这样说：人每天早上起床，只要强迫自己吞一只蟾蜍，不管发生什么，都不再害怕。我想，我快知道蟾蜍的味道了。

图2-14｜我害怕阅读的人

7. 运用修辞手法

修辞手法有很多，包括排比、比喻、夸张、比拟、反问、设问等，通过对修辞手法的运用，可以让文案开头变得更加生动。例如芝华士的父亲节广告文案。

因为我已经认识了你一生

因为一辆红色的RUDGE自行车曾经使我成为街上最幸福的男孩

因为你允许我在草坪上玩蟋蟀

因为你的支票本在我的支持下总是很忙碌

……

不同的文案有不同的开头场景设计，文案人员可灵活运用以上开头写作方法，写出一则充满吸引力的电子商务文案开头。

2.3.2 正文内容写作

经过巧妙的开头引入，正文写作就可以不用太过复杂，要用最容易理解的方式来传达文案的思路，讲究的是逻辑清晰，最主要的目的是让消费者都能看懂、看明白。当然，正文描述的方式有也很有多种，技巧也有所不同。

1. 直接式

一般情况下可直接展示商品特点或能带给消费者的好处，即直接叙述，不拐弯抹角，不故弄玄虚。例如：哥伦比亚咖啡豆，世界上最香浓的咖啡豆；农夫山泉“农夫山泉有点甜”，非常直接，让人一目了然。

直接式正文有两种常见的写法，一是直接以简短文案突出内容和核心。如脑白金耳熟能详的“今年过节不收礼，收礼只收脑白金”的文案就是非常经典的示例。其语言简单粗暴，直接明了，快速让消费者感知到脑白金所传递的信息，在消费者心中留下了深刻的印象，成功塑造了其品牌知名度，让不少消费者逢年过节时都第一时间考虑选择脑白金作为礼品。

二是直接对现状进行诚实描述。如美国安飞士租车公司的文案“安飞士在租车市场上只排第二，但为什么要选择我们？”就直接道出他们“只排第二”，当然，这也是事实。不仅如此，当排行第一的大众汽车说自己消费者众多时，它继续延续这种套路，在文案中表示“我们这里人少，来租车不用排队”，结果这样的文案一出，反倒使选择安飞士的人越来越多。

这种直接的写作方法还有言简意丰的效果，例如某些品牌文案，特步“飞一般的感觉”、联想“人类失去联想，世界将会怎样”，精短直接还一语双关，用简单的文字表达丰富的内涵。

专家指导

直接式写法在进行长文案写作时要注意，文案直接进入正题、不重复啰唆，要告诉消费者他们不知道的信息，而不是重复他们知道的，否则会降低消费者的耐心。第一段尽量简短，正文更要追求简单易懂，慎玩弄文字技巧，以免增加阅读障碍。

2. 递进式

正文中材料与材料间的关系是层层推进、纵深发展的，后面材料的表述只有建立在前一个材料的基础上才显出意义。通常故事体、对话体的表述方法采用的就是这种结构形式。

在递进式的写法中，一般中心都在文案后半段，这种写法也表现在故事体文案的写作中。2016年3月，一个微博博主发表了一篇名为“我当时就懵了”的微博文章，它以微信截图的形式讲述了情侣之间的故事，一步步引出智能保险箱的京东众筹预告，并将这个软广告与得力品牌完美嫁接，将消费者的注意力转移到得力智能保险箱上。文案首发就收到热评点赞无数，在微信朋友圈引起大量转发。

又如，999感冒灵发布的一则主题为“爱是你需要的时候，我在”的视频推广文案，通过9月开学季这个热点话题，以父母目送孩子离去的背影为载体，通过递进式的手法打造了一支充满温情与岁月感的暖心视频广告，如图2-15所示。

图2-15 | 999感冒灵“爱是你需要的时候，我在”的视频推广文案

视频内容从父母的角度出发，看着孩子上幼儿园、小学、中学、大学，直到远走异国他乡，孩子转瞬成年，离开了熟悉的成长环境，父母却已经年老。父母对孩子的关怀伴随着孩子成长的每一个阶段，温暖、贴心的感觉时刻都在，虽然每个人在成长的过程中都有不同的故事，但父母总是陪伴在我们身边，一回头就能够永远看到，这正是999感冒灵想要表达的自身商品的功能特点“温暖、贴心”。这则文案通过递进式故事讲述引起消费者与商品特点的共鸣，将商品和品牌形象无声地植入了广告中，最终打动消费者的内心。

3. 并列式

材料与材料间的关系是并行的，前一段材料与后一段材料位置互换，并不会影响到文案主题的表现。并列式文案的正文结构就是“特点1+特点2+特点3……”分不同段落写不同特点。这种并列式的正文结构能把广告商品的特点比较清晰、准确地表达出来。

商品文案常用并列式方式，分别列出商品各参数、属性、特点，图2-16所示为手机商品OPPO R15的商品详情页文案，它就通过并列结构细数该商品的功能，包括屏幕、配色、镜头、系统等。这种写作方法明确列出商品亮点，简洁清晰，能有效避免文案出现结构混乱、层次不清的现象。

图2-16｜并列式文案

4. 三段式

三段式写法比较适合软营销文案的写作，顾名思义其分为3段，第一段是用排列的方法或一段话来浓缩全文的销售话术，如商品信息、商品优点等销售信息；第二段则是解释销售语言中的卖点或者将销售语言，展开描述；第三段是最后一段，主要任务是让消费者马上行动，一般是强化商品某些独特优势，点明商品前面阐述的销售语言或者卖点能给消费者带来什么直观的效果。

在三段式写作中，最后一段最为重要，在这一段中要把消费者使用商品之后的场景、效果直接表达出来，让消费者产生购买欲望。图2-17所示为一款空调的商品详情页文案，分三段展现商品内容，第一段总列商品几大特点“三种睡眠模式”“7挡风速”“LED显示”“智能化霜”“独立除湿”。第二段再分别展开叙述，例如通过研究人类体温，设置了“熟睡模式”“舒醒模式”“DIY模式”3种模式以适应人体在不同状态下的温度；“静音挡”“低挡”“中低挡”“中挡”“中高挡”“高挡”“强劲挡”7种风速选择。

最后再通过展示消费者使用感受、商品销量来促进消费者的满意度。同理，在其他软文文案、长文章中用这样的写作思路也能达到非常不错的营销效果。

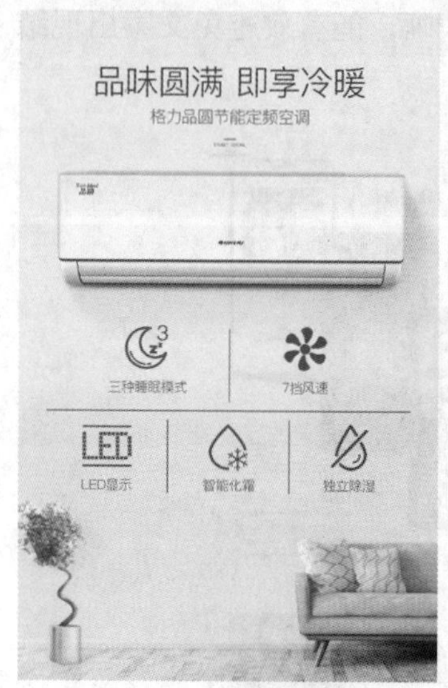

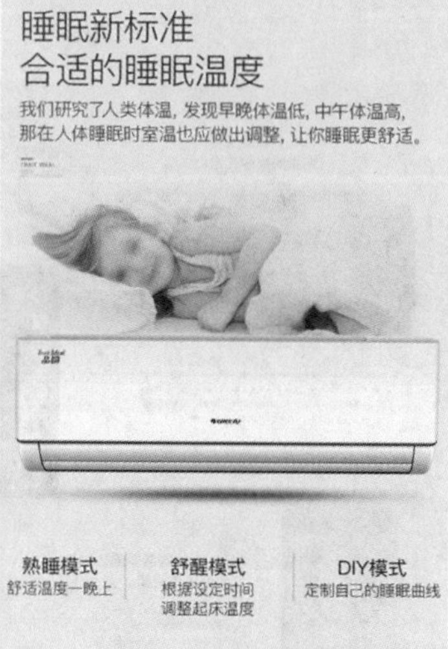

图2-17｜三段式写作

2.3.3 正文结尾写作

文案的目的在于刺激消费者，让他们阅读后做出应有的反应，如二次传播、下单购买、公众号关注等。产生这一系列不同结果的原因在很大程度上是受到了结尾导向的影响。因此，正文结尾是相当重要的。可参考以下几种方法进行写作，使结尾产生积极的导向作用。

1. 引导行动式

这种引导行动就是从感情上打动对方，也可以称为动之以情式。让商品有温度、有情绪，特别是消费者在感受到背后文案创作人员的用心与认真时，就能用名为感情的手，打动那些还在犹豫的消费者。也可以通过利益和好处对消费者进行诱导，在推广文案中用这种诱之以利的结尾方式还可将利益最大化，引导消费者行动。

- 我们的目的不是为了赚钱，只是为了让大家用到好东西，看到很多人用了我们商品，生活变得更好，那我们就开心了。
- 带一组好过年，带两组有余年。
- 现在下单，再赠送好礼三选一，活动只到春假前！
- 黑五到，大利好！Kindle黑五狂欢购。凡在活动期间，购买任意一款设备，即送70元Kindle电子书券。Kindle Paperwhite X 故宫文化2018新年限量款礼盒也在活动中哦~买即送70元Kindle电子书券！珍藏限量2018套，来自岁月祝福的好礼！

2. 互动式

在结尾设置话题，吸引消费者参与，一般是提问方式，引发他们的思考并提高参与度，在微博、微信、微淘等注重参与评论的社交平台文案中常设置话题，当然，最好是一些消费者比较感兴趣的话题。

- 转发并留言，从中抽取10位平分10000元。
- 说说你对××的看法。
- 大胆提出你的意见，我们将从中挑选并制定专属于你的页面。
- 评论来聊聊，你最喜欢哪一款？
- 这篇文章对你有什么启发？

专家指导

互动式正文结尾后，一定要按照文中所述的互动方式与消费者进行互动，可挑选比较具有代表性的内容进行回复，切忌不要为了数据而欺骗消费者。

3. 点题式

点题式结尾就是在文末总结全文，点明中心，有的文章在开头和中间写作时只对有关问题进行阐述和分析，简单叙述过程，到结尾时才将意图摆到明面上来。例如之前百度语音搜索软文文案“姑娘，你需要的不是一个男朋友”就是以故事形式将“百度语音搜索”植入其中，在结尾才点明主题，推广百度语音搜索。其文案正文和结尾如图2-18所示。

Day30

打算去旅游了。

先去上海，重点是三亚，这个海边的明亮城市。

对了，要先问天气。对着话筒问一句：请问三亚最近的天气都什么样子了？

屏幕上就立马给出了答案：

我的故事讲完了，希望能对你有所启发。

这失恋之后的三十三天，是百度语音搜索陪我度过的。

和我一样，姑娘啊，很多时候你缺的并不是一个男朋友，而仅仅是一个百度语音搜索。

男朋友会惹你生气，它只会为你疗伤。

男朋友会制造麻烦，它只会解决问题。

男朋友会因为一言不合把你丢在陌生的街头，它只会耐心地陪你找到回家的路。

百度语音搜索这么好，那为什么不马上拥有它，就现在？

图2-18 | “姑娘，你需要的不是一个男朋友”文案正文和结尾

4. 请求号召式

在文章结尾处向消费者提出某些请求或发起某种号召，以求引起消费者的共鸣，加深消费者对此事的印象并将其记在心里。这是一种隐形的、可以引起消费者自发地支持文章所发起的号召的力量，多用于公益类的文案。如经典文案“青年魏则西之死”通过描述青年魏则西治病的过程，在结尾处对读者提出了请求、号召，希望读者能够有基本的医疗和健康认识，希望监督机构能够更加负责和承担相应的责任，如图2-19所示。

青年魏则西之死

Fenng 2016-05-01

魏则西，男，二十一岁，生前就读于西安电子科技大学，计算机专业学生，因身患滑膜肉瘤去世。魏则西曾经的梦想是每天玩命学习，每天取得巨大的进步，大四之后去美国好好学学计算机，那会是他人生最大的幸福。

滑膜肉瘤是一种恶性肿瘤，目前尚无有效治疗手段。魏则西是家中独子，父母倾尽全力为他治病。辗转北京、上海、天津、广州各大肿瘤医院，得到的都是坏消息。

以当前医学发展水平，有些疾病是无法救治的，但却有人利用患者以及家属的心理弱点，抛出根本不可能的救命稻草来榨取他们的钱财。我无法想象魏则西父母得知被骗后的心情。

如果我们每个人不能对医疗和健康知识有个基本的认知，还会有更多的魏则西被骗。

如果那些作恶的信息提供商不能被监督不能被严惩，还会有更多的魏则西被骗。

如果那些骗人的医疗机构没有得到法律严惩，还会有更多的魏则西被骗。

不要让自己变成下一个魏则西。

图2-19 | “青年魏则西之死”文案结尾

5. 议论抒情式

用抒情议论的方式结束文章，有着强烈的艺术感染力，能够表达作者心中的情绪，激起消费者情感的波澜，引起消费者的共鸣。这种写法主要是从情感上打动消费者，让营销的内容有温度、有情绪。经典微博文案“对不起，我只过1%的生活”就是以抒情议论的方式为主。图2-20所示为该文案的结尾，通过抒情的方式植入推广品牌，使消费者更容易接受营销信息并产生同理心，达到营销推广的目的。

6. 神转折式

神转折式的结尾就是用出其不意的逻辑思维，使展示的内容与结局形成一个奇怪的逻辑关系，得到出人意料的效果，它能将正文塑造的气氛转变得干净利落，让人哭笑不得。这种写作方式常有奇效，借助这种氛围落差会在消费者心里引起震撼，让消费者惊叹写作人员的脑回路，引起消费者的讨论，在其心中留下深刻的记忆。

例如，喜马拉雅FM曾出过这样一个文案：男孩和女孩是初高中同学，非常要好却一直没有明确彼此的关系，想着要好好学习考同一所大学。可是她考上了，他却名落孙山，再无联系，直到她举行婚礼，两人才又见面，他交给她一个手机后就转身离开了。文案的结局如下。

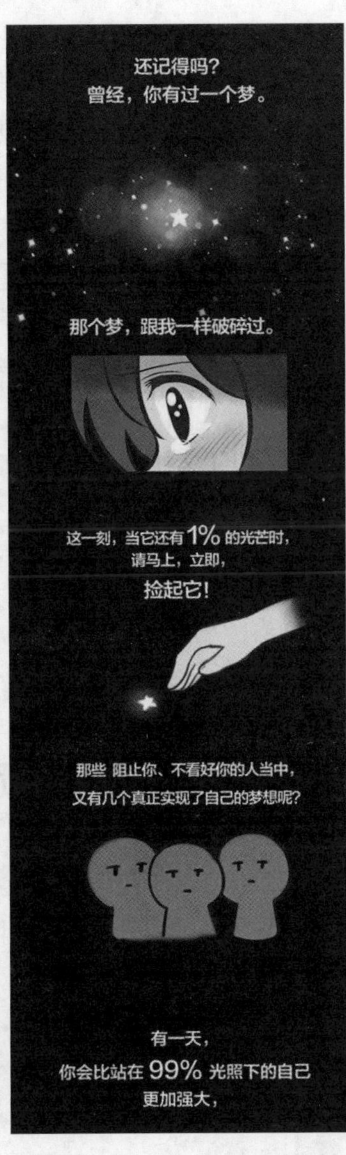

图2-20丨微博文案“对不起，我只过1%的生活”的结尾

她打开手机，手机上的软件正在播放节目，她细细听，细细查看时，那每一条收藏的声音都是他们学生时代曾反复收听的电台节目。每一首歌都是记忆的引子。

她泪流不止，突然意识到。

……

这个软件就是喜马拉雅FM，喜马拉雅FM是国内使用广泛的音频分享平台，2013年3月手机客户端上线，在其创立的这两三年时间内，喜马拉雅FM已有超1.5亿的消费者，每日仍有近百万量级的消费者在持续新增，平均每位消费者每天收听90分钟……

7. 名言警句式

用名言警句或其他金句结尾的文案可以帮助消费者更深地领悟文案思想，引起消费者深思，提升他们对文案的认同感；名言警句一般都富含哲理性，消费者受这些语言的警醒和启发，还能帮助提高该文案的转发率，可谓一举多得。曾有这样一个结尾案例，PPT网课推广文案的结尾鼓励消费者购买课程，征服PPT，成为一个优秀的PPT设计者时，就用上巴菲特的文案，非常成功，可以说是起到了画龙点睛的作用，其原文如下。

每一个让你感觉到舒服的选择，都不会让你的人生获得太大的成长，而每一个让你感觉不舒服的选择，也并不一定让你获得大家所谓的祝福。但却会让你有机会开启与众不同的体验，寻觅到更多的可行性。

从一个“PPT制作者”成为一个“PPT设计者”，难吗？不轻松。但正在学习阶段的你，连个PPT都征服不了，谈什么征服世界？

做你没做过的事情叫成长。

做你不愿意做的事情叫改变。

做你不敢做的事情叫突破。

2.4 电子商务文案的写作注意事项

在写作电子商务文案的过程中，文案人员不仅要注重文字的表达，还要从创意、消费者感受、内容可读性、视觉感官等多个角度来提升文案的阅读价值，使文案能够一眼就征服消费者，在消费者心中留下深刻印象。

2.4.1 突出标题的吸引力

文案是一种以内容质量取胜的营销手段，但是一篇高质量的文章要被消费者发现还是要首先取决于标题。标题是消费者浏览信息时第一眼接触到的东西，是文章内容给消费者的第一印象，标题是否具有吸引力，在很大程度上决定了文章正文内容的阅读量、转发量，因此，文案人员一定要写出高明的标题，以引导消费者阅读文案的正文内容。

对于大部分文案内容来说，标题的吸睛度越高，文章的点击率和阅读量越高，文案所推广的信息才能被更多的消费者接受，并实现更大概率的转化。吸睛的标题要具有两个基本要素，一是标题内容的真实性，切忌为了吸引消费者而写作虚假信息；二是标题要具有利益点，能够让消费者感受到好处。那么，怎么在满足这两个条件的基础上打造出快速吸引消费者注意力的标题呢？

1. 冲突化

文学作品常用矛盾冲突的手法来表现对立的两个方面，矛盾冲突越激烈，表现效果越有张力，对观看者的冲击力越大，也越吸引人。这种矛盾冲突的手法应用到文案创作中也有非同一般的效果。文案创作中的冲突是指与消费者习惯性认知不同的说法或观点，这种认知上的冲突可以打破消费者心中对已知事物的固有看法，快速吸引他们从新的角度看待问题。这种方法不仅能够快速吸引消费者对标题的注意，还能挖掘出消费者的潜在需求，使消费者意识到自己还有未被满足的东西，间接创造了市场机会。

制造冲突可以从消费者、竞争对手和自我3个角度来进行考虑，通过深入研究目标对象的需求来打造核心竞争力，使消费者在看到标题的第一眼时就产生兴趣，进而认可你的观点。这其实是一种对消费者精神层面的价值吸引，通过吸引消费者产生与你所表达信息相同的归属感来制造社群效应，进而扩大信息的影响力和传播范围。以下为常见的在标题中制作冲突的示例。

- 你敷的是“面膜”还是“面魔”？
- 不好意思，你的努力不值钱。
- 在什么年纪就做什么事？我偏不！
- 我的父母，是世界上最大的骗子。

冲突的制造可以颠覆消费者已有的约定俗成的固有思想，能够快速给消费者一种新鲜感，刺激他们产生好奇心和探索欲，吸引他们点击标题阅读正文内容。

专家指导

制造冲突的过程中要注意对冲突对象、冲突内容和冲突目的的把握，要在需求的基础上不断制造并激化冲突，以加强标题的吸引程度。特别是冲突的核心点切忌不要随意变化，否则容易使消费者对你的核心诉求点产生模糊的印象。

2. 具象化

很多文案人员在写作标题时可能会觉得，标题中添加越多的形容词越能够体现自己的写作能力，其实并不尽然。太多的形容词容易形成弯弯绕绕，使标题变得晦涩难懂，反而给消费者理解标题内容造成了障碍，消费者也会因为不想花费太多时间来解读标题而直接忽略，最终使文案内容无人问津。因此，文案人员一定要注意将标题内容具象化，即将抽象的、看不见的、不容易理解的内容用直接、简明的方式叙述，变成消费者能够直接看见的、容易理解的信息。

具象化可以通过几种方式来进行表述，下面分别进行介绍。

（1）类比

通过类比的手法可以将抽象的信息变成消费者熟悉的信息。比如2016年中国彩票写作的一则文案“其实你有100万存款，只不过你忘记了取款密码，每输入一次密码需要2元，一旦正确，钱就是你的，不着急，不放弃，心若在，梦就在！”该文案将“买彩票撞运气”比作“输密码取巨款”，这种平常却出人意料的表达方式更加便于消费者理解，也更容易打动内心。同样的道理，可以将其拟定为简短的标题，如“花2元就能打开的巨款密码箱”“忘记巨款密码？花2元就能尝试打开”“还有什么能够比花2元就能换巨款更划算”等。

（2）定性

大量调查结果表示，标题字数越长，消费者对信息的接受程度越低，因此，标题要尽量简短、直接，建议可以直接用结果或数据来表达的内容，千万不要用重复啰唆的语句进行描述，这样反而会让消费者觉得烦琐，难以理解。比如“超高人气新品”这种抽象的表达就无法让消费者直观地感受到新品的人气，换成“3分钟卖出1000份”这种具象的数据就非常直观。

（3）场景

在标题中构建场景也是一个很好的具象化方式，消费者可以通过场景更加快速地关注要表达的主题，对场景所描绘的内容产生兴趣进而点击标题继续阅读正文内容。标题中的场景塑造最好要贴近消费者的生活，可以按照“写给谁+目标消费者痛点”的方式组织文字。比如农夫山泉的文案“我们不生产水，只是大自然的搬运工”，就很好地构建了一个将纯天然的水搬运给消费者的场景，让消费者看到文案就能联想到矿泉水的纯天然、无添加，让消费者感受到矿泉水的安全。如果用“纯天然矿泉水，选择农夫山泉”这样的文案就会显得十分干瘪，会有一种自卖自夸的感觉，反而容易引起消费者的反感。

3. 利益化

利益永远是消费者最关心的事情，在标题中将消费者能够获得的利益具体表现出来可以快速吸引消费者的注意，但要避免一些噱头、卖弄或夸张吹捧的虚假描述。利益可以是消费者可能获得的好处、可以学到的技能，或能够帮助他们解决困惑。一定要是你的商品或服务能够快速击中消费者的痛点，才能将消费者的注意力快速吸引到你的身上，进而继续阅读正文内容。如护肤品的文案标题“让你的皮肤返老还童”“一秒改善毛孔粗大”，房产广告的文案标题“开窗赏海，出门逛街”等都直观地体现了消费者能够获得的好处。

专家指导

也可换一个角度进行表述，从反面的角度来说明不这样做的坏处，如经典文案“再不疯狂就老了”，就从反面的角度来说明不这样做的结果，反而引起疯狂转发。

4. 情感化

情感化的标题往往能够通过情感的抒发与表达来引起消费者的共鸣，通过情感来唤起消费者心理与情感上的需求，提高他们对商品或品牌的认同感、依赖感和归属感。常见的情感有3种，爱情、亲情、友情，这些感情是消费者最具有切身感受的感情，将其融合在标题中可以使标题更富有感染力。除此之外，还要善于挖掘消费者的情感需求，通过标题唤起消费者心理或精神上的认同来激发消费者产生思考，将内容深深印入消费者的心中。

如大众的一则公益广告“开车别看手机”。在手机已经侵入人们工作生活方方面面的环境下，开车看手机成为交通事故高发的一个原因，为了让人们重视开车看手机的危害，大众以“开车别看手机”为主题策划了一则广告，广告内容主要呈现的是：随着广告中一辆汽车前进的画面，观影的观众将接收到推送短信，当观众听到短信提示音并查看短信内容时，广告画面中的汽车也发生了交通事故。广告的最后再以“玩手机是当前交通事故的主要发生原因，珍惜生命，勿玩手机”来警示观众，如图2-21所示。

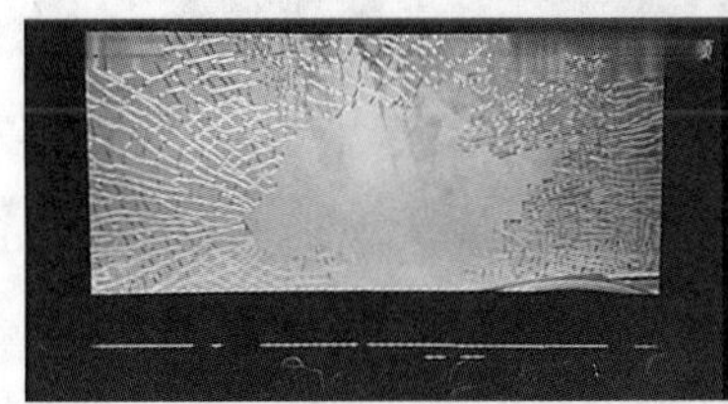

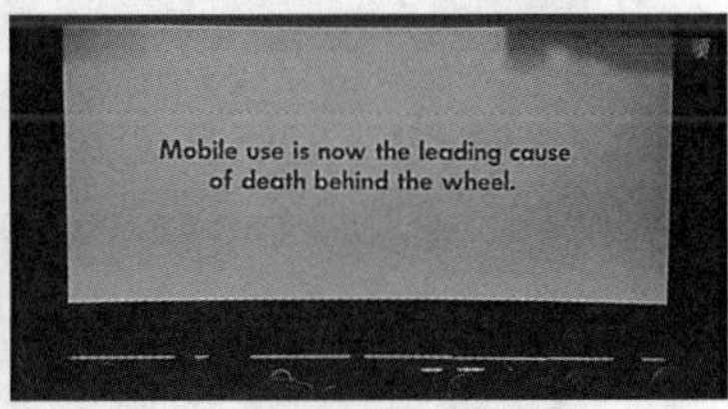

图2-21｜公益广告“开车别看手机”

广告首先通过标题“开车别看手机”来引起消费者对这个观点的认同，以贴近并融入观众的方式唤起他们的内心共鸣，达到以情动人的目的。

2.4.2 正文内容的可读性

电子商务文案是以“标题+正文内容”为模型，以内容质量取胜的一种营销方式，因此要注重内容质量的可读性，以增强消费者黏性。在进行电子商务文案内容的写作与优化时，要从消费者需求的角度出发，写出具有深意的原创内容才能更好地吸引消费者阅读。

1. 内容要符合消费者需求

在电子商务环境下，各个商家都遵循着消费者至上的原则，因为消费者的体验以及由此带来的口碑在网络环境下对该商家、品牌会带来难以估计的影响，它既能作为一种带来实际价值的回报资产，也能成为一种摧毁性的力量，所以找准消费者的需求、写出对消费者口味的文案很重要。作为商业营销的一种手段，电子商务文案一定要以消费者需求为中心，以消费者思维为立足点去思考，即要懂消费者，知道他们想要什么，怎样做才能打动他们，引起他们对文案的理解与认同。

文案中常用的写法是去唤起消费者的某种需求，如商品功能这类表面需求、商品诉求类的情感需求、品牌文化内涵类的自我实现需求，然后去满足它。一旦文案唤起了消费者的任何一种欲望，消费者自然会用行动来作为回馈。

饿了么作为一个在线外卖交易平台，一向对市场和消费者特别敏感。为了进行推广宣传，饿了么在2018年推出了一支以“大吃一夏”为主题的广告，广告主要从消费者的需求出发，通过世界杯篇、网红美食篇、厨房篇、办公篇4个场景来唤起消费者的需求，如图2-22所示。

图2-22｜饿了么“大吃一夏”广告

“大吃一夏”广告的文案如下。

今夜 胜利的滋味
有了夜宵更美味
抢个红包点外卖
夜深人静嗨一夏
上饿了么搜“大吃一夏”领红包
盛夏 何必排队买网红美食
领个红包点外卖
大牌享一夏
上饿了么搜“大吃一夏”领红包
夏天 怎么忍心老妈在厨房蒸桑拿
抢个红包点外卖
大餐到家懒一夏
上饿了么搜“大吃一夏”领红包
正午 谁愿意出门吃午饭

领个红包点外卖

美食上门爽一夏

上饿了么搜“大吃一夏”领红包

这则广告以消费者日常生活的场景为切入角度，通过文案和视频画面的结合展示并放大了消费者在盛夏高温环境下的各种问题，从消费者的实际需求出发，直击消费者的痛点，然后配合视频生动形象的演绎，给出消费者解决的办法：领个红包点外卖，上饿了么搜“大吃一夏”领红包。这种精准洞察消费者需求的文案可以快速引起消费者内心的共鸣，让消费者看后过目不忘，成功吸引消费者注意力并提升其对品牌的好感，刺激他们产生消费行为。

2. 内容要原创

很多电子商务文案的内容阅读量都持续在一个比较低迷的状态，甚至逐渐下降，粉丝的增长也面临困境。一般来说，一个热点能激活数以万计的推送，但很多内容都处于一个“伪原创”的状态，只有少数媒体人会对热点进行深入研究，优质的内容比较稀缺。

互联网的快速传播性导致内容量过大，海量的内容使劣质信息泛滥，不少电子商务文案开始在阅读量上造假。这种造假现象的产生一方面是源于消费者看到阅读量高，会出于好奇和对大众审美的信任点击阅读的心理，另一方面则是文案创作人员为了体现自己的影响力造假流量，最后导致“流量 > 质量”这样的评价体系出现，放松了对内容质量的追求。因此，原创和优质内容成为电子商务文案内容的一个制胜点，如papi酱、同道大叔等都是原创内容的典型代表。

专家指导

伪原创是在别人文章的基础上，通过数字替换、字词替换、段落替换、语序更改、文字删减、收尾总结等手段对文章进行修改，将其转化为自己文章的行为。

3. 内容有趣味性

消费者都喜欢阅读具有趣味性的内容，除了专业性很强的内容外，可以适当将内容娱乐化，提升内容的阅读趣味和消费者的阅读兴趣。趣味性内容主要以特色内容将消费者转变为自己的忠实消费者，通过消费者的累积来进行信息的传播，最终实现企业品牌和口碑的良好宣传。

2018年，农夫山泉联合故宫文化服务中心推出了一款限量版瓶身包装“故宫瓶”，如图2-23所示。

这套瓶身包装一共有9种，每种包装上都有一个人物画像和一句主题文案，并根据主题文案展开了一系列对应的人物独白文案，包括康熙、雍正、乾隆和富察皇后等清宫史上的著名人物。文案则采用趣味十足的描述将古韵与商品结合起来，如“本宫是水做的”“本宫天生丽质”“工作使朕快乐”“臣妾一直都在皇上身边”“朕饿了”“如意如意 遂朕心意”“你是朕写不完的诗”“朕只要有你就好”“朕打下的一瓶江山”等玩味十足的中心词，再通过对中心词内容的展开来进行商品的关联，其用语幽默诙谐，趣味十足，让消费者一眼就被吸引，进而对商品产生兴趣。这种趣味性的图文搭配文案不仅很好地展示了农夫山泉与故宫文化服务中心的形象，实现了两个品牌之间的跨界营销，还成就了一则经典的文案案例，一经推出就吸引了广大网友的目光。

图2-23｜农夫山泉“故宫瓶”

4. 内容有创意

电子商务文案最开始出现的时候，大多以商品详情页的方式展示商品信息。而随着电子商务的不断发展，文案呈现的作用越来越强大。要想自己写作的电子商务文案吸引消费者，内容质量是关键，此时，内容创意就成为提升文案吸引力的一大因素。内容创意可以是区别于其他竞争对手的写作方法，可以是夸张的图片设计，也可以是通过思维创意创作的别具一格的新鲜内容，只要是能够带来新鲜感的东西都能在一定程度上刺激消费者的思维，使他们产生新鲜感。

例如，2013年6月18日电商价格战前夕，出现了一个显著的现象就是几乎所有的大型电商的文案宣传都不再采用商品的堆积设计图，不再有明确的促销价格或折扣，而是以标幅式宣传语，结合关键字从心理学的角度来加深消费者对广告的印象，如图2-24所示，京东——别闹，苏宁易购——别慌，当当网——都别吵，易迅——别吹，亚马逊中国——比价，国美——都别装……

图2-24｜电商价格战

这样新颖的文案方式一出现，立刻吸引了广大网友的关注，并快速得到转发与传播。这也说明，文案要想做到最大限度地吸引消费者，达到一针见血的效果，从实用性的角度出发，通过思维创意写作出有态度的文字，才是目前电子商务文案的主要写作手法。

其次，电子商务文案作为一种商业文案，不仅仅需要创意艺术，更重要的是通过创意带来销售价值，通过文案说服人们购买商品并认可品牌，为商家带来更多的利润、好感等。

2.5 电子商务文案的视觉呈现

电子商务文案的整体视觉呈现效果对文案的表现力有着非常重要的作用，下面从排版和视觉创意两个角度来进行说明。

2.5.1 文案排版的视觉感官

排版对于任何类型的文案来说都非常重要，文案再出色，如果排版效果差，版面杂乱，消费者的阅读体验就会受到影响，甚至会选择放弃阅读。新媒体文案多分为文章式的文案和图片式的文案，其中，文案的长短或字数，在页面中位置的摆放，文字的大小、颜色、字体，都影响着文案的整体感觉和效果。下面就从这两个方面讲解其排版的要求。

1.文章式文案

文章式文案的代表类型为微信公众号文案等，现今的微信文案是以移动端为载体输出的，所以排版应注意以下4点。

- **文案的长短**｜全文字数控制在1200~1500字，一个段落不超过手机一屏，可以多分段，最好3~5行一段。
- **字符设置**｜字号最好在14~18px（数值越大，字体就越大），16px最合适；行间距控制在1.5~1.75倍为最佳。

- **正文排版**｜根据内容风格的不同，可以设计不同的正文排版，一般都是左对齐，个别追求文艺风的可以考虑居中排版。
- **其他排版设计**｜合理搭配图片，一般是上文下图，适当插入视频；此外，可以用不同的字体色号来突出文案的重点，以便与正文区分，颜色最好不要超过3种。

2. 图片式文案

图片式文案包括商品详情页文案和海报文案等，它受限于一张图片内，其排版应注意以下4点。

- **文案的长短**｜文案不宜过长，传达出情感要表达的内容即可，一般文字内容要求不超过整个页面的二分之一。
- **文字的大小**｜文字大小要均匀合理，但并不要求文字大小一样，只要文字比例恰当，看起来和谐美观就好。此外，主要的句子或者一个页面主题句可以用大号字体来突出强调，这样页面反而会显得主次均匀、主题突出。
- **文字的颜色**｜文字与图片的颜色要有一定的差别，但不要太跳跃，不然容易显得突兀，例如红绿的搭配、宝蓝配深紫等。比较好的搭配方式是尽量少用太鲜明亮眼的颜色。此外，若背景颜色或图片是深色，文字就用浅色系；若背景颜色或图片是浅色，文字则用深色系，这样图片不与文字混淆，也不会给消费者造成阅读障碍。
- **文字的字体类型**｜不超过3种，并且要与整体风格一致，太多的字体类型会显得很混乱。

2.5.2 文案的视觉创意

在电子商务环境下，文案的表现形式丰富多样，仅仅通过纯文字内容可能无法快速吸引消费者的注意，搭配具有创意的图片和视频等元素可以先声夺人，第一时间抓住消费者的注意力，吸引消费者点击并持续浏览所有的文案内容。

1. 文案图片创意

图片是文案的重要组成部分，会使文案的表达效果更有张力，表现力更强。特别是高质量、精美、主题突出、触动消费者、一针见血的图片，不仅能在电子商务平台上收获成千上万的转发量，还能快速给消费者留下深刻的印象。

在电子商务文案中可以通过漫画、壁纸、美景、人物等多种图片类型来简洁地表达推广的主题，再辅以美丽、夸张、有趣、个性、哲理、情感等元素给消费者留下充分的想象空间，达到情感共鸣。图2-25所示为江小白的一则海报文案“月满杯也满”，通过文字“月满”体现中秋佳节，再用“杯也满”体现出商品的使用场景，文案内容十分具有寓意。同时，搭配图片中的黑夜、月亮、倒影、人物等元素来营造节日氛围，整张图片不管是文字还是图片元素的搭配都十分符合中秋节推广的环境。而且，其暗色系的背景和明亮的月光形成强烈的对比，与其他颜色形成了较大的反差，更容易使消费者在众多信息中发现它并被吸引转发。这则海报文案结合了情感与节日氛围，首先给消费者留下了深刻的印象，但再细细品味会发现，海报中通过创意的手法将月亮在水中的倒影呈现为江小白酒瓶的形状，无声地将品牌植入其中，给消费者以思考。

图2-25｜江小白“月满杯也满”

图片在电子商务文案中非常重要，常与文案搭配出现，不管主题是幽默、励志、情怀，还是普通的生活，图片内容都要尽量贴近消费者，不要过于深奥复杂，也不能表达太多信息。一般来说，搭配合理的背景和色彩，鲜明突出的图片主题，尽可能搭载一些网络热点，再辅以合理的推广，往往就能获得不错的营销效果。

2. 文案视频创意

视频也是电子商务文案的一种常用载体，如宣传视频、情景视频。其中宣传视频主要是通过创意广告来展示商品或品牌的优势、企业文化或形象等内容；情景视频则主要通过讲述故事来融入需要推广的商品或品牌。不管是哪种类型的视频，企业在营销推广的过程中都涉及视频的创意制作。与文字和图片一样，视频内容只有以消费者需求为中心，才会打动消费者点击观看。因此，创意制作也应该先了解消费者喜欢什么类型的题材，什么样的题材更容易打动他们，如针对年轻消费者群体就可以在视频中加入网络流行现象来吸引他们的目光；针对文艺青年就需要选择具有艺术气息的画面来创作视频内容。其次，视频要体现出与其他同类型视频的不同，也就是表现方式、表现角度要新颖，要有与众不同的亮点。比如同样是美食视频，一个在家里制作美食，但语言风格十分诙谐幽默；另一个虽然语言表现力不强，但却选择在野外随地取材进行制作。前者以幽默的风格取胜，后者以别致的形式取胜，与中规中矩在厨房制作美食的视频相比更有亮点，也更容易引起消费者的关注和讨论。

成功的视频文案不仅需要有高水准的视频制作技巧，还要懂得展示营销内容的亮点。要想制作出吸引大量消费者观看的视频文案，好的创意和构思是必不可少的。同时，视频还是为品牌和商品服务的，除了视频本身的看点外，还要注意视频与品牌的结合，要突出品牌或商品的特点，符合企业的推广定位等，这也是在进行视频创意和构思时必须考虑的问题。

2018年端午节期间，五芳斋推出了一支广告“一粒糯米的奇幻之旅”，通过拟人的手法将糯米人物化，然后采用人物（糯米）内心独白的方式来体现五芳斋商品的制作过程。这个广告与一般商品广告相同的地方在于，它同样是从消费者的角度出发，为了打消消费者对商品质量的疑虑，提升消费者对商品的信心并进行商品和品牌的宣传推广。不同之处在于，这则广告没有采用传统的展示制作车间、原材料采集、制作过程的方式，而是以拟人化的手法，将商品的组成元素“糯米”以“人”的方式进行展示，广告中的每一个人就是每一粒糯米，每一个人经历的场景就是“糯米”被挑选且被制作成商品“粽子”的过程。通过众多场景的转换与融合完整地体现了“每一粒糯米，都来之不易”“糯好粽才好”，每一个商品都是真实的品牌理念。五芳斋通过这种新颖且有趣的表现方式快速吸引了广大网友的注意，视频获得大量转发和观看，让消费者了解到了五芳斋的核心竞争力就是原材料“糯米”，以“糯好粽才好”广告语结束视频广告，完整地串联起了视频广告中的剧情，在打动消费者内心的同时告诉消费者，他们的原材料是最好的，是决定商品质量的关键。图2-26所示为五芳斋视频广告“一粒糯米的奇幻之旅”的内容，这支广告中带着白色小尖帽的每一个人就是每一粒糯米，他们每个人嘴里都叨念着“万中无一”，纷纷坐上大巴车开始自己的奇幻之旅，然后场景转换回到7000年前，展示了这些人经历了鸟儿的啄食、冰雪的寒冷、寒风的凛冽、雷电的侵袭，只有强壮的人才活了下来继续剩下的旅途，最终这些剩下的人来到了旅途的终点——一片清澈的湖泊，排队进入湖中搓澡，洗干净后被邀请进入蒸房，最后他们挤在一起，裹上粽叶，变成了一个大粽子。

图2-26｜五芳斋视频广告“一粒糯米的奇幻之旅”

图2-26｜五芳斋视频广告“一粒糯米的奇幻之旅”（续）

2.6 本章实训

为了帮助读者熟练掌握电子商务文案的撰写方法，下面以两个实训练习为例进行实训练习。

2.6.1 撰写文案标题

为了更好地掌握电子商务文案的标题撰写方法，本例从不同的角度出发进行文案标题的写作，希望通过本例的操作练习，读者可以举一反三，学会自己写作不同类型的文案标题。

1. 实训要求

①掌握直言式标题的写作方法。

②掌握提问式标题的写作方法。

③掌握推新式标题的写作方法。

④综合运用文案标题的写作技巧。

2. 实训准备

标题是消费者第一眼看到的文案信息，其内容的好坏直接决定了消费者是否会对文案内容产生兴趣，并产生点击行为。在写作标题前，文案创作人员一定要站在消费者的角度来思考，保证标题符合真实、有趣、有痛点等原则。

- **标题要真实**｜真实是标题的第一原则，让消费者明白你要真实准确地表达什么样的信息是与消费者建立稳定关系的唯一前提。为了吸引消费者，靠说谎来获取流量是最不可取的行为。例如，某品牌发布了一篇名为“年终大促销，点击就有奖品”的推广文案，打开一看却是一张购买玛莎拉蒂减15元的优惠券，瞬间就让消费者觉得自己受到欺骗，进而取消关注。
- **标题要有趣**｜什么样的标题会让人想读？首要的一点是有趣。为什么现在的人长时间花费在各大网络社交平台上，就是因为在这里，他们能看到更多有趣的内容。面对标题，消费者也是一样的态度。有趣的标题对他们来说更有阅读的欲望。如，“这款手机采用优质感光元件，夜拍能力超强”对消费者来说就非常平白，远没有“哇哦！这款手机可以拍星星”这样的标题来得生动有趣。
- **标题要有痛点**｜很多时候，喜欢一个人、事物或者服务都是被其中的某个点所打动，因此在标题中，文案创作人员要找准那个关键点，用它去触动消费者。这个点可以是与消费者切身相关的利益，也可以是文案正文的关键信息，重点是要让消费者觉得标题很有信息量。例如，“我为什么让三岁儿子学英语？”就比“孩子越早学英语越好”这样的标题更能打动父母。
- **标题要通俗易懂**｜标题语言要去书面化，避免语焉不详，要尽量使用通俗易懂的语言。现在的手机阅读主要是碎片化的阅读，所以电子商务文案的标题要注意节约消费者时间，降低消费者的阅读难度，不要用太多长句和艰涩的专业语言，否则消费者会产生不好理解或不耐烦的心理，从而放弃继续阅读。

总之在标题的设计中，要尽量将最新的、最重要的、最吸引人的、最精彩的、消费者最关心的信息点放在标题中，这样才会让消费者愿意看、喜欢看甚至是迫切看。但同时要注意与内容相结合，不要文不对题，让消费者失望，否则就是一则失败的标题。

3. 实训步骤

中秋节将至，一家销售女士服装的××品牌商家要在微信公众号中推广自己的商品，并以199元推广原价699元的一款套装新品，且该套装商品由人气明星××代言。为了调动消费者的参与积极性，商家决定中秋节当天店铺所有商品半价出售，现要求文案人员写作一篇推广文案，要求标题要直接体现出推广的主题并吸引消费者点击查看内容，参与活动进行互动。

①写作直言式标题。根据商家的要求可从不同的角度来写作直言式标题，而要刺激消费者参与互动可从销售信息或优惠信息入手，以下为几则示例。

- 惊爆！199元全套带回家。
- 199元即购超值套装新品。
- 中秋节，全店5折等你来抢。
- 天啊！中秋节5折大放送啦！
- ××同款只要199元。

②写作提问式标题。提问式标题的重点在于问题是否能够吸引消费者的注意，可从消费者关心的利益点角度进行写作，以下为几则示例。

- 怎么用199元买到699元的套装？
- 只要199元就能买到699元的套装？
- 买套装怎么少花500元？
- 为什么中秋节要打5折？
- 中秋节5折，店家还是你更划算？

③写作推新式标题。推新式标题的重点在于“新”，可从时间紧迫感、新品上架等角度来进行写作，以下为几则示例。

- 倒计时 距离中秋大促还有2天！
- 中秋节战役即将开始！全店福利大盘点。
- 新品上架只要199元带回家。
- 199元秋季新品限时24小时！
- 仅此一天，全店商品5折优惠！

④综合写作技巧写作标题。在写作标题时常常会结合多种写作方法提升标题的吸引力，以下为几则示例。

- 新品套装首发，GET××同款只要199元！
- ××中秋大促，明星商品5折大抢购。
- 只要199元，就能和××一起做这件事！
- 说个鬼故事：中秋节就！要！来！了！

2.6.2 撰写实用性抽奖文案正文

为了更加熟悉电子商务文案的正文写法，下面写作一篇实用性的抽奖文案，以此为例帮助读者巩固并掌握文案正文的写作方法。

1. 实训要求

①选择合适的文案撰写角度。

②掌握实用性抽奖文案正文的开头、中间和结尾写作方法。

2. 实训准备

写作实用性的文案要从两个方面来考虑，一是这个文章与消费者有什么关系，二是文章的内容对消费者有什么作用。根据消费者的使用需求，从解决消费者问题和提升消费者需求的角度出发，加强对需求的描述。如提供信息服务、传授生活常识或向消费者提供商品的促销信息或折扣凭证等。因此，写作微信推广文案前，要先做好文案的定位。明确自己的目标消费者群体，他们的关注焦点是什么，需求和偏好是什么，选择一种适合自己消费者需求的文案风格来进行写作，这样才能与目标消费者相契合。

本例将写作一则摄影店抽奖活动文案，用于进行店铺的5周年庆典，要求如下。

- 活动时间为9月12日—9月20日。
- 参与活动的消费者必须是店铺微信公众号“艾米摄影”的粉丝。
- 奖品包括1999元儿童摄影套餐、2999元情侣摄影套餐、5999元家庭摄影套餐。
- 领奖人必须持有效信息到门店领奖并进行预约。
- 地址要明确。

3. 实训步骤

写作一则摄影商品促销信息的微信推广文案，要求明确写出活动的优惠措施、活动参加方式以及对消费者有利的条件。

①写作实用性文案正文开头。对于抽奖活动文案来说，文案开头最好说明开展活动的目的，如图2-27所示。

刮一刮，豪礼就是你的！为回馈新老客户的大力支持，9 月 12 日—9 月 20 日，艾米摄影重磅推出“5 周年　感恩豪礼‘刮’不停”主题活动，动动手指，千元摄影套餐立即到你的碗里来！

图2-27｜文案正文开头

②写作实用性文案正文中间内容。抽奖活动文案的正文内容是消费者最关心的内容，一般来说，主要包括活动的参与方式、规则和活动详情内容。每一部分的内容都要描写清楚，也可搭配图片对内容进行说明，避免消费者产生疑惑。图2-28所示为文案的正文中间内容。

参与方式：

进入微信“艾米摄影”，点击“摄影惠”，再点击“刮一刮”

活动规则：

每位粉丝都有 3 次刮奖机会

一大波奖品疯狂来袭！

【奖品 1】价值￥1999 元的儿童摄影套餐　30 名

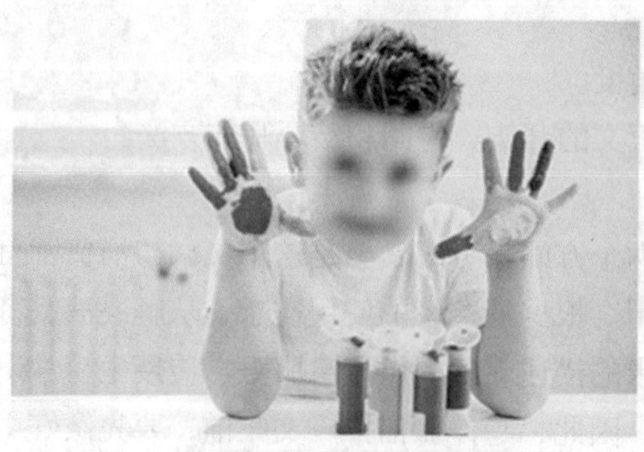

图2-28｜文案正文中间

【奖品 2】价值￥2999 元的情侣摄影套装　20 名

【奖品 3】价值￥5999 元的家庭摄影套餐　10 名

活动详情：

1. 本活动时间为 9 月 12 日—9 月 20 日。
2. 获奖名单将在活动结束后通过“艾米摄影”微信公布。
3. 本活动的所有中奖人员，需在 9 月 25 日前私信中奖信息给艾米，以确认中奖人员。
4. 奖品需由本人亲自到艾米摄影店铺持中奖信息来领取，注意带齐“姓名+电话号码+身份证+微信中奖信息”，待核对信息后才可领奖。
5. 奖品需在领奖时确认，并预约好摄影的时间，过期由用户自行负责。
6. 领取地址：成都市金牛区×××××。
7. 本活动由艾米摄影发起并保留最终解释权。

图2-28｜文案正文中间（续）

③写作实用性文案正文结尾。实用性抽奖文案的结尾一般以简洁的口号呼唤消费者参与活动，如“点击参与”“单击链接参加活动”；也可以添加其他活动的介绍，以作关联营销，增加其他内容的二次跳转，如“更多活动可点击了解×××”。

第3章

商品认知与卖点提炼

学习目标

| 掌握商品认知方法

| 掌握目标消费人群的分析与定位方法

| 掌握竞争对手的分析与定位方法

| 掌握商品卖点的提炼方法

引导案例

随着互联网快速发展和消费群体需求的不断变化，传统企业在电子商务的冲击下逐渐失去了原本的优势。据统计，2017年全球100强糖果零食公司排行榜中前30位有6个中国品牌，除了旺旺和喜之郎是传统品牌外，其余上榜的品牌都是在互联网环境下发展起来的休闲零食品牌，其中尤以三只松鼠最具代表，它是国内领先的定位于纯互联网食品品牌的企业，也是当前销售规模最大的食品电商企业。

三只松鼠成立于2012年，上线仅4个多月的三只松鼠旗舰店在“双11”当日成交额就达到766万元，成为中国食品电商的奇迹，也奠定了三只松鼠在互联网食品品牌的领头羊地位。2013年的“双11”，三只松鼠旗舰店单日销售额达3562万元，连续两年蝉联食品电商行业冠军；2014年“双11”销售达1.2亿元；2015年销售额达2.66亿元，全年销售额破25亿元人民币；2016年仅28分40秒销售额就破亿，全天销售额达5.08亿元；2017年仅12分52秒破亿，当天成交额5.22亿元。三只松鼠每年都在刷新自己的销售业绩，从一个名不见经传的“小卒”摇身一变为互联网食品的品牌大咖。三只松鼠的成功除了归功于运营营销的策略外，还有它对自身商品的准确定位和对用户的极致服务。

三只松鼠刚成立时主营商品只有坚果，这是因为松鼠是啮齿类动物，主食是坚果，通过品牌名与商品之间的联系可以让消费者直观地树立起对品牌的印象。而为了让消费者打消对互联网售卖零食商品的疑虑，三只松鼠推出了“森林系”食品概念，即绿色、新鲜的食品，选材全部来源于原产农场或本地特产。三只松鼠主打互联网市场，而互联网市场的消费人群构成复杂，为了更加精准地定位自己的消费人群，三只松鼠将自己的目标消费群体定位为具有个性化需求的年轻购物群体，他们不仅追求商品的物质感受，对商品所带来的精神上的满足也有一定的要求。为了迎合这部分消费群体的需求，三只松鼠采取了动漫化的策略，设计了十分具有亲和力的卡通Logo形象，通过网店页面、商品包装设计等营造出一种青春活力、轻松快乐的欢乐轻食主义氛围，如图3-1所示。

图3-1｜三只松鼠店铺页面

在用户体验的极致服务上，三只松鼠亲切地称呼每一位购物的顾客为“主人”，这不仅体现了以顾客为中心的销售理念，还让顾客感受到被尊重。其次，三只松鼠的每一代商品都用独立的牛皮纸袋包装，针对不同的商品，商品包装袋上的松鼠漫画形象也各不相同，并附上果壳袋、湿巾、食品夹等物品，全方位满足用户的需求。

三只松鼠的成功让商家意识到，要想在竞争激烈的市场中占据一席之地，首先需要做好市场、商品和消费群体的定位，在精确定位的基础上开展营销推广会事半功倍。而随着市场与消费群体需求的不断升级，还要时刻关注新的需求与变化。作为电商行业的文案从业人员，在这种环境下开展文案写作的前提就是熟悉商品，从目标消费人群和竞争对手等不同的角度来考虑如何展示商品的最佳卖点，提升企业品牌和商品在市场中的竞争力。

3.1 商品认知

商品认知是指对商品基本信息的了解与熟悉程度，文案人员一定要在熟悉商品的基础上开展文案写作，才能使写出来的内容符合商品的特点，体现出商品与众不同的卖点，进而吸引有相关需求的消费者。商品认知主要包括商品分类、商品属性和商品文化等内容，下面分别进行介绍。

3.1.1 了解商品分类

电子商务市场中越来越丰富的商品种类和品牌使消费者有了更加广阔的选择空间，为了找到更加符合企业商品的目标消费群体，商家需要明确自身商品在市场中的定位，做好商品的分类。商品分类是指为了一定的需求，根据商品的属性或特征，选择合适的分类标志将商品划分门类、大类、中类、小类、品类或品目，以及品种、花色和规格等。国内的大多数门户网站采用UNSPSC商品分类标准（第一个应用于电子商业的商品及服务的分类系统，每一种商品在 UNSPSC 的分类中都有一个独特及唯一的编码），电子交易市场则参照《商品名称及编码协调制度》，还有一些电子交易市场则使用自编的商品分类系统。因此，并没有一个统一的电子商务市场的商品分类规范，但原则上来说要遵守以下规则。

- 必须明确分类的商品所包含的范围，即商品的属性、特征等。比如一件衬衣，在进行分类时就要知道它的使用对象是女士还是男士，面料是纯棉还是丝质，是修身还是宽松等。
- 商品分类要从有利于商品生产、销售、经营的角度出发，最大限度地方便消费者的需要，并保持商品在分类上的科学性。所谓科学性就是要选择商品最稳定的本质属性或特征作为分类的基础和依据。
- 选择的分类依据要适当。就是要选择一个合适的参照对象作为商品的分类依据，比如笔记本，既可以指数码商品中的笔记本电脑，又可以表示办公文具中的笔记本。它们是两个完全不同的商品，因此在分类时就要先明确该商品的分类依据，一般是根据商品的用途进行划分。

- 应具有科学的系统性。就是将选定的事物、概念的属性和特征按一定排列顺序进行系统化，并形成一套合理的科学分类体系。

将以上内容进行归纳可得出商品分类的几种方法，分别是按商品用途分类、按原材料分类、按生产工艺分类、按商品主要化学成分分类，以及其他分类方式。

1. 按商品用途分类

商品是为了满足人们生活和工作的需求而被生产出来的，因此商品的用途是直接体现商品价值的标志，也是进行商品分类的一个重要依据。按照商品用途进行分类可以对相同类型的商品进行更好的区分。比如将日用品按照用途进行分类，可以分为器皿类、玩具类、化妆品类和洗涤用品类等。

2. 按原材料分类

商品原材料因为成分、性质和结构等的不同，会使商品具有截然不同的特征。通过对原材料进行商品分类，可以从本质上反映出商品的性能和特点，适合于原材料来源较多、且原材料对商品性能起决定作用的商品。但类似汽车、电视机、洗衣机等多种原材料组成的商品则并不适用。比如将纺织品按照原材料进行分类，可以分为棉、麻、丝、化纤和混纺织品等。

3. 按生产工艺分类

对于相同原材料的商品，可以通过生产加工方法来进行分类，如将茶叶按照不同的生产加工方式进行分类，可以分为红茶、绿茶、乌龙茶、白茶、黄茶和速溶茶等。

4. 按商品主要化学成分分类

商品成分往往对商品的性能、质量和用途起着决定性的作用，特别是对于主要成分相同，但包含某些特殊成分的商品，可以使商品的质量、性能和用途完全不同。比如玻璃的主要成分是二氧化硅，但由于某些特殊成分的添加，可以将玻璃分为铅玻璃、钾玻璃和钠玻璃等。

5. 其他分类方式

除了以上分类依据外，商品外观形状、生产产地、生产季节和流通方式等都可以作为商品分类的标志。比如苹果按照产地和流通方式可分为烟台苹果、新西兰进口玫瑰苹果、富士苹果和美国加利福尼亚蛇果等；茶叶按照采摘季节可分为春茶、夏茶、秋茶和冬茶等。

文案人员要在充分了解商品分类的基础上，准确判断出商品分类的依据，并将此依据作为商品文案写作的参考内容之一。其中商品用途、原材料、生产工艺是比较普遍的、出现在商品详情页文案中的内容；商品特色，如产地、外观等具有特殊代表性的元素则常出现在商品标题文案中，文案人员要根据商品自身的属性来合理选择书写的方法。

3.1.2 熟悉商品属性

商品属性是指商品本身所固有的性质，是商品所具有的特定属性，如服装商品的属性包括服装风格、款式、面料、品牌等，这些属性可以看作商品性质的集合，可用于区别不同的商品。文案人员写作文案前要熟悉商品的属性，找出自身商品与其他商品的差异性，突出自身特点才能吸引更多消费者点击并浏览内容，以增加成交机会。

按照电子商务平台的标准商品单元（Standard Product Unit，SPU），可以将商品属性分为关键属性、销售属性和其他属性。

- **关键属性**｜是指能够唯一确认商品的属性。该属性可以是单一的属性，也可以是多个关键属性的组合。不同类目的商品用于确定商品的关键属性不同，要注意区分和识别。如手机商品可采用“品牌（Apple）+型号（iPhone 8 Plus）”属性来作为关键属性；服装商品可采用“品牌（法曼丽：FEMLY）+货号（10476）”属性来作为关键属性，以区分不同属性的商品。
- **销售属性**｜是指组成库存量单位（Stock Keeping Unit，SKU）的特殊属性，主要包括颜色、版本、尺码等影响消费者购买和商家的库存管理属性，如图3-2所示。

SPU与SKU的区别

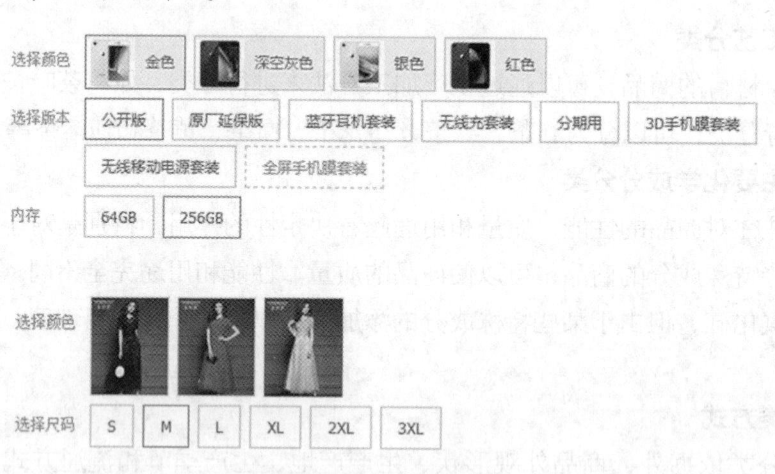

图3-2｜商品销售属性

- **其他属性**｜除关键属性和销售属性外的其他属性，如材质、面料、包装、价格等属性，是商品普遍具有的属性。

文案人员也可以通过对以上属性内容的分析来确定商品的价值，包括使用价值和非使用价值。在写作商品文案时，既要体现商品的使用价值，又要体现其非使用价值，这样才能提升商品对消费者的吸引力，获得更加可观的收益。

- **使用价值** | 使用价值是商品的自然属性，是一切商品都具有的共同属性之一。任何物品要想成为商品都必须具有可供人类使用的价值；反之，毫无使用价值的物品是不能成为商品的。如粮食的使用价值是充饥；衣服的使用价值是御寒；雨伞的使用价值是遮风挡雨。
- **非使用价值** | 非使用价值通常也叫存在价值（有时也称为保存价值或被动使用价值），它是指人们在知道某种资源的存在（即使他们永远不会使用那种资源）后，对其存在赋予的价值。有很多店铺的商品详情页文案在写作时只体现了商品的使用价值，而忽略了商品的非使用价值，从商品营销的角度来说这是不正确的。通过挖掘商品的非使用价值，设计符合客户需求的非使用诉求，可以提升商品的价值，给商品赋予更加丰富的内涵。商品的非使用价值可以从商品的附加价值、文案中的身份和形象、与职业的匹配度、商品的第一感觉、面子的体现等方面来进行体现。比如有一款眼镜，它的使用价值是为顾客解决近视问题。如果从与职业相匹配的角度来挖掘它的非使用价值，可以从戴上眼镜后体现的职业气质来进行描述。职业经理人戴上它可以变得更加干练；领导戴上它可以变得更加有气场、有领导力；年轻人带上它可以显得沉稳等。这样就为眼镜赋予了很多非使用价值，使眼镜并非只有解决近视这一个卖点，从而提升眼镜的价值，也可以卖出更高的价钱。

专家指导

商品标题文案可以通过商品属性关键词的积累来与买家搜索的关键词进行匹配，以提高店铺的流量。而在详情页文案中则可通过对商品使用价值和非使用价值的描述来突出展示商品卖点，提升商品对消费者的吸引力。

3.1.3 掌握商品文化

商品作为一种满足消费者需求的物品，既具有物质属性，又具有文化属性。这种文化属性的附加可以提升商品的价值表现，使商品既可以作为一种物质交换而存在，又可以传达一种精神文化交流，潜移默化地改变消费者的价值观念、思想意识和行为。因此，也可以说，商品文化是商品价值的一种表现。掌握商品文化可以拓宽文案人员对商品价值的认识和理解，使其写作出更具有精神感染力的文案，加深商品在消费者心中的印象，进而形成独特的文化烙印，增加消费者与商品之间的联系，最终形成良好的品牌效应和忠实的消费群体。

商品文化一直存在于商品交换的过程中，随着消费者消费能力的提升，消费者对商品除了实用性的要求外，更加注重精神层面的文化享受。不同的商品，由于地域环境、社会习俗、文化环境等不同，会具有不同的商品文化；同样类型的商品，也可能由于生产地、制作工艺等不同，而产生各异的风格。因此，不同的商品文化容易形成商品之间的差异化，使商品之间产生区别，进而影响消费者的消费决策。商品文化的形成主要依赖于以下几种因素。

- **地域文化环境**｜地域文化环境是指商品生产和消费的文化环境，常由商品所在地的历史传统与文化传统所形成。其中，风土人情是地域文化最为显著的因素，是经过长时间的累积与流传而形成的源远流长、独具特色的文化风情，是商品最具有代表性的文化传播内容。历史典故、文化传统、民俗文化、习惯传承等都是十分具有代表性的地域文化因素。如北京烤鸭、天津狗不理包子、景德镇瓷器、曲阳石雕、汾阳杏花村汾酒、绍兴黄酒、松花皮蛋、宜宾五粮液、安岳竹席等地方特色商品的背后都具有十分深厚的文化积淀，在同类商品中具有十分突出的优势，可以更好地传递商品的价值，满足消费者对精神层面的追求。
- **商品流行性**｜商品流行性是指商品在消费市场中被大多数消费者所接受和使用的程度。如果大部分消费者在一定时期和范围内对某种商品同时产生兴趣，使该商品在短时间内成为众多消费者消费的对象，那么这种商品就可以看作流行商品。流行商品在一定程度上反映了一定时期内的社会现象和消费需求，可以体现出消费者的文化追求。如在写作服装类商品文案时，就常采用时尚、百搭、流行、经典、热卖等具有“流行”意味的词语。

熟悉商品文化后，文案人员即可对商品文化进行包装和优化，写作出具有文化气息和情感氛围的文案，使之与消费者的需求相吻合，从而建立起商品与消费者之间的深度联系，形成消费者的品牌偏好。广告文案、商品说明文案、品牌故事等就是典型的依靠商品文化而写作的满足消费者精神需求的文案。以“绍兴黄酒”为例，其历史悠久，早在《吕氏春秋》中就记载有越王勾践“投醪劳师”的故事。一家在淘宝天猫上售卖“女儿酒”的商家抓住绍兴酒历史悠久、源远流长的特点，写作了一则以晋代时期为背景的商品品牌故事，如图3-3所示。

图3-3｜以文化背景写作的商品品牌故事

3.2 目标消费人群分析与定位

电子商务市场与传统实体市场一样，也需要进行消费人群的分析与定位，这样才能更好地发现市场机会，有效地制定营销计划，从而使企业以最少的经营费用取得较大的经营效益。电子商务市场由于网络技术和实现途径等特殊原因，与传统实体市场的消费者购买行为产生了较大差异，需要在分析购买意向、购买心理的基础上构建出用户画像，以更好地了解各个不同网络消费者群体的需求情况和目前满足程度。

3.2.1 购买意向分析

购买意向是基于消费者态度的一种指向于未来的购买行为。消费者对商品产生积极、支持的态度，就可能产生购买该商品的明确意向。购买意向是消费者选择某种商品的主观倾向，表示消费者愿意购买某种商品的可能性，是消费者进行购买行为前的一种消费心理表现。

一般来说，影响消费者购买意向的因素主要有以下3点。

- **环境因素**｜指文化环境、社会环境和经济环境等外在的社会化环境因素。环境因素会影响消费者的购买意向，如冬季雾霾严重，空气污染严重，防霾口罩在这一时段就会比其他时段的人气高很多；又如某热播剧引起人们对某个商品的关注，受该热播剧的影响，关注该商品的消费者也会急剧增多。
- **商品因素**｜主要是对商品的价格、质量、性能、款式、服务、广告和购买便捷性等因素的考虑。如在淘宝直播平台中消费者可以在观看直播的同时直接购买商品，这比传统视频营销结束后告知消费者通过何种渠道进行购买便利得多。
- **消费者个人及心理因素**｜由于消费者自身经济能力（如购买能力、接受程度）、兴趣习惯（如颜色偏好、品牌偏好）等不同，会产生不同的购买意向，并且消费者的心理、感情和实际的需求各不相同，也会产生不同的购买动机。

综合以上因素，以及电子商务给消费者带来的便利，消费者在电子商务模式下的消费行为发生了很大的变化。因此，要想获得消费者的购买意向，就要重视消费者信息的收集、分析并发现消费者的消费规律、研究消费者在电子商务网站上发生购买行为的原因。

下面以淘宝和京东两个电子商务平台为例进行分析。

1. 淘宝

为什么有这么多消费者在淘宝上购物？不是因为淘宝是最先开始电子商务模式营销的平台之一，而是因为它具有以下优势。

（1）淘宝为消费者提供了十分丰富的商品，几乎涉及我们生活需求的方方面面，其商品琳琅满目，品种不一，消费者可以自主进行商品的浏览和搜索。图3-4所示为淘宝网中的某些商品，不仅包括实物商品，还有话费充值、水电煤缴费和火车票预订等。

图3-4｜淘宝网中的商品

（2）淘宝中的商品价格低廉，很多商品都比实体店中的商品价格更加实惠，符合很多消费者物美价廉的消费需求。图3-5所示为商品“古琴”在淘宝网中搜索的价格，从图中可看到其价格比市面上古琴的价格要便宜不少。

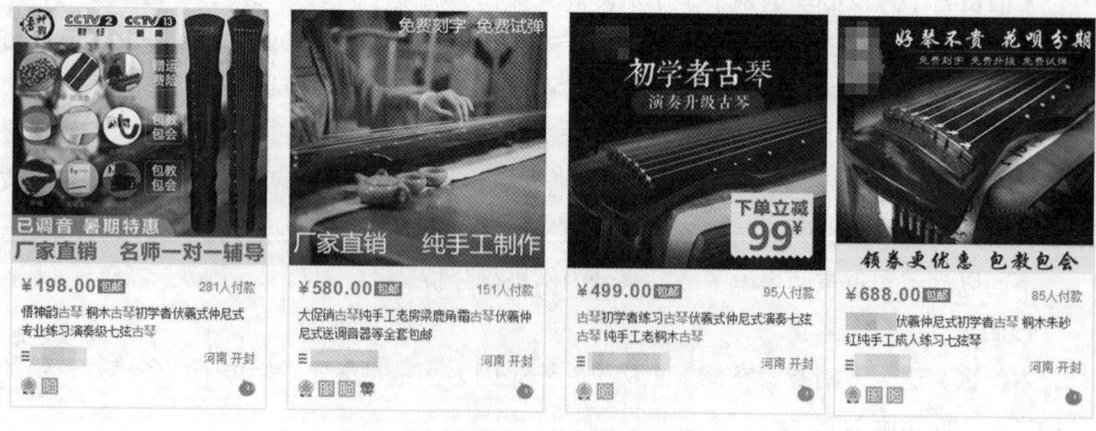

图3-5｜古琴价格

（3）阿里巴巴基于淘宝开发了一系列App，如图3-6所示。通过这些App消费者可以预订酒店、火车票、电影票，也可以进行理财、旅游等日常生活服务，下面介绍一些日常生活中常用的App。

- **支付宝**｜支付宝是国内领先的第三方支付平台，致力于提供“简单、安全、快速”的支付解决方案。它是一个融合了支付、生活服务、政务服务、社交、理财、保险、公益等多个场景与行业的开放性平台。
- **飞猪**｜飞猪可提供票务服务，如国内外机票、酒店、火车票预订；提供国内外旅游路线、出境超市等资讯服务。
- **淘票票**｜在原淘宝电影的基础上开发的一款电影App，支持电影和演出赛事在线购票，提供深度电影剖析，帮助消费者选择观影，如图3-7所示。

图3-6｜基于阿里巴巴的App应用

图3-7｜淘票票

2.京东

京东与淘宝的销售模式有所区别，主要包括京东自营和非自营（简称POP）两种模式。其中，京东自营是指京东直销模式，由京东采购货物，负责配送、售后等一系列事项，以保证商品质量；非自营模式是京东与商家联营的一种合作方式，京东商城作为一个开放的第三方平台，为厂家或商家提供销售平台，由厂家或者其他商家发货，京东向商家收取平台使用费用，这种模式又包括FBP和SOP。

- **FBP**｜FBP类似于京东采购模式，是京东提供给商家的一个独立操作的后台，由商家自行上传商品，描述商品信息，但商品仓储、配送和客服则由京东来操作，京东本身自营的商品能享受的所有服务，商家都能享受。但要求商家必须具备一般纳税人资格，需要给京东开具增值税发票。
- **SOP**｜与淘宝商城（天猫）的模式类似，即京东给商家一个独立操作的后台，由商家自行上传商品，描述商品信息，订单产生后12小时内发货，由商家自行承担所有的服务。

京东商城全部采用B2C的方式进行销售，在消费者眼中看来商品质量更具有保障，因此，很多消费者在购买金额较大的商品时，一般都倾向于京东。但因为京东逐渐引进了合作商家，商品质量也可能存在一定风险，消费者可以根据“京东自营”的标志来判断选择。图3-8所示为在京东上搜索“手机”的结果，可以看到几乎都带有“京东自营”的标志。

图3-8｜京东自营商品

此外，京东的仓储物流服务一直备受业内好评，提供“限时达、次日达、夜间配”等多种模式的配送服务，可以让消费者按照自身需要选择合适的服务，且保证商品能够准时送到客户手中。图3-9所示为消费者在京东购买商品后的物流信息记录，从图中可以看到，消费者在前一天晚上20:23分提交订单，第二天早上12:00已确认收货。

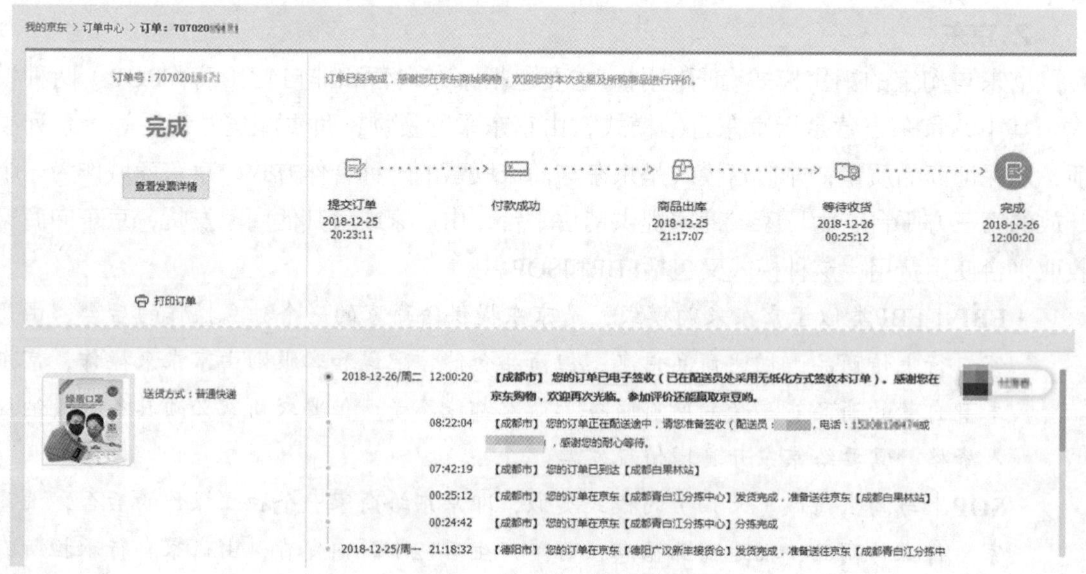

图3-9｜商品物流信息

3.2.2 购买心理分析

购买心理就是顾客因为一定原因而购买商品的一系列心理活动，它是针对不同的人群、不同消费者的购物习惯产生不同的购物行为。比如有的人喜欢买名贵的商品，有的人喜欢淘便宜货，有的人喜欢追求潮流，有的人喜欢经典复古。对消费者的消费心理进行研究，可以更加准确地定位消费者的购买行为，制定更加符合消费者需求的文案。

1. 好奇心理

好奇心是一种普遍的社会现象，是每个人都会有的一种心理，但不同的人好奇心的强烈程度不同，因此也会导致不同的购买行为。对于那些好奇心旺盛的消费者来说，一般比较喜欢追求新奇、赶时髦，是各种潮流商品的常客。这一类型的客户通常是青年消费者，他们不在乎商品是否经济实惠，看重的是商品能否满足自己的好奇心。

图3-10所示的“树叶变色温度计”就是一款比较有创意的商品，它不仅可以作为温度计使用，还能作为装饰品点缀房间，既实用又有情调。

树叶变色温度计
Leaf Thermometer

看似只是一片树叶，其实可以感知温度呢。
当天气气温处于20~25摄氏度时，
树叶一直保持鲜绿的颜色。
从零下寒冬至炎热酷暑。
树叶颜色会随之变化，深褐-翠绿-金黄，预示着天气气温。

图3-10 | “树叶变色温度计”创意商品

2. 实惠心理

实惠心理的消费者追求的是商品的物美价廉，就是指商品功能实用且价格便宜，一般为家庭妇女或中老年消费群体。他们一般看重商品的功能和实用性，对商品外观、样式等不太注重。对价格低廉、经久耐用的商品很感兴趣，且购买能力惊人。如果商品定位于这样的消费群体，可以通过不断提高商品的性价比，提高商品的效用和功能，或在适当的时候进行有奖销售，吸引更多这一类型的消费者。图3-11所示为一款儿童保温杯商品针对这一类型的消费者所制定的策略。

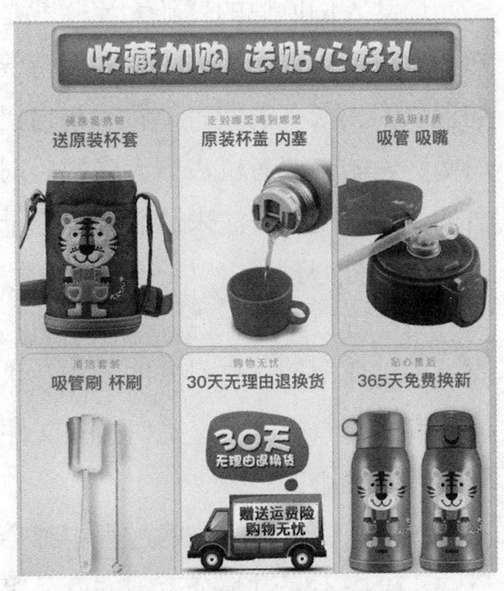

图3-11 | 儿童保温杯的赠品

3. 炫耀心理

炫耀心理是指消费者欲向他人炫耀和展示自己的财力、社会地位、声望等的心理远远超过了他们追求商品实用性的心理。有炫耀心理的消费者一般具有虚荣心和攀比心，经常购买名贵或时髦的商品。图3-12所示的几种奢侈品就是这一类型的消费者比较喜欢购买的商品。

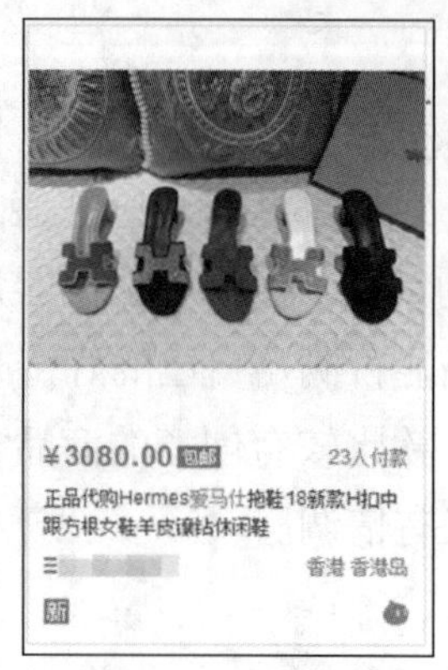

图3-12｜品牌商品

4. 攀比心理

攀比心理是消费者基于对自己所处的阶层、身份以及地位的认知，从而选择所在的阶层人群为参照而表现出来的消费行为。与炫耀心理相比，攀比心理的消费者更在乎自己是否也有某种商品，特别是对于别人购买了的商品，会出于“你有我也有”的心理来购买。针对这一类型的消费者，商家可以通过与参照群体的对比来吸引消费者。

5. 从众心理

通常人们所说的“随大流”就是从众心理，它是指个体在社会群体的无形压力下，不知不觉或不由自主地与多数人保持一致的社会心理现象。特别是在当今存在各种社会圈子的现象中，很多消费者都希望与自己所在的圈子保持同步，不愿落后于他人，因此有这种消费心理的消费者也占据大多数。对于这一类型的消费者来说，商家可以通过宣传商品，增加商品热度的方法来让消费者趋于追求。

6. 崇外心理

对于进口商品来说，一般吸引的是具有崇尚外国文化心理的消费者，这种消费者比较喜欢购买外国商品且对所谓的原装进口商品趋之若鹜。网站销售这一类型的商品时一定要标明商品的原产地与进出口相关文件信息，以取得消费者的信任。

7. 习惯心理

很多消费者在购物的过程中都会产生一定的习惯，比如偏向于购买某种品牌的商品、只购买价格不超过某个范围的商品等。这一类型的消费者一般会在自己心中制定一个“心理预期”，当商品的实际价格或功能不能满足消费者要求时，消费者就会另谋其他商家。

8. 名人心理

与“名人心理”相对应的是“名人效应”。名人效应就是因为名人的出现所达成的引人注意或强化事物、扩大影响的效应，通过模仿名人的某些行为或习惯来获得满足的现象。因此，可以将拥有名人心理的消费行为看作消费者对名人效应的推崇。通过明星代言、行业权威人士进行商品宣传都是对名人心理的消费者比较有效的方法，在淘宝等电子商务平台中，就有很多专门卖名人同款商品的商家，如图3-13所示。

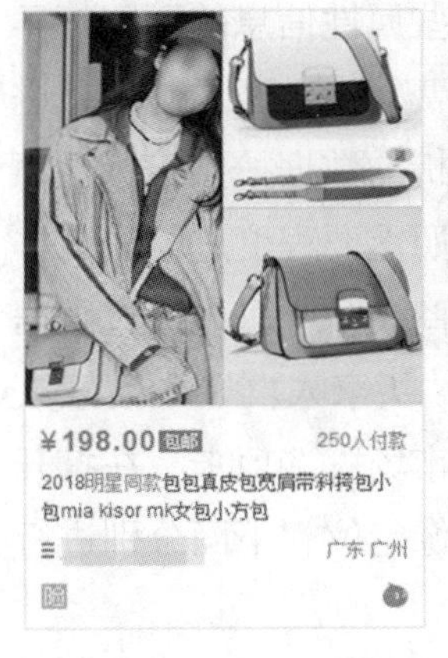

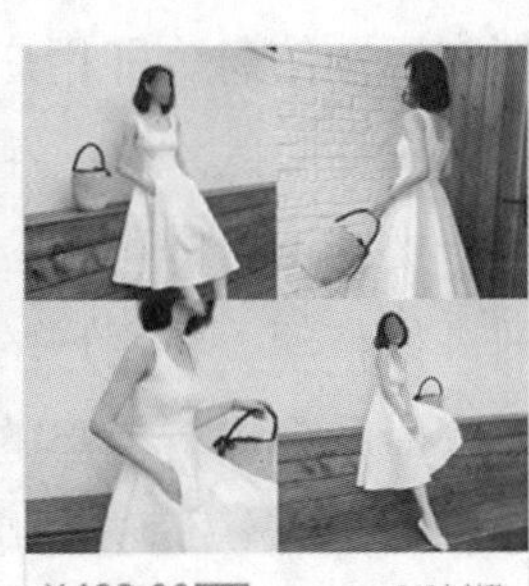
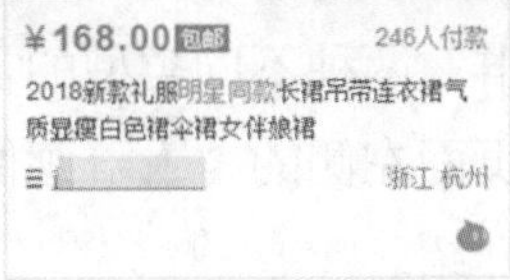

图3-13｜具有“名人心理”的消费行为

3.2.3 用户画像定位

用户画像是对用户行为、动机和个人喜好的一种图形表示，能够将用户的各种数据信息以图形化的直观形式展示出来，帮助商家更好地进行用户定位，方便文案人员写出针对消费者需求的文案，提升文案对消费者的吸引力。用户画像展现的信息并非属于每一个用户，而是具有相同特征的一群目标用户群体的共同数据展示，通过这种画像的方式来为这些具有共性的用户打上一个标签，从而实现数据的分类统计。

通过对用户购买意向和购买心理的分析，可以建立起对用户的基本印象，明确用户的基本属性信息，即用户性别、年龄、身高、职业、住址等信息。这些属性信息的不同可导致用户的收入水平、生活习惯和兴趣爱好不同，进而影响用户的消费行为。通过对信息进行分类统计，即可建立起基本的用户画像模型，然后再将收集和分析的数据按照相近性原则进行整理，将用户的重要特征提炼出来形成用户画像框架，并按照重要程度进行先后排序，最后再进行信息的丰富与完善即可完成用户画像的构建。在电商平台中可以通过数据分析工具来快速进行用户画像的定位，如淘宝生意参谋就提供了“买家人群”“搜索人群”两种不同类型的目标用户画像定位功能，在生意参谋中单击“市场”选项卡，在打开页面左侧的“人群画像”栏，即可分别选择对应的信息进行人群画像定位，下面分别进行介绍。

1. 买家人群定位

买家人群画像定位是指通过对消费者的性别、年龄、地域、价格等数据的统计分析来筛选出买家人群，然后对筛选后的数据进行分析，得到更加准确的买家属性信息，主要包括职业分布、淘气值分布、省份分布排行、城市分布排行等数据。同时，还会对这部分买家的购买行为进行分析，得到这部分买家人群的标签属性，如下单支付时间段、搜索词偏好、购买价格偏好、购买频次属性、购买品牌偏好等数据，如图3-14所示。

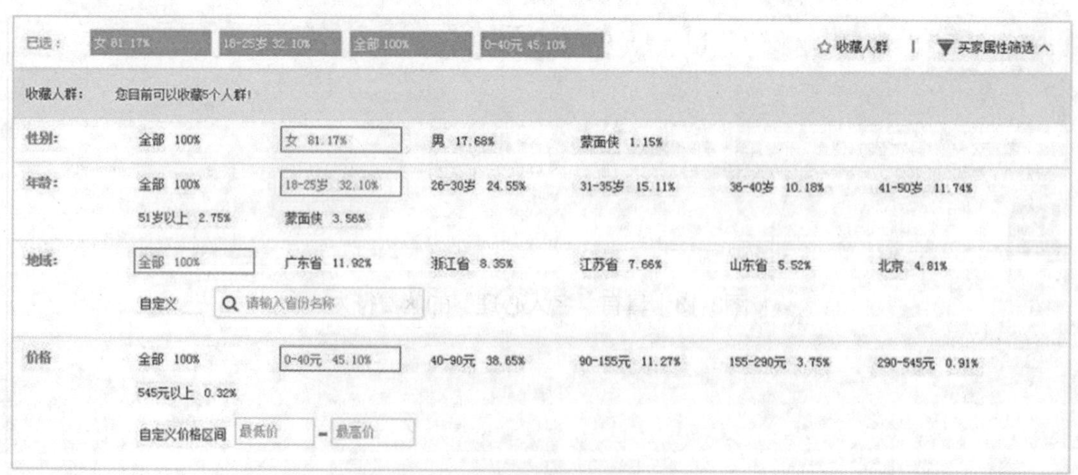

图3-14｜买家人群画像定位

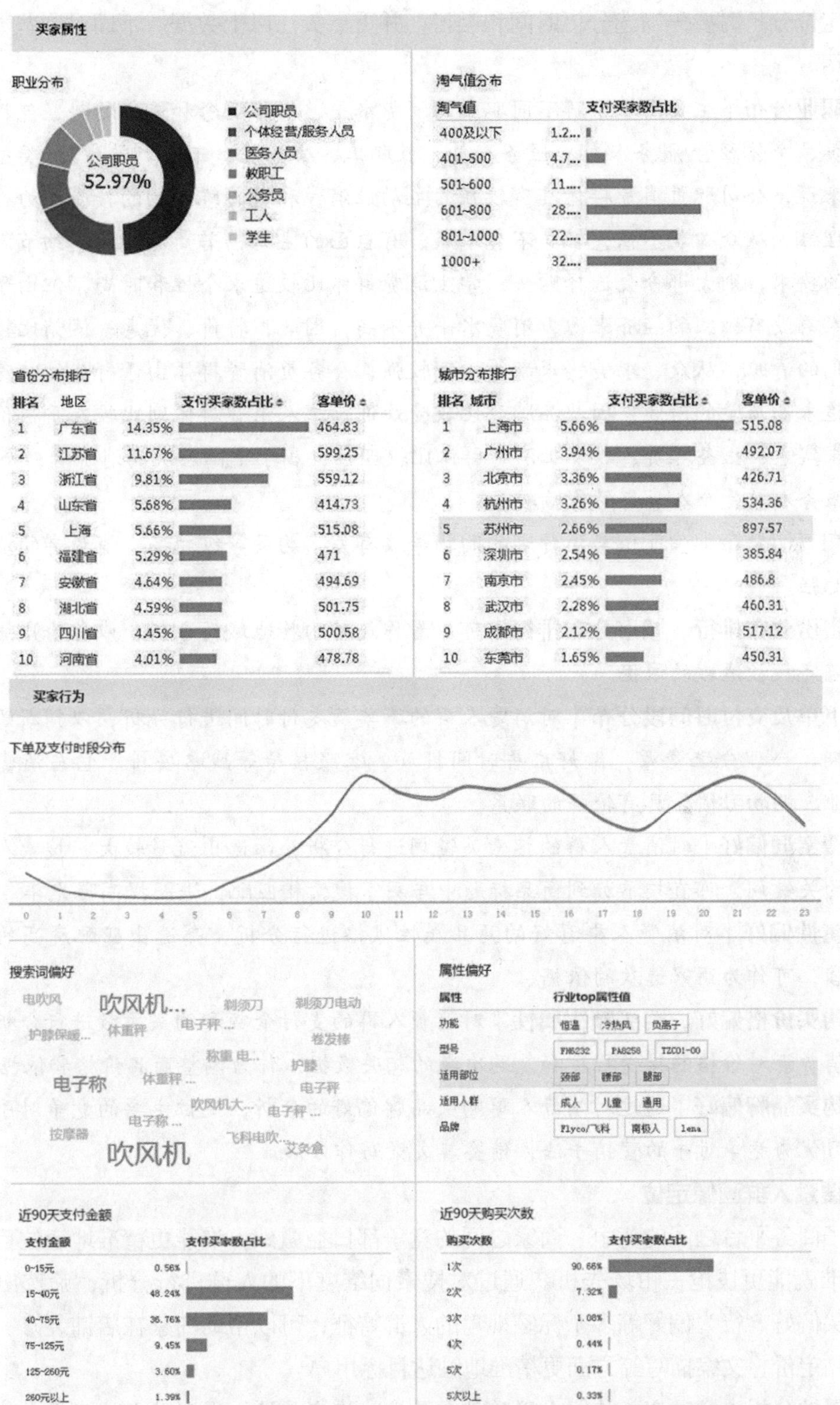

图3-14 | 买家人群画像定位（续）

在定位分析时要先筛选分析时间和类目，并重点关注以上数据。下面对这些数据进行简单介绍。

- **职业分布**｜主要用于了解不同职业的消费水平、消费观念和流行趋势，包括公司职员、个体经营/服务人员、医务人员、教职工、公务员、工人、学生7种类型。一般来说，公司职员消费群体具有较强的主动性消费和对新鲜事物的接受能力，且比较理性，从众心理不强，轻易不会跟风，有自己的主见，若商品功能、细节满足他们的要求，则大部分会选择购买；学生消费群体比较追求个性和时尚，但由于大部分人群没有独立的经济来源，消费水平并不高，因此，特价、优惠、促销比较受到他们的青睐，从众、求美、求新等心理较强；公务员消费群体由于行业的特殊性比较追求高质量的消费，因此品牌会比较受欢迎；工人消费群体则比较在乎性价比，追求实惠；医务人员、教职工消费群体比较理性，属于中高层次的消费者；个体经营/服务人员受个人喜好的影响较多。
- **淘气值分布**｜淘气值与消费者的购物等级有关，购买等级越高，消费者的消费能力越强。
- **省份分布排行、城市分布排行**｜可以看作是对购物地域的分析，以作为广告投放时确定投放地域的依据。
- **下单及支付时间段分布**｜对消费人群的下单及支付时间进行分析，以判断购物高峰期，合理分配资源，做好广告时间投放、客服接待等战略安排。它与消费者的职业、购物习惯等具有较强的联系。
- **搜索词偏好**｜对消费人群的搜索关键词进行分析，筛选出流量较大、搜索人数较高的关键词，可直接添加到商品标题中与买家搜索相匹配，进而提高曝光率。
- **属性偏好**｜对消费人群喜好的商品属性风格进行分析，筛选出匹配度高的属性内容，可作为商家选款的依据。
- **购买价格偏好、购买频次属性**｜对消费人群的支付金额和购买次数进行分析，得到消费者对价格的接受程度和复购次数的相关数据，作为调整商品价格和依据。
- **购买品牌偏好**｜通过对消费人群购买品牌偏好的分析，定位主要的竞争对手，可学习优秀竞争对手的营销手法，借鉴其文案写作方法。

2. 搜索人群画像定位

电子商务平台之间的竞争、商家之间的竞争都日益激烈，谁能更精准地定位目标用户群体，谁就能更快抢占市场先机。通过对搜索词维度下的人群进行分析，筛选出社会属性、购买偏好、行为偏好等多个标签视角的人群特征，可以帮助商家在店铺装修、商品风格、商品定价、文案描写等方面更精准地触达目标用户。

- **属性分析**｜通过分析搜索人群的社会属性、淘宝属性，得到潜在的消费者特征，帮助商家更有针对性地进行商品优化及营销推广。

- **行为分析**｜通过分析搜索人群的优惠偏好、支付偏好等数据，更好地规划店铺的营销策略。
- **购买偏好**｜通过分析搜索人群对品牌及类目的购买偏好，更好地了解潜在消费者偏好的商品特征，更好地制定营销策略和文案。
- **对比分析**｜通过对比分析多个不同搜索词所对应的人群，更好地了解不同人群的不同特征，以更好地制定营销策略，提高转化率。

图3-15所示为对搜索人群画像的定位分析，通过画像分析可以直观地了解目标用户的地域分布、关注焦点，以帮助文案人员进行文案策划并撰写方案。

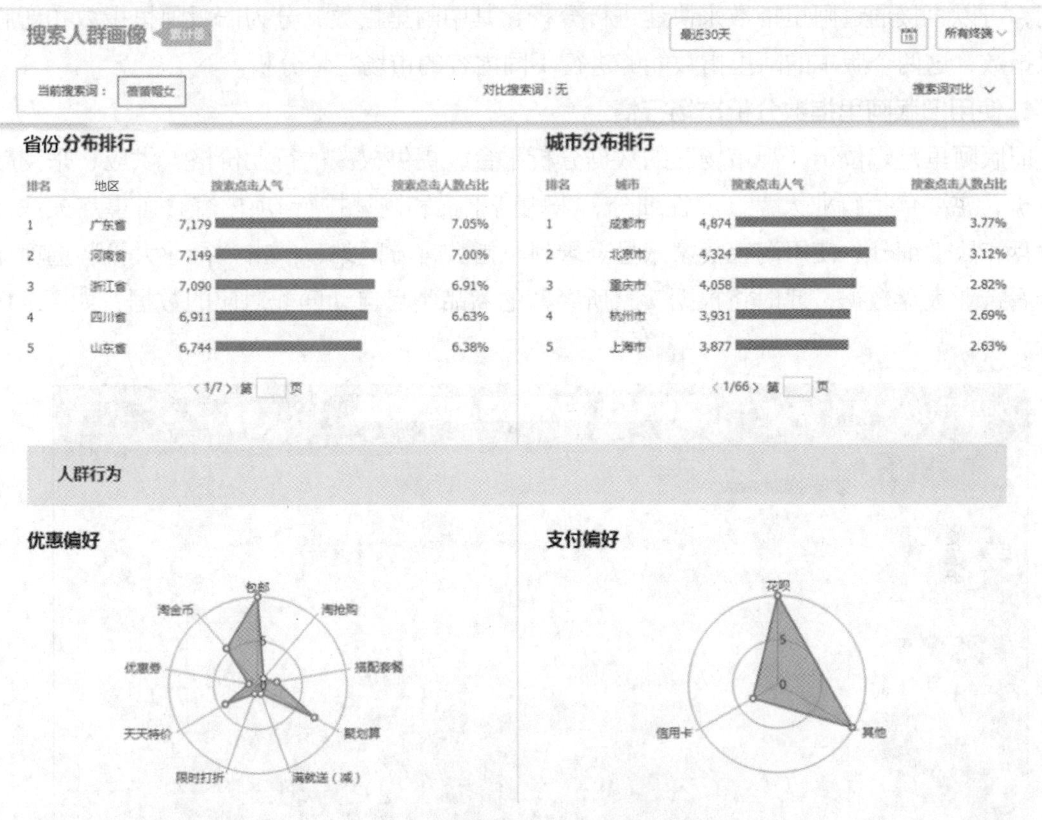

图3-15｜搜索人群画像定位

 3.3 竞争对手分析与定位

当同质商品较少或商品刚上新，拥有与其他商品相比非常突出的特点时，可视作商家没有直接的竞争对手，拥有较大的市场空间和机会，此时的文案只要体现其独特性与“新”的特点就能吸引受众。但如今电商市场较为饱和，同质商品众多，竞争对手也层出

不穷，此时就需要对竞争对手进行分析与定位，通过观察竞争对手的商品、卖点、文案，找到自己与竞争对手之间的区别，制定自己的营销策略与文案写作方向。下面将对竞争对手分析与定位的方法进行详细介绍。

3.3.1 使用阿里指数分析市场行情

市场行情分析是指通过调查了解市场的行业现状、竞争格局以及发展趋势，帮助企业了解市场信息，正确认识自身所在的行业地位，更好地制定文案写作的方向。以淘宝平台为例，可以直接通过阿里指数来快速进行分析，其中阿里指数又分为旧版阿里指数和新版阿里指数，这两个版本的阿里指数能够进行不同内容的市场行情分析。

1. 使用旧版阿里指数分析市场行情

旧版阿里是定位于“观市场”的数据分析平台，提供权威的行业价格、供应、采购趋势分析，主要包括行业大盘、属性细分、采购商素描和阿里排行4项内容，可重点关注行业大盘和属性细分。使用淘宝卖家账号登录阿里指数官方网站，单击“行业大盘”选项即可查看行业大盘数据，此时将根据卖家所经营的商品类目自动匹配对应的数据，如图3-16所示。

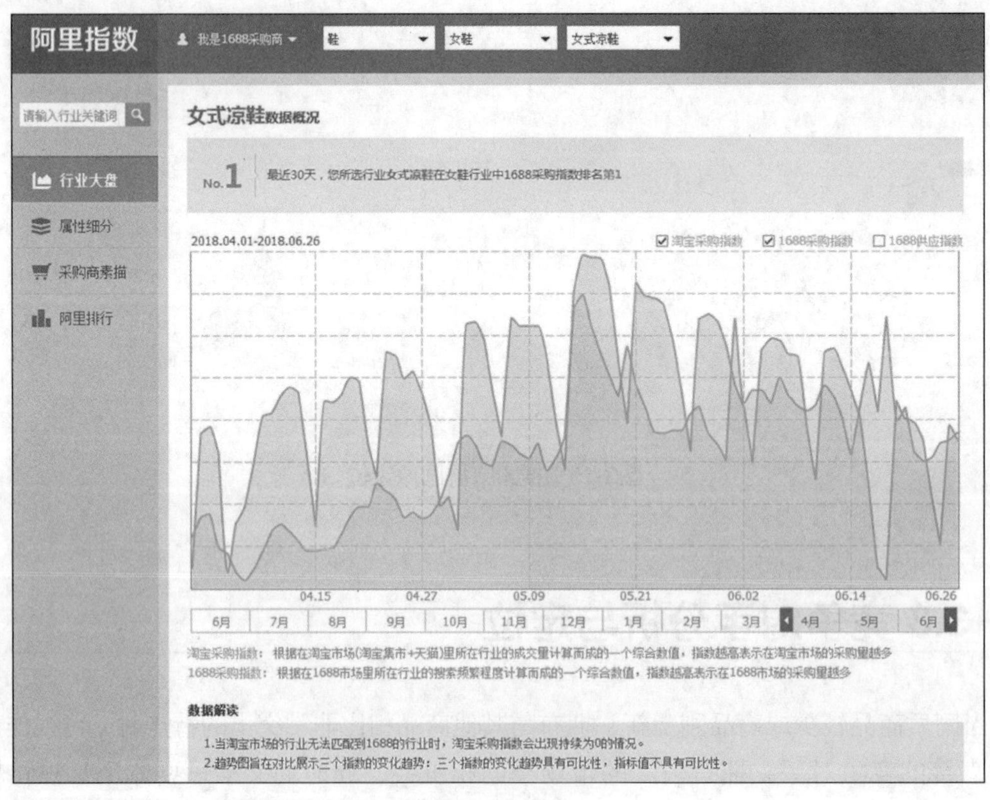

图3-16｜行业大盘

根据淘宝采购指数、1688采购指数、1688供应指数的数据趋势图可直观地查看当前类目的市场排名和行情，一般来说，采购量越多，说明商品市场行情越好，购买商品的消费者也就越多。通过图中的数据可知，该行业里商家所在类目的采购指数和供应指数都是最高的，排名第一，这说明商品需求量很大，但同时竞争力也很大，同类商家很多，因此，要将商品做到搜索结果页面的前几页才会有展示和成交的机会。

单击“属性细分”选项卡，在打开的页面中可看到当前类目下的热门基础属性、热门营销属性和价格带分布信息，如图3-17所示。通过对这些数据的分析和解读，与自身商品的属性信息进行对比分析，可将符合自身商品特点的词汇保留下来，作为后期写作文案的依据，也可以更好地审视自己与热门属性之间的差距。若自己符合这些特点，仍无法获得较好的排名和销量，则需要进一步进行文案的优化与营销策略的调整。价格带分布信息要重点关注买家浏览最多的商品价格带，若自己商品定价处于该范围则比较有利，不在范围内则需要通过文案来体现商品的价值，以质量带动商品的销量。

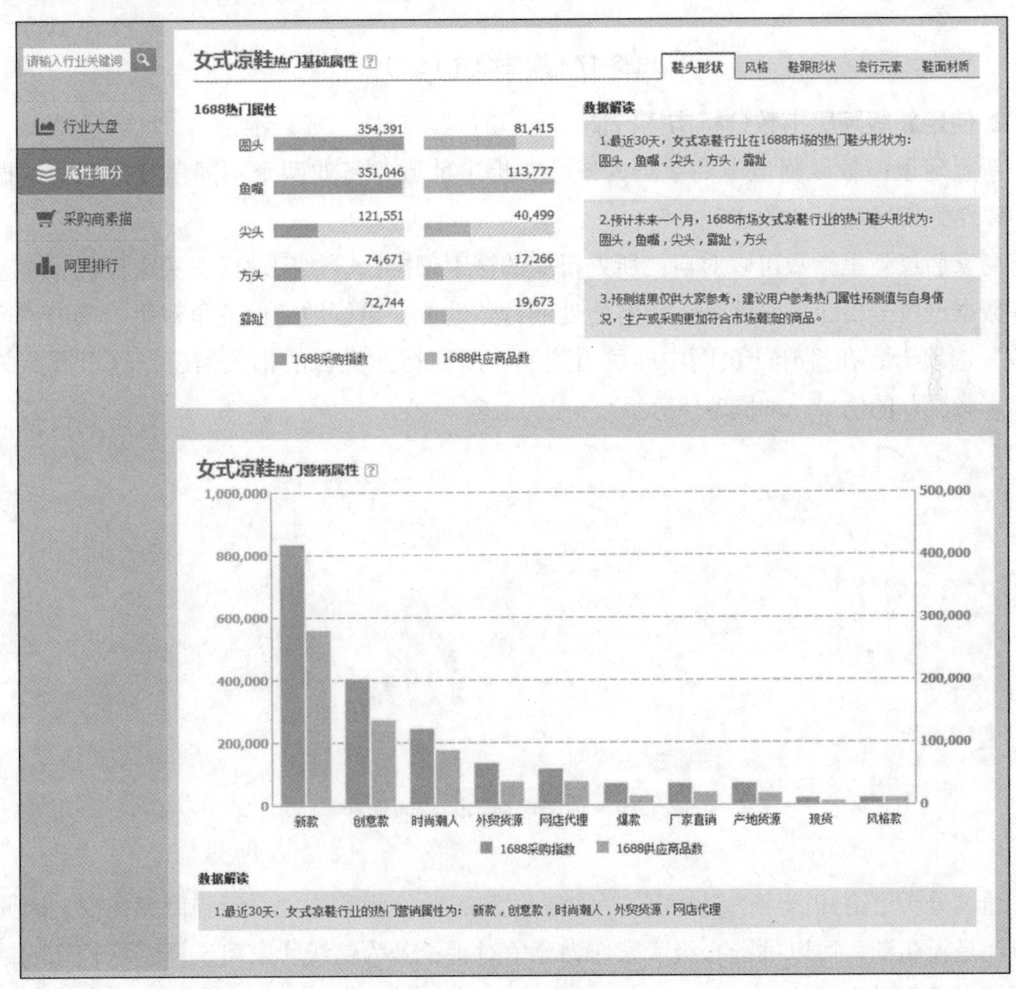

图3-17 | 属性细分

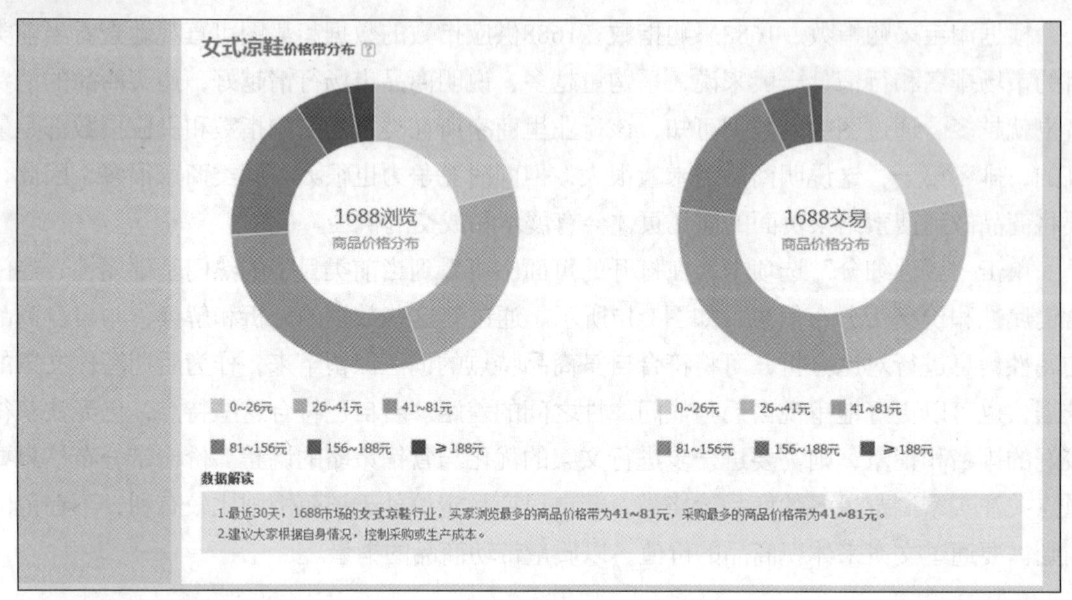

图3-17｜属性细分（续）

2. 使用新版阿里指数分析市场行情

新版阿里指数以阿里电商数据为核心，提供地域、行业两个不同角度指数的数据分析，以作为市场及行业的研究参考。

商家通过阿里指数可以对自己所处行业的搜索词排行、热门地区、买家概况、卖家概况等数据进行分析，以正确认识自身所处的行业地位，更好地定位竞争对手。单击“行业指数”选项卡，在打开的页面中即可看到卖家所在行业类目的相关信息，这里重点关注“卖家概况”的信息，如图3-18所示。

图3-18｜阿里指数中的行业指数

通过分析可得知淘宝钻级卖家占有较大优势，心级卖家次之，天猫商家很少。因此，若自己是新店铺，可以挑选心级卖家作为竞争对手；若为钻级卖家可选择销量较高的钻级店铺作为竞争对手。

3.3.2 使用SWOT分析法评估自身实力

了解市场行情后，商家还需要明确自身的实力，对自己有个准确的定位才能更好地寻找与之匹配的竞争对手。SWOT分析法是一种基于内外部竞争环境和竞争条件下的态势分析方法，依照矩阵式排列的方式，对所评估对象进行全面、系统的分析，得到准确率较高的结果，进而根据结果进行运营战略的计划及调整。

SWOT由4个英文单词的首字母组成，分别为Strengths（优势）、Weaknesses（劣势）、Opportunities（机会）、Threats（威胁），是通过对各项内容、资源的有机结合与概括来进行商家优劣势、面临的机会和威胁的一种分析方法，如表3-1所示。

表3-1　SWOT分析法

内部 / 外部		内部环境	
		内部优势（S）	内部劣势（W）
外部环境	外部机会（O）	SO战略 依靠内部优势，利用外部机会	WO战略 利用外部机会，改进内部劣势
	外部威胁（T）	ST战略 依靠内部优势，回避外部威胁	WT战略 克服内部劣势，回避外部威胁

- **S（优势）**｜主要用来分析本企业或商品在成本、营销手段、品牌力及商品本身等方面有什么长处和竞争点可以胜过对手。
- **W（劣势）**｜主要是分析企业或商品本身有哪些弱势的地方，竞争对手是否避免了这点，他们做得好的原因。同时，还要分析受众反馈的不足之处，总结自己的失败原因，因为有些问题可能是自己也没有注意到的。
- **O（机会）**｜分析企业内部所规划目标的机会在哪里，短期目标如何实现，中期目标如何实现，长期目标要依靠什么；分析企业外部有什么发展机会，包括人们观点的变革、商品的更新换代、新的营销手段出现、销售渠道拓宽等可否为文案的创意写作提供机会点。
- **T（威胁）**｜分析有哪些因素会不利于企业的发展或商品的营销，这些因素包括最新的行业发展、国家政策、经济形势以及来自竞争对手的威胁，然后分析是否有这些因素出现并寻求规避方法。

在引导案例中我们了解了三只松鼠的成功发展，而伴随着这一现象的就是同类商品的竞相模仿和竞争。为此，三只松鼠在后续的发展中也在不断改变营销策略。我们在充分了解市场行情的基础上，以三只松鼠为例进行SWOT分析，如表3-2所示，帮助读者更好地掌握使用SWOT分析法评估自身实力的方法，以更好地找到文案写作的切入点，扬长避短，写出打动消费者的文案。

表3-2 三只松鼠SWOT分析

内部 / 外部	优势（S）	劣势（W）
	通过前期的发展累积了较好的品牌口碑，品牌形象较好；累积了大量的忠实客户；前期竞争对手较少	随着电商的快速发展，线上线下结合的模式已经成为未来的主流，而三只松鼠目前还没有自己的线下实体店
机会（O）	SO	WO
年轻消费群体对零食的需求不仅只包括零食本身，品牌、服务、文化需求越来越被看重，而三只松鼠在这些方面的口碑都不错	品牌知名度高，形象良好；消费者认可度高；坚果产业链完善，可在此基础上基于自身品牌开展其他商品的建设	以三只松鼠目前的发展规模和消费者认可度，开设线下实体店完全可以吸引足够的线下消费者进行购物
威胁（T）	ST	WT
随着市场成熟度的不断提升，越来越多的企业和竞争对手效仿三只松鼠的营销模式，竞争越来越激烈	以坚果品牌在消费者心中留下了良好的印象，品牌是自身最有竞争力的优势，进一步加强消费者对品牌的忠诚度	三只松鼠在坚果的基础上延伸了其他的子商品，走起了全面发展路线；竞争对手的加入使三只松鼠不再一家独大，优势没有以前明显

通过表3-2的分析可得出，三只松鼠的优势主要在于品牌、服务和客户累积，文案人员在写作文案时就要突出这些内容。图3-19所示为三只松鼠的部分商品文案。

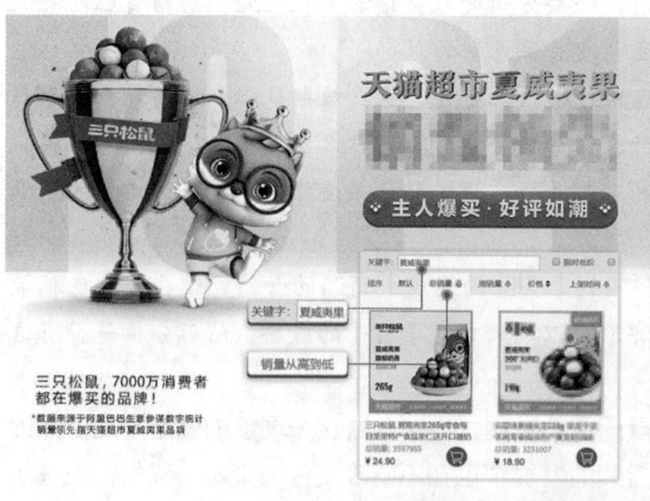

图3-19 | 三只松鼠部分文案

3.3.3 分析并定位竞争对手

对于电商商家来说，在同一市场细分行业下，与你抢夺相同核心资源的对手就是你的竞争对手，如从商品、价格、销量等直观的角度来进行分析，可以快速定位竞争对手，明确文案写作的方向。

1. 根据商品进行定位

以商品作为定位竞争对手的条件，需要明确自身商品与竞争对手之间的异同，通过个体差异化来突出自身的优势。即通过商品的具体属性来进行竞争对手的筛选，然后从筛选结果中找到与自身商品差异化最明确的竞争者。以女装为例进行分析，在淘宝中直接搜索女装商品可以发现该商品数量非常多，此时，如果加入商品属性和特点作为筛选条件，如款式、风格、品牌、材质、购买热点等，就会相对精确地筛选出具有相同商品属性的竞争对手，如图3-20所示，在淘宝网中以关键词“女装裙夏装”搜索的结果有100多页，而添加了“选购热点：公主”“服装款式细节：拉链”“裙长：短裙”“适用年龄：18~24周岁”“裙型：A字裙”“腰型：中腰”等筛选条件后，最终结果只有8页。

图3-20｜通过商品属性来筛选并定位竞争对手

2. 根据价格进行定位

价格是决定商品销量的一大因素，卖家在进行商品定价时要根据全网商品的价格进行分析，并结合自身情况进行定价。确定价格后选择竞争对手时就要在该价格可承受范围内选择合适的竞争对手，一般来说，建议价格浮动范围不超过20%。

3. 根据销量进行定位

在商品和价格的基础上，综合考虑销量进行定位，根据自身店铺商品的平均销量选择几家和自己店铺客单价和销量相近的卖家作为竞争分析的对象。此时可以把销量作为最终的筛选条件，通过自身店铺所在的排名来圈定与之接近的竞争对手。

下面以“手链”为关键词进行搜索，在搜索结果中寻找与自身店铺风格相同、价位类似的高销量商品，将其定位为我们的竞争商品。这里将搜索结果中排名第三的手链商品作为自己的竞争商品进行分析，如图3-21所示。

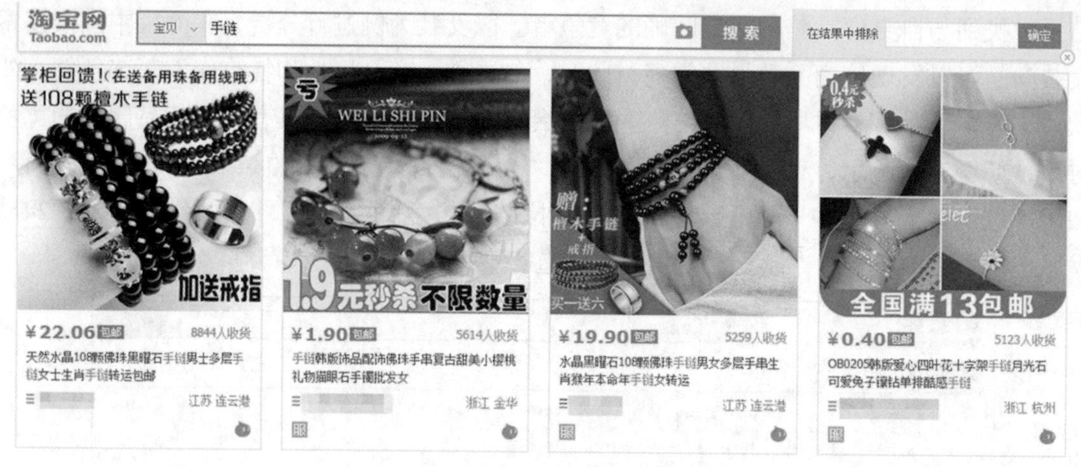

图3-21丨商品销量排行

单击该商品进入详情页面，可以看到该商品的详细信息，如图3-22所示。

材质：天然水晶/半宝石
品牌：
风格：民族风
成色：全新
货号：runzi029
水晶及半宝石分类：黑曜石
适用性别：情侣
是否现货：现货
价格区间：101-200元
颜色分类：属羊（珠径6mm）属牛（…
图案：爱心/水滴/铃铛
镶嵌材质：未镶嵌
新奇特：新鲜出炉

图3-22丨商品信息

我们对其数据进行分析，发现它在30天内售出7928件，交易成功6319件，目前累积交易9240件，可以看出该商品的销量呈上升趋势。再对其他的信息进行分析，如商品的适用对象、购买的用户类型、商品风格、买家评论等，进而更加彻底地研究竞争对手的信息。然后将得到的结果与自己的店铺对比，得到文案写作与优化的方向，最终提高自己商品的销量和转化率。

3.4 商品卖点提炼与展现

商品卖点就是商品具有的别出心裁或与众不同的特点。卖点既可以是商品与生俱来的特点，也可以是通过创意与想象力创造出来的卖点。同时，卖点如果能够与消费者痛点（消费需求）结合起来，就能打造出最佳的消费理由，快速引起消费者强烈的购物欲望。那么，怎样提炼商品卖点，并将其与消费者痛点关联起来呢？下面进行详细讲解。

3.4.1 使用FAB法则分析商品卖点

FAB法则，即属性（Feature）、作用（Advantage）和益处（Benefit）法则，它是一种说服性的销售技巧，在商品卖点提炼中也十分常用。FAB法则中F、A、B所代表的含义如下。

- **F**｜代表商品的特征、特点，是商品最基本的功能，主要从商品的属性、功能等角度来进行潜力挖掘。如超薄、体积小、防水等。
- **A**｜代表商品的特征发挥的优点及作用，需要从客户的角度来考虑，思考客户关心什么，客户心中有什么问题，然后针对问题从商品特色和优点角度来进行提炼。如方便携带吗？电池耐用吗？
- **B**｜代表商品的优点、特性带给客户的好处、益处。应该以买家利益为中心，强调买家能够得到的利益，以激发买家的购物欲望。如视听享受、价格便宜等。

其实，也可以简单地将FAB理解如下。

- **F**｜商品有什么特点，特色是什么？
- **A**｜商品的特点、特色所呈现出来的作用是怎么样的？
- **B**｜具体能给买家带来什么利益？

一般来说，从商品的属性来挖掘买家所关注的卖点是最为常用的方法。每个商品都能够很容易地发现F，每一个F都可以对应到一个A和一个B。需要注意的是，买家最关注的往往是商品的作用和直接的收益。

以一款不锈钢炒锅为例，该炒锅使用具有良好耐热性、耐蚀性的304不锈钢生产而成，钢体结构有7层，包括最底层的菱形纹蜂窝不粘层和纳米钛黑生物膜，可以让这款不粘锅的不粘无烟效果达到全新的高度。这是因为在蜂窝保护层的分隔作用下，减少了食物与锅面的接触面积，从而形成了气体悬浮，达到真正的自离式不粘锅。通过FAB法则进行分析后，可得到的信息为F——材料优质、工艺先进；A——不粘锅、少油烟；B——易清洗、健康节能。

3.4.2 使用九宫格思考法分析商品卖点

九宫格思考法是一种有助扩散性思维的思考策略，利用一幅像九宫格的图，将主题写在图的中央，然后把由主题所引发的各种想法或联想，写在其余的格子中，让思维向剩余的8个方向去思考，产生8种不同的创见。遵循此思维方式加以发挥并扩散其思考范围，如图3-23所示。

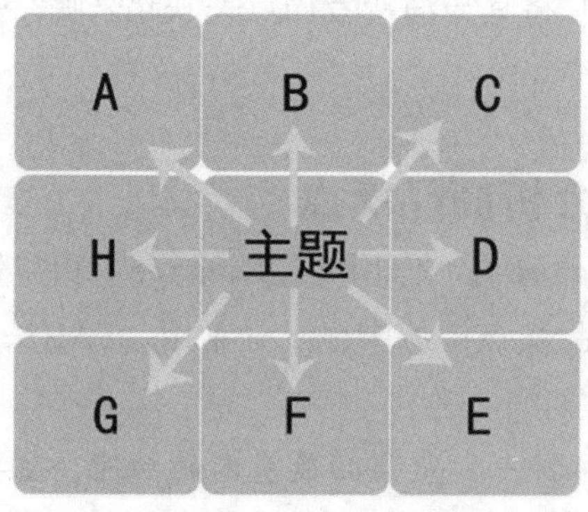

图3-23｜九宫格思考法

使用九宫格思考法进行文案策划时，应注意以下8项原则。

- **想到就写**｜只要是围绕核心主题产生的联想都可以填写到主题以外的其他8个格子中。
- **用词简明**｜为了使九宫格能尽量表达清楚且易懂，文案策划人员应该使用简明的文字或关键字进行描述。
- **尽量填满**｜九宫格是文案策划人员围绕核心主题进行思维发散的一种解决问题的方法，为了给核心主题提供更多的想法和解决思路，应该尽量将每一个格子都填满，提供尽可能多的思维方式。
- **重新整理**｜第一次填写的九宫格可能会存在逻辑不正确、点子不适合等问题，此时可以重新思考整理以建立更好的九宫格模型。
- **使用颜色**｜使用不同的颜色来分类，不同类型或不同效果的点子颜色不同，可以让思路更加清晰。

- **经常检讨**｜当掌握了九宫格的使用技巧后，使用者也能联想到更多的想法，因此经常修正九宫格的答案，对使用者的实际行动更有帮助。
- **放慢思考**｜九宫格中的每一个格子都可以让使用者在某个核心概念下收敛与过滤重要概念，因此使用者可以适当放慢思考的速度，以获得更符合实际需求的答案。
- **实地行动**｜九宫格的最终目标是提供一个有效的行动指引工具，因此要求能够体现实际的核心主题，并具有采取实际行动的效果。

网店文案人员在写作前可以先准备一张白纸，然后用笔将整张纸分割成九宫格，在中间的格子中写上商品的名称，然后在剩余的8个格子中写上可以帮助这款商品销售的众多优点。图3-24所示为一款商品的九宫格描述。

熊耳朵	熊拉链	熊熊刺绣	记忆面料		抗污	防绒布料	压线工艺	不掉色
帽子图案	卡通	可爱	手感舒适	防水	荷叶效应	多层里布	防钻绒	有内衬
口袋图案	袖口图案	天真	防水面料	顺滑	耐脏	3线12针	针线精准	无针孔
透气好	易压缩	含绒量高	卡通	防水	防钻绒	配毛衣	春天穿	夏天穿
手工填充	轻柔	告别臃肿	轻柔	熊熊儿童保暖羽绒服	时尚潮搭	牛仔裤	时尚潮搭	秋天穿
走线防绒	易携带	修身剪裁	保暖	易穿戴	易清洗	羽绒裤	颜色多样	冬天穿
鸭腹绒毛	大朵绒毛	蓬松度800+	可拆卸	防夹拉链	下摆收腰	可机洗	帽子可拆卸	防油污
随气温收缩膨胀	保暖	90%含绒量	隐形松紧袖口	易穿戴	弹力衣角		易清洗	可使用毛刷
可调温	隔绝冷空气	挡风暗扣			有内衬		不变形	好晾晒

图3-24｜一款宝宝羽绒服的九宫格思考写法

卖点是非常重要的，在同质化严重的市场环境中，你的商品可能与竞争对手的商品相同，也可能有所差异，那么你的商品卖点有哪些？与竞争对手有哪些差异？这些就是作为文案人员要向买家清楚解释的内容，这样买家才会知道你的商品与别人的区别究竟在哪里。当买家知道了为什么你的商品比竞争对手更胜一筹，即使你的商品价格比竞争对手的价格更高一些，买家也会认为，你能提供的价值更多，你的商品更值得购买，这是因为你拥有竞争对手所缺乏的独特卖点，而这些独特卖点正好就是决定买家是否购买的关键。

3.4.3 使用型录要点延伸法分析商品卖点

型录要点延伸法是将商品特点以单点排列开来，再针对单点展开叙述的方法，它能丰富文案的素材、观点，为文案提供资料来源。它和九宫格思考法有一定联系，如果说九宫格思考法引发的是对商品卖点的思考，那么型录要点延伸法更像是对那些卖点的展开和内容扩充，它可以使文案内容更加详细、细致。

在使用要点延伸法时，也可通过图形将其表述出来，这样有助于观点的梳理。

型录要点延伸法常被使用在详情页文案的创作过程中，这里以Oral-B的一款电动牙刷为例进行型录要点延伸法分析。已知该款牙刷是德国进口商品，可以通过蓝牙连接手机App，以同步反映牙齿区域的清洁情况、每次的刷牙记录，预设刷牙偏好，特殊牙齿区域特殊处理等；牙刷小圆头设计，48800次/分，采用3D声波洁齿科技，能360°清洁牙齿；牙刷有日常清洁模式、牙龈按摩模式、敏感护理模式、亮白模式，用户可以根据自己的需求自由选择。其要点延伸如图3-25所示。

德国进口	App 遥控	刷牙体验
• 品牌故事 • 技术传承 • 产品认证	• 操作方法 • 同步反映 • 自主定制	• 2分钟定时 • 压力感应 • 清洁力棒

图3-25｜电动牙刷的型录要点延伸

通过这样的延伸，可以看出该商品的卖点变得更加清晰，文案人员可以深入考虑，毕竟在电动牙刷市场，还有很多的同类竞争对手，这时就需要结合竞争对手的文案，在全面展示商品卖点的同时找出其最有竞争力的那个点，让它变成最佳的创意点去吸引消费者的注意。

专家指导

电子商务文案的竞争非常激烈，特别是商品详情页文案，很多品牌商品在详情页中都会列出他们商品的诸多优点，所以熟练运用型录要点延伸法细分商品优点、找出最佳点对增强商品竞争力十分重要。

3.4.4 商品卖点的展现角度

不同的文案写作人员在介绍同一种商品时，由于方法不同其侧重点也不同，因此会导致商品转化效果也不相同。通过分析可知，能够吸引消费者购买商品的文案往往能够准确表达商品独特卖点，这种文案能从商品的众多特点中提炼出商品最关键的卖点，激发消费者对商品的好感，从而形成购买行为。

商品卖点是传递给消费者最重要的商品信息，它可以向消费者传递某种主张或某种承诺，告诉消费者购买该商品后会得到什么样的好处，并且是消费者能够接受和认可的。在进行商品卖点剖析时，要注意其卖点不能太多，2～3个即可。因为太多卖点可能导致消费者对商品品质产生质疑，反而适得其反。

1. 卓越的商品品质

商品品质是消费者决定是否选购商品的最主要因素之一。只有保证商品品质，才能让消费者对商品更有信心。图3-26所示为一款水壶产品的文案关于商品品质的描述，它通过商品细节的展现来表现其质量。

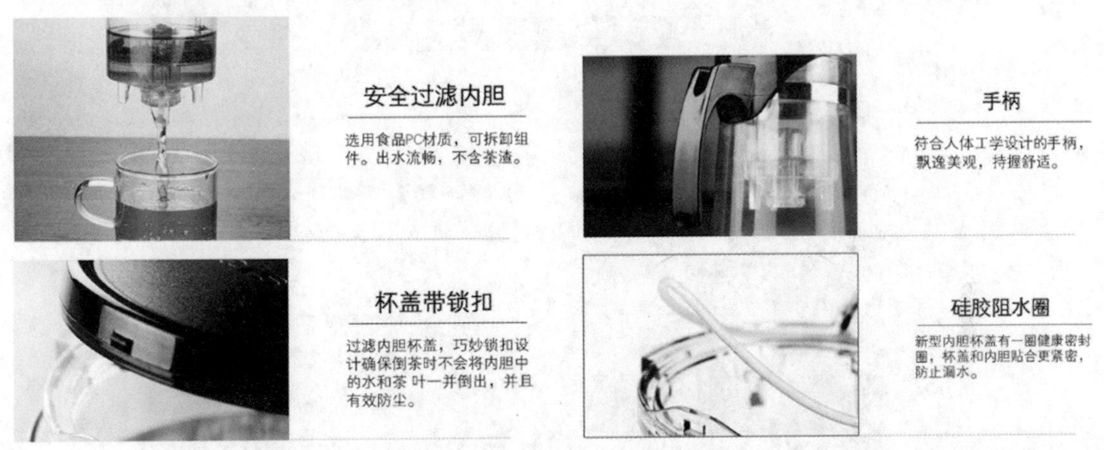

图3-26 | 商品品质展现

2. 显著的商品功效

不同的商品拥有不同的功效，消费者购买商品实际上是购买商品所具有的功能和商品的使用性能。比如，汽车可以代步，冰箱能够保持食物的新鲜，空调可以调节室内温度。如果商品的功效与消费者的需求相符合，且超出了消费者的预期，就会给他们留下良好的商品质量印象，从而得到消费者的认可。图3-27所示为一款防晒霜针对其美白功效进行的商品卖点展示，通过这一卖点很好地将其与其他商品区分开来，让它在众多同类防晒商品中独树一帜。

图3-27｜防晒霜商品的美白功效

3. 知名的商品品牌

品牌不仅能够保障商品的质量，还能给消费者带来更多的附加价值，使他们产生一种心理上的满足感，特别是名牌商品更能激起消费者的购买兴趣。如果你的商品具有有利的品牌形象和市场占有率，在进行商品卖点展示时，就可以将商品品牌作为主要卖点。

4. 高性价比

性价比就是商品的性能价格比。商品的性价比越高，消费者越趋于购买。因为这代表消费者可以花费较少的钱来购买较好的商品，不管出于什么角度都是一个很好的卖点。

小米手机就是性价比较高的商品，可以说，它的出现引领了国内智能手机的潮流，且一直以高性价比著称。比如红米Note5在手机配置上采用了5.99英寸高清IPS全贴合大屏、骁龙636八核处理器、6GB大内存、双卡双待、4000 mAh大容量电池、1300万像素相机等高配置硬件，但售价仅1299元，是性价比非常高的一款机型，如图3-28所示。

图3-28丨高性价比手机——红米Note5

5. 商品的特殊利益

特殊利益是指商品在满足消费者本身需求的情况下所具有的某些特殊商品特性，如“好学生”针对青少年学生设计的渐进多焦点镜片是为了减缓他们的视觉疲劳，控制其近视发展速度，对于重视保护孩子视力的家长有很大的吸引力。

6. 完善的售后服务

售后服务就是在商品出售以后所提供的各种服务活动。随着人们消费观念的不断成熟，消费者也将售后服务作为一个判断商品是否值得购买的前提条件。售后服务完善的商品更能吸引消费者购买，甚至会直接影响消费者的购买行为。

其实，售后服务也是促销手段的一种，商家通过售后服务可以提高商品的用户体验，提高企业的信誉。商家具备了一定的市场占有率后，就可以很好地推动商品的销售，提高企业收益。

常见的售后服务包括以下内容。

- 为消费者安装和调试商品。
- 根据消费者的要求，进行有关使用等方面的技术指导。
- 保证维修零配件的供应。
- 负责维修服务，并提供定期维护、定期保养。
- 为消费者提供定期电话回访或上门回访。
- 对商品实行“三包”，即包修、包换、包退。
- 处理消费者来信来访以及电话投诉意见，解答消费者的咨询。同时用各种方式征集消费者对商品质量的意见，并根据情况及时改进。

3.4.5 关联消费者痛点

痛点是指消费者对商品或服务的期望没有被满足而造成的心理落差或不满。这种不满最终使消费者产生痛苦、烦恼、欲望等负面情绪，为了解决消费者的这种“痛”，就需要出现能解决这些痛苦的商品或服务。对文案人员要在商品或服务的过程中，通过文字描述展现出消费者痛点的解决方法，将其与商品卖点联系在一起，才可以快速打动消费者的内心，使其产生不购买商品就会后悔或不满等情绪，进而更快速地刺激消费者产生购买行为。

由于痛点是基于消费者需求而产生的，因此必须了解消费者对于商品或服务的不满或急需解决的问题，带着这些问题找到解决的办法，并将重点放在如何告知消费者，你可以并正在为他们解决这些问题，这样才能打动消费者，让他们产生迫不及待的购物欲望。如对婴儿纸尿裤的消费者来说，半夜总起来换纸尿裤是一件很痛苦的事情，因此，在写作文案时可重点针对这一痛点，使用“超薄瞬吸 整晚精致睡眠”“绵柔贴合 安眠一整晚”等针对睡眠的文案就能表达出解决消费者痛点的目的；而针对一些对纸尿裤质量存在担忧的消费者，则可以使用“拒绝红屁屁”“干爽不起坨”等文案打消消费者的疑虑。

痛点文案的写作需要从商品或服务本身的角度出发，将它与商品卖点关联在一起，因此要在熟悉自己商品或服务卖点的基础上，结合消费者的实际需求来进行写作。其次，也可通过对比竞争对手的商品或服务，给消费者营造一种购买竞争对手的商品或服务就会后悔或不划算的感觉。如针对婴儿纸尿裤“干爽瞬吸”这个卖点，商家使用对比的手法来进行描述，可以快速引起消费者对其他商品产生“吸收慢、容易漏”的担忧，进而增强消费者对自身商品质量的信心，解决消费者的痛点，如图3-29所示。

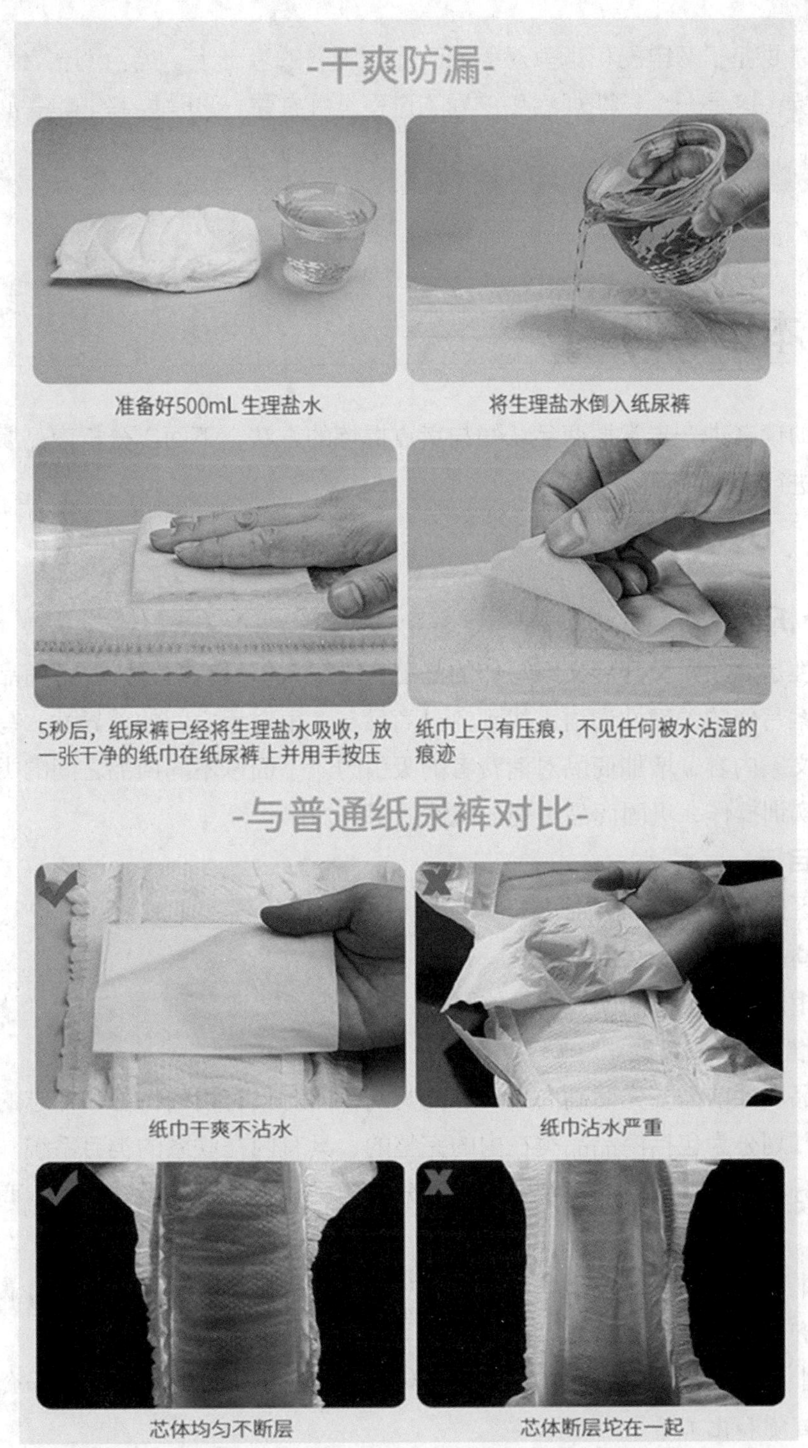

图3-29 | 使用对比的手法解决消费者的痛点

专家指导

痛点需要在了解自己和竞争对手的商品或服务的基础上，结合消费者需求来进行差异化分析，这是一个长期观察和挖掘的过程，往往是一些消费者非常关心的细节问题，需要耐心且坚持。

3.5 本章实训

为了帮助读者进一步掌握商品认知与卖点提炼的方法，下面以分析商品属性和提炼商品卖点为例进行实训练习。

3.5.1 分析商品属性

商品属性是文案人员开展文案写作的基础，文案人员只有熟悉并了解商品的属性信息才能找到文案写作的关键性词语，找到自己商品与竞争对手之间的差异性，写作出更加具有针对性的文案内容，增加商品对消费者的吸引力。下面以不同商品之间的类别、属性区分为例进行实训操作，巩固商品类别与属性的相关知识。

1. 实训目标

①学会区分不同商品的类别。

②了解商品的主要分类依据。

③掌握相同类别下不同属性商品的区别。

2. 实训准备

分析商品属性前需要先明确商品所在的类别，即对具有相同特征和标志的商品进行概括和集合，并划分为包括商品品类在内的完整的、具有内在联系的类目系统。一般来说，电商商品的分类可以按照商品类别的级别划分为门类、大类、中类、小类、商品品种和商品细目。

- **门类**｜门类是按照国民经济行业共性对商品总的分门别类，是商品的最高类别。我国现有的商品门类有23个。
- **大类**｜大类是按照商品生产和流通领域的行业分工来进行划分的，如食品、水产、日用百货和化工等。
- **中类**｜中类即商品种类，是体现具有若干共同性质或特征商品的总称，如蔬菜、水果、肉类等。

- **小类** | 小类是对中类商品的某些特点和性质进行进一步划分，如酒类商品分为白酒、啤酒、葡萄酒和果酒等。
- **商品品种** | 商品品种是按商品性质、成分等特征来划分的具体的商品名称，如啤酒、洗衣机等。
- **商品细目** | 商品细目是对商品品种的详细划分，包括商品的规格、材料等更具体的商品特征，如60/84A针织衫。

在此基础上再对商品属性信息进行分析，以区别商品。

3. 实训步骤

①判断商品所属的类目。图3-30所示的几种商品所属的商品种类，根据图中所呈现的内容，可以直观地看到这4款商品的种类分别是鞋靴、饰品、运动、生鲜。

图3-30 | 商品图示

根据自己的理解，继续进行商品种类的细分，并参考表3-3所示的内容进行填写。在填写的过程中，标明每种商品所对应的具体的大类、中类、小类，然后说明为什么按照这种方式进行分类，其分类依据是什么。

表3-3 商品分类层次示例

商品大类	商品中类	商品小类	商品品种	商品细目
潮流	鞋靴	男鞋	皮鞋	真皮皮鞋
饰品	珠宝	戒指	宝石戒指	祖母绿宝石戒指
运动	球类运动	健身	羽毛球	复合软木羽毛球
生鲜	水果	生活电器	荔枝	广东妃子笑荔枝

②分析相同类别的商品所具有的不同属性。图3-31所示为厨房/餐饮用具类目下的4款商品，可从以下几个角度来进行分析。

- 分析商品之间不同的地方。
- 根据商品材料进行分类，这4款商品分别属于什么类别。
- 餐饮用具类目的商品主要具有哪些属性，通过哪些属性可以快速区分这4款商品。

图3-31｜分析相同类别商品的不同属性

3.5.2 提炼商品卖点

要想更好地表现商品的优势，吸引消费者对商品的关注并引起其购物欲望，文案人员要学会提炼商品卖点并通过文字进行表述。下面以一款折叠床为例，通过型录要点延伸法进行商品卖点的提炼与写作，帮助读者巩固所学知识。

1. 实训目标

① 掌握提炼商品卖点的方法。

② 学会将商品卖点以文字的方式表述出来。

2. 实训准备

现在有一款折叠床，其定价为89元，包装体积为105cm×20cm×20cm，支撑架构材质为钢，床面材质为复合面料，图3-32所示为商品展示图。该商品属于功能型商品，比较适合使用型录要点延伸法来进行卖点提炼，通过详细展示商品的主要卖点来吸引消费者。

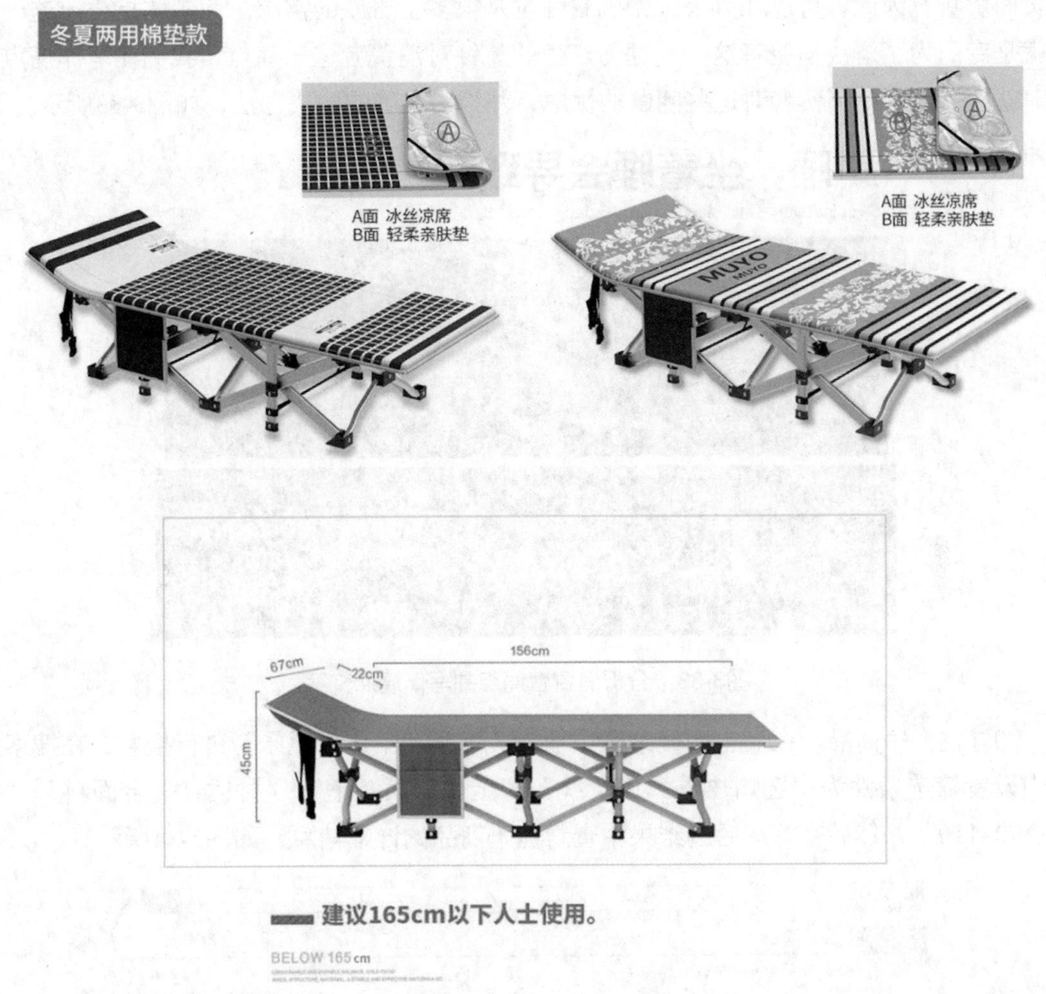

图3-32｜商品图片展示图

商品卖点的提炼需要遵循“人无我有，人有我优，人优我专”的原则。也就是说，商品的卖点要与竞争对手具有明显的区别，并且能够让消费者一眼看出其中的区别，做到始终领先于竞争对手。为此，我们在提炼商品卖点的过程中可以在确定消费者需求的前提下，找准竞争商品，并分析自身商品与竞争商品之间的区别，找到自己的独特卖点才能更加具有竞争优势。如从商品功能、外观、技术和竞争对手等角度进行分析，总结出自身商品的优点，并体现出与竞争商品的差异性，才能让消费者感受到你的商品更有价值，也更容易打动消费者使其产生购物欲望。

3. 实训操作

①分析消费者的痛点。由于大部分上班族午休时不能躺在床上舒适入睡，而趴在桌子上睡觉又会对颈椎、腰椎等带来比较大的压力，不仅不能缓解上班的疲劳，还会带来其他

的负面影响，因此，可以在办公室中躺着睡觉是很多上班族的需求。而午休折叠床这一商品就是专门为了解决消费者这一问题而产生的。针对消费者这一痛点，我们在写作痛点文案时就要描述清楚消费者对这些问题的忧虑，并给出正确的解决办法，如图3-33所示。

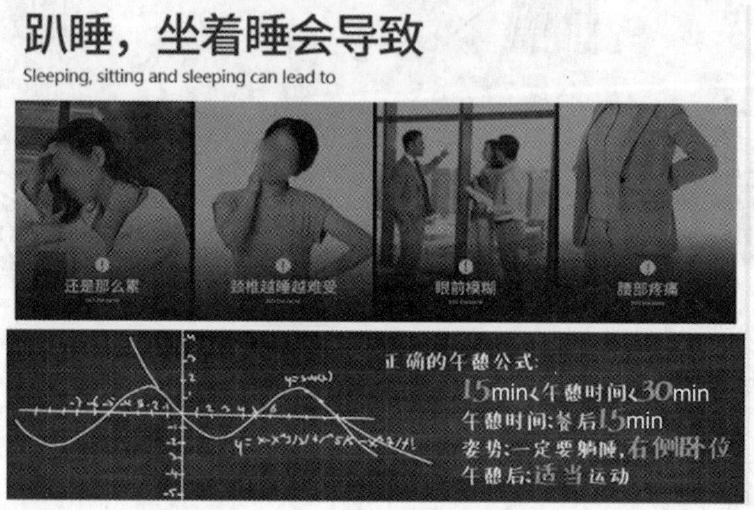

图3-33｜分析消费者痛点并写作痛点文案

②寻找竞争商品。在淘宝网搜索框中输入关键字“午休折叠床”进行搜索，在搜索结果中设置筛选条件为“选购热点：可折叠”“金属材质：钢”“材质：复合面料”“价格：70~110”，然后在筛选后的结果中查看竞争商品的详细信息，如图3-34所示。

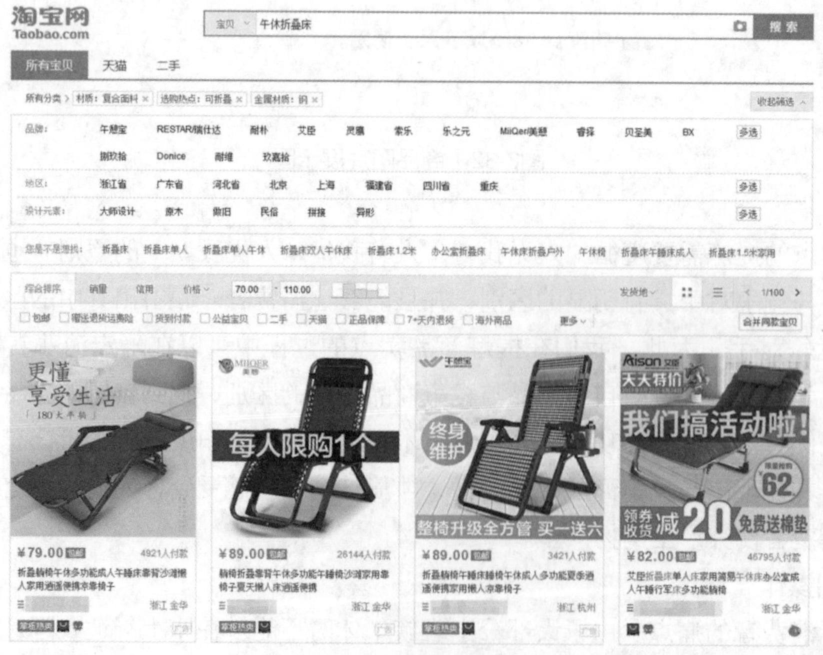

图3-34｜寻找竞争商品

③分析竞争商品。单击商品主图进入商品详情页中查看其详情描述，总结并得到“午休折叠床”商品的主要特点，如可折叠、易安装、承重力强、稳固不变形等。同时，还要查看商品的评价，查看消费者对商品的反馈，得到商品被肯定和未被满足的信息，如不方便安装、床面面料不够舒适、不稳固等，如图3-35所示。

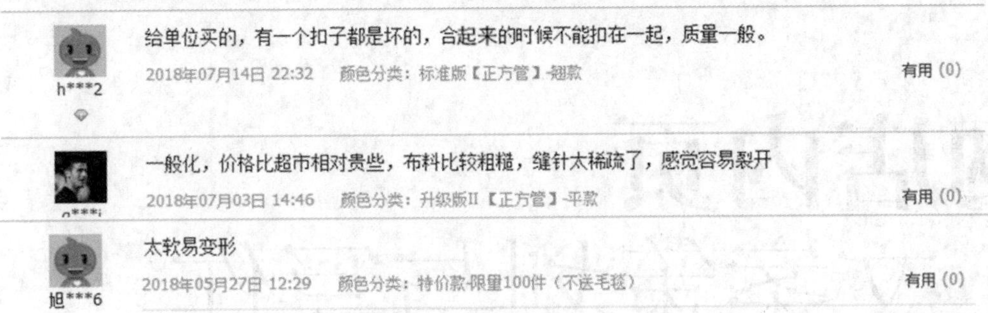

给单位买的，有一个扣子都是坏的，合起来的时候不能扣在一起，质量一般。
2018年07月14日 22:32 颜色分类：标准版【正方管】-翘款 有用(0)
h***2

一般化，价格比超市相对贵些，布料比较粗糙，缝针太稀疏了，感觉容易裂开
2018年07月03日 14:46 颜色分类：升级版II【正方管】-平款 有用(0)

太软易变形
2018年05月27日 12:29 颜色分类：特价款-限量100件（不送毛毯） 有用(0)
旭***6

图3-35｜消费者对商品的评价

④分析自身商品。对自己的商品信息进行分析，概括出自己商品的基本特点，如折叠免安装、两用床面、强力稳固支撑等。

⑤综合以上所有信息，可以得到所有能够作为商品卖点的信息，对这些信息进行文字加工，使其能够吸引消费者。以下为提炼的商品卖点，并根据卖点展开的相应描述信息，可作为商品卖点的详细说明出现在商品性能介绍中。

- **舒缓脊椎　舒适睡眠**｜采用压缩板设计，给身体足够的支撑力，缓解趴睡对脊椎和腰椎造成的压力，快速释放身体，缓解疲劳。
- **超值床垫　两用亲肤**｜花一份钱买两份舒适，两用床面面料，一面夏季冰丝凉席，一面冬日棉柔，给肌肤百分百的舒适。
- **加强方管　稳固不塌**｜加宽加厚管材，承载力强；加固双层防下塌，同时还有侧收纳袋，给你贴心的服务。
- **不占体积　无须安装**｜快速折叠收纳，无须安装，也不占用多余空间，携带方便，使用简单。

第4章

网店内页文案策划与写作

学习目标

| 掌握商品标题的拟定方法

| 掌握商品详情页文案的写作方法

| 学会塑造商品品牌故事

引导案例

WIS是一个专注于解决年轻人受损肌肤问题的护肤品品牌，是目前国内较为热门的药妆护肤品牌之一。WIS成立于2010年，通过引进瑞士RAHN集团的先进技术，以药品作为化妆品原料，满足肌肤有问题的目标消费人群的需要。WIS提倡“科学”“天然”“安全”“健康”等理念，致力于为消费者提供全面、安全的肌肤解决方案，以科学有效的方式来修复和调理受损肌肤，恢复肌肤健康。WIS的品牌故事描述了一支海洋探险队被海底生物划破皮肤并开展探险，寻找能修复肌肤的物质的故事。故事的最后，探险队成功找到了这种能修复肌肤的物质，并将这种珍贵物质送到了瑞士的一家医疗机构。机构通过科学的研究，提取出了这种物质中的有效活性成分，其被广泛应用于医学界和皮肤科学界的肌肤修复商品中。

WIS基于品牌故事中对修复肌肤活性成分的描述，使消费者对该品牌的历史背景和商品原材料有了一定的了解，给他们留下了“科学”“天然”“健康”等印象。而后WIS通过一系列的宣传推广手段成功打响了品牌知名度，使品牌在竞争激烈的护肤品市场中占有一席之地，拥有部分忠实的用户。在已有品牌知名度和粉丝基础的前提下，WIS的一系列商品在拟定标题内容时，通常都会加上品牌名称，方便消费者直接通过品牌名称搜索商品，图4-1所示为在淘宝中搜索“WIS”的结果。

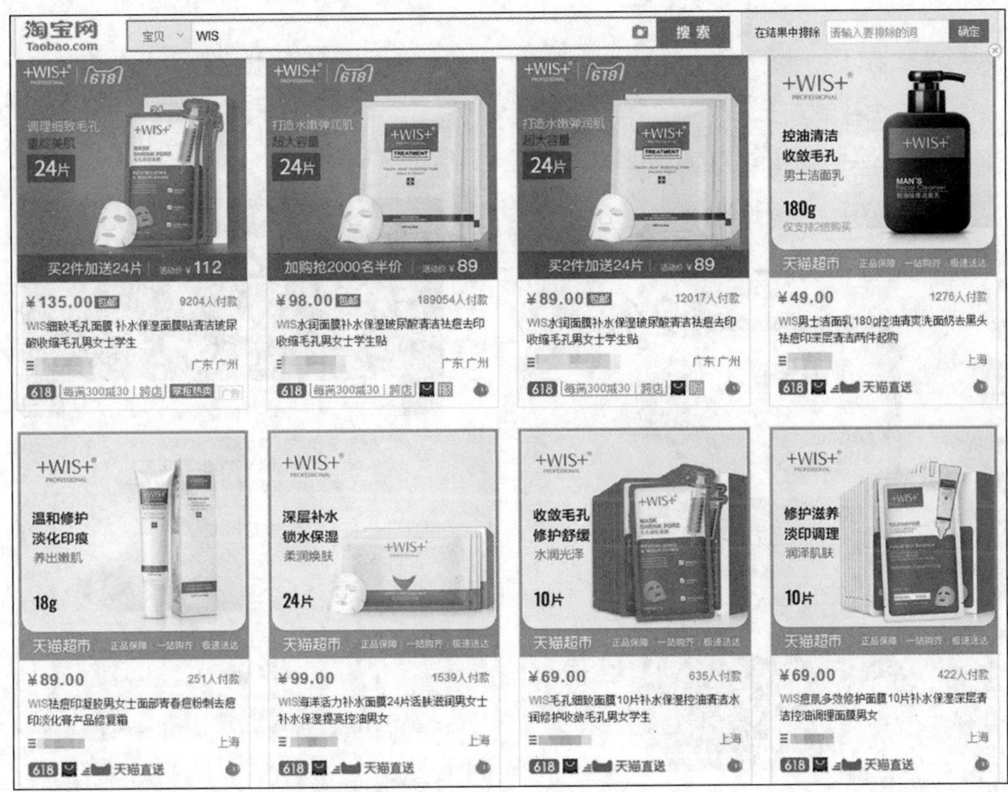

图4-1｜在淘宝中搜索“WIS”的结果

可以看到，WIS的商品标题都以“品牌名+功效+规格+适用人群”的形式进行写作，这样可以让消费者通过标题快速了解商品的相关信息，判断是否适合自己，进而产生点击行为进入商品详情页中查看商品的详细信息。商品详情页中的信息是对商品的详细说明，包括设计理念、材质、规格、功效、细节、品牌、售后等众多内容，这些内容按照一定的逻辑结构和顺序，尽可能地展示商品的所有卖点，以最大化吸引消费者，促使他们产生购买行为，图4-2所示为WIS某款商品的部分详情页内容。

图4-2｜WIS某款商品的部分详情页内容

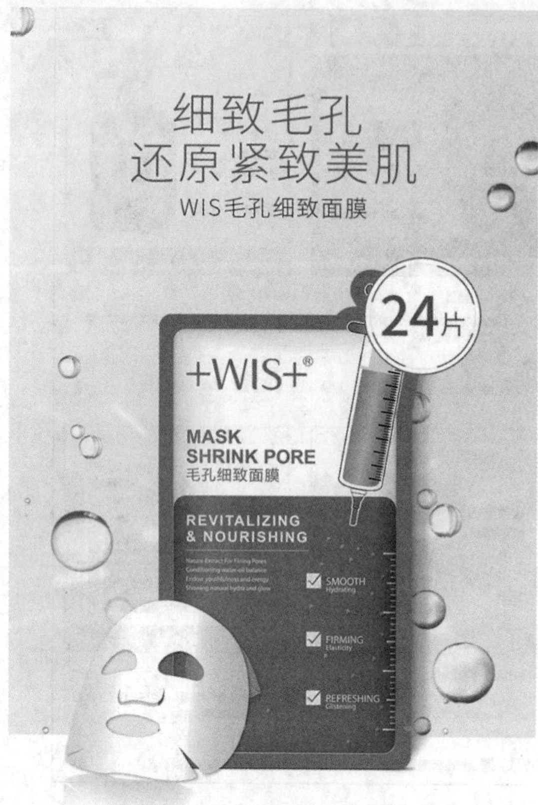

规格：25g×24片	适合肤质：任何肤质	材质：天丝膜质
功效：收敛毛孔 水润洁肤 平衡油脂		

3大核心功能
重塑肌肤保护屏障
REMODELING SKIN BARRIER

舒缓收敛
有效收敛净化毛孔，舒缓水润肌肤

平衡油脂
清除多余的油脂，温和调理肌肤

细致肌肤
提升肌肤营养吸收，肌肤紧致光滑

天然植物萃取
多效调理肌底平衡
A VARIETY OF PLANT EXTRACTS

北美金缕梅
渗透清洁的功效，平衡皮肤PH值及油脂分泌，净化毛孔，有效调节舒张的毛孔，防止黑头、粉刺产生，使肌肤快速呈现细腻、光滑、紧致状态。

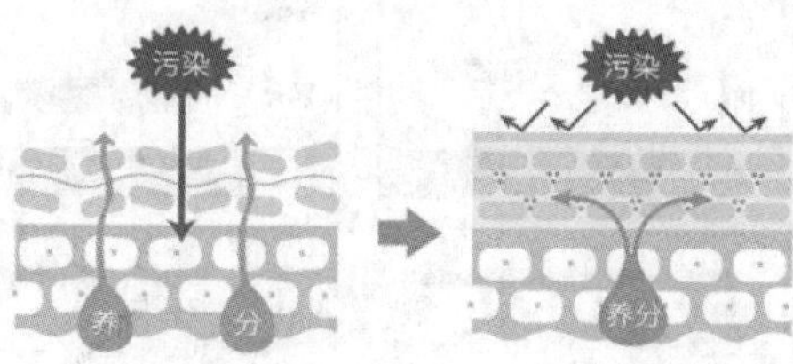

受损肌肤屏障
- 易感染，受外界化学物入侵
- 肌肤泛红，毛孔粗大
- 肌肤暗沉，耐受性差

健康肌肤屏障
- 肌肤长时间保持水润
- 有效抵御外界侵害
- 肌肤光泽有弹性

细致毛孔
希粉真实反馈
REAL FEEDBACK

毛孔变小了
这款面膜很透气哦，一点也不闷，敷久了后发现毛孔真的缩小了，会继续坚持使用的哦！
了***看

产品实拍 细节展示
REAL FEEDBACK

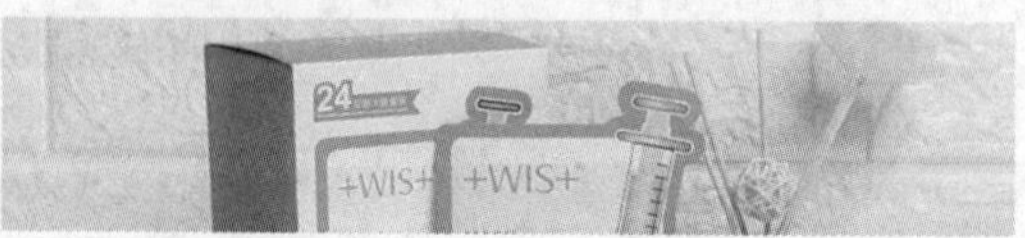

图4-2｜WIS某款商品的部分详情页内容（续）

从中可以看出，网店内页的内容丰富、卖点突出，需要文案人员在掌握消费者痛点的前提下，熟悉商品基本信息并组织语言，书写具有卖点的文案内容，并加以精心设计和展示才能刺激消费者产生购物欲望。同时，仔细观察不同销售平台的不同商品可以发现，虽然电子商务平台众多，但网店内页包含的内容都较为类似，有一定的逻辑和思维方式可以供文案人员借鉴，本章就将以淘宝电子商务平台为例，详细讲解网店内页文案的写作方法。

4.1 拟定商品标题

商品标题是指商品详情页中的标题部分，它一般出现在用户搜索结果页面（见图4-3）和商品详情页的顶部（见图4-4）。

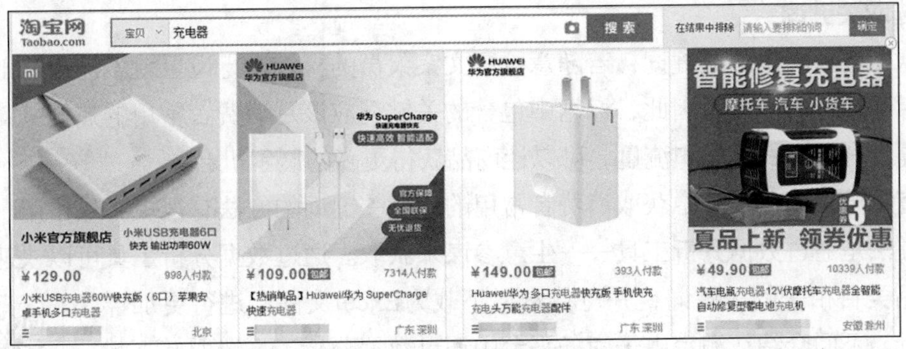

图4-3 | 搜索结果页面的标题

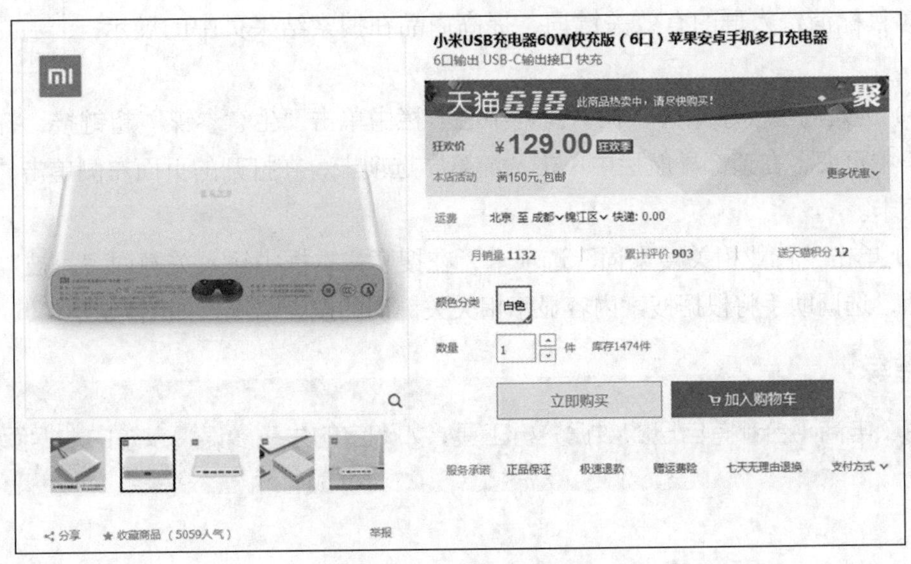

图4-4 | 商品详情页顶部的标题

标题是商品详情页的入口，消费者通过搜索关键字在搜索结果页中点击标题或主图可直接进入商品详情页。可以说，标题的好坏直接决定了搜索结果的展示，也决定了消费者是否会在看到商品标题时产生点击行为。而决定标题搜索结果展示的关键性因素就是关键词。关键词是包含在标题中的用于描述商品信息的关键性词语，在不考虑其他因素的前提下，该词语与用户搜索的匹配度越高，标题在页面前列展示的机会越大。

4.1.1 商品关键词的分析与设置

标题是对商品信息的简要描述，具有字数限制，如何准确描述商品信息，使其与消费者的搜索习惯相匹配，是标题设置关键。一般来说，标题可以拆分为多个关键词的组合，通过对关键词进行分析与设置，可以获得最终组合成标题的关键性词语，这个过程主要包括选取关键词、进行关键词有效性分析、排除无效关键词，下面分别进行介绍。

1. 选取关键词

标题中包含大量的关键词，若随意按照文案人员的喜好进行设置就不能很好地与消费者的搜索习惯进行匹配。因此，标题中包含的关键词应该是消费者常用的热搜关键词，这些关键词具有较高的热度和流量，可以让商品获得更多的展示机会。

在淘宝电子商务平台中获取消费者常用的热搜关键词的方法有很多，最常用、准确率最高的方法是通过数据分析工具——生意参谋来获取。通过数据分析工具可以快速获得与自身商品类目相关的关键词，并可将资料下载为Excel文件，进行更加详细的分析。下面介绍在淘宝电子商务平台中通过数据分析工具选取并下载与“凉被”相关的关键词的方法，文案人员可以根据该方法举一反三，筛选出针对目标消费人群的有效关键词，提高商品在搜索结果页中的展示排名。

通过数据分析工具获取关键词

（1）进入淘宝卖家中心，在“营销中心”栏中单击“生意参谋”超链接，打开“生意参谋”主页面，在顶部导航栏中单击“流量”选项卡，在打开的页面左侧单击“选词助手”选项卡。

（2）单击“行业相关搜索词”选项卡，在搜索文本框中输入关键词“凉被”，单击 Q查看 按钮，选词助手将根据搜索内容显示相关关键词的搜索情况，如图4-5所示。

专家指导

每个电商平台都有自己的数据分析工具，如淘宝的生意参谋、京东的数据罗盘。

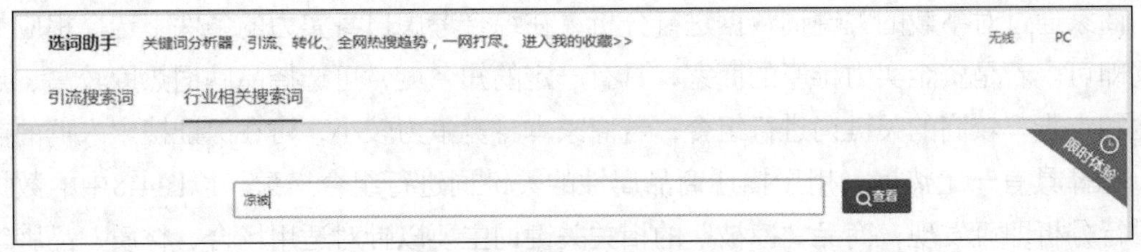

图4-5 | 输入搜索关键词

（3）在搜索结果上方单击日期按钮，在打开的下拉列表中选择“最近7天选项”选项；单击指标按钮，在打开的下拉列表中单击选中相应的复选框，可以设置需要显示的指标，设置完成后单击确定按钮，如图4-6所示。

（4）此时将根据设置的日期与指标来显示搜索结果，单击下载按钮，在打开的下拉列表中单击确定按钮，如图4-7所示。

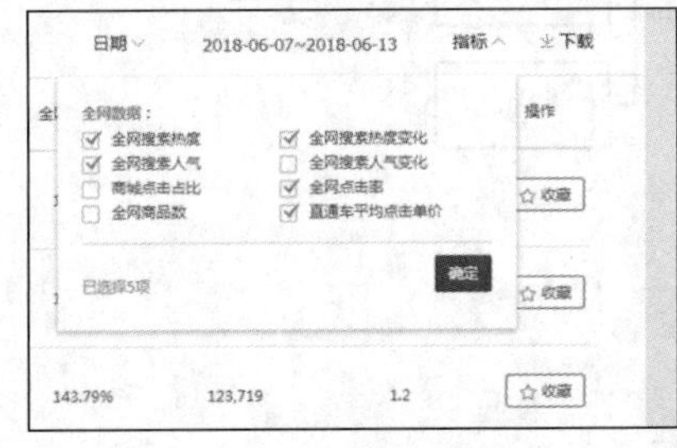

图4-6 | 设置日期与指标

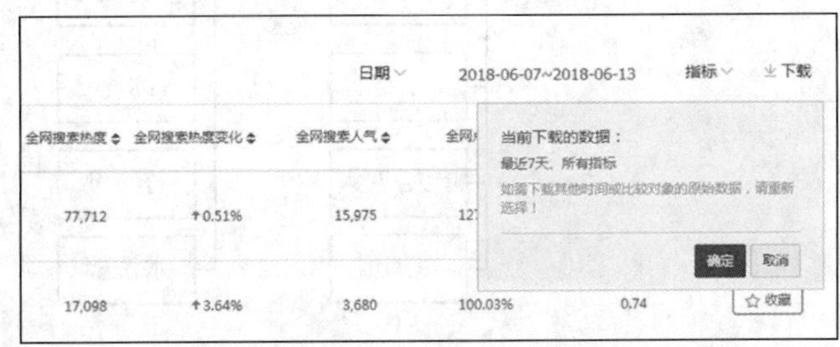

图4-7 | 下载数据

（5）打开“新建下载任务”对话框，设置文件保存的名称和位置后单击下载按钮。下载完成后打开该Excel文件即可查看数据并进行数据分析，如图4-8所示。

数据说明：以下数据为您所选时间周期的相关指标，如需查看其他时间周期数据，请重新选择后下载
收藏网址：d.alibaba.com，让数据帮您生意参谋！点此进入>>
关键词：凉被

统计日期	关键词	全网搜索热度	搜索热度变化	全网搜索人气	搜索人气变化	商城点击占比	全网点击率	全网商品数	直通车平均点击单价
2018-06-07 ~ 2018-06-13	凉被	77712	0.51%	15975	12.83%	70.30%	127.51%	1015908	-
2018-06-07 ~ 2018-06-13	凉被 纯棉 特价 夏季	17098	3.64%	3680	340.72%	18.34%	100.03%	6659	-
2018-06-07 ~ 2018-06-13	夏季凉被	7864	-0.14%	1621	-5.15%	70.07%	129.55%	492825	-
2018-06-07 ~ 2018-06-13	凉被四件套	9148	-0.41%	1237	-27.06%	33.21%	143.79%	123719	-
2018-06-07 ~ 2018-06-13	儿童凉被	5257	-2.34%	1009	-15.14%	64.72%	116.45%	306712	-
2018-06-07 ~ 2018-06-13	夏季凉被 纯棉 双人薄	5236	1.93%	977	694.31%	33.30%	120.45%	68933	-
2018-06-07 ~ 2018-06-13	夏季凉被冰丝	3932	1.24%	799	87.12%	45.09%	127.42%	44106	-
2018-06-07 ~ 2018-06-13	凉被单人 学生 宿舍	2701	1.24%	700	15.13%	71.38%	117.59%	120338	-
2018-06-07 ~ 2018-06-13	下凉被	2001	1.06%	418	1.46%	65.91%	94.70%	2126	-
2018-06-07 ~ 2018-06-13	天丝凉被	2214	-2.04%	311	-38.29%	38.93%	154.43%	61062	-
2018-06-07 ~ 2018-06-13	凉被 纯棉	1622	1.19%	300	81.82%	71.18%	166.03%	261756	-
2018-06-07 ~ 2018-06-13	凉被 纯棉 特价 夏季 双人	1328	-0.08%	278	20.87%	20.38%	119.73%	6073	-
2018-06-07 ~ 2018-06-13	空调凉被	800	0.38%	182	-29.73%	72.02%	129.13%	845885	-
2018-06-07 ~ 2018-06-13	夏日凉被	681	2.25%	166	295.24%	27.85%	81.20%	8627	-
2018-06-07 ~ 2018-06-13	莫代尔凉被	785	1.16%	159	-28.38%	27.16%	139.75%	19151	-
2018-06-07 ~ 2018-06-13	小凉被	680	1.80%	158	187.27%	37.95%	77.50%	106802	-
2018-06-07 ~ 2018-06-13	小猪佩奇凉被	652	-3.26%	140	-25.13%	6.67%	105.83%	5247	-
2018-06-07 ~ 2018-06-13	蚕丝凉被	581	7.39%	139	-339.66%	37.34%	117.56%	27630	-
2018-06-07 ~ 2018-06-13	幼儿园凉被	830	-4.27%	129	-13.42%	48.34%	119.64%	121065	-
2018-06-07 ~ 2018-06-13	纯棉凉被 全棉	747	0.67%	123	-15.17%	49.56%	121.29%	158856	-
2018-06-07 ~ 2018-06-13	纱布凉被	673	-6.53%	110	-74.24%	55.69%	155.27%	38987	-
2018-06-07 ~ 2018-06-13	竹纤维凉被	551	-0.54%	101	-32.21%	26.00%	122.14%	8917	-
2018-06-07 ~ 2018-06-13	凉被 空调被	531	-0.93%	99	45.59%	69.90%	132.02%	845885	-
2018-06-07 ~ 2018-06-13	富安娜凉被	415	2.22%	98	36.11%	41.86%	93.25%	4505	-
2018-06-07 ~ 2018-06-13	薄凉被	409	7.35%	85	-203.66%	63.34%	105.38%	647023	-
2018-06-07 ~ 2018-06-13	单人凉被	312	-2.50%	79	-53.53%	73.54%	121.15%	444647	-
2018-06-07 ~ 2018-06-13	水洗棉凉被	451	-0.22%	75	-41.41%	44.23%	203.55%	352708	-
2018-06-07 ~ 2018-06-13	凉被三件套	540	1.89%	74	-3.90%	29.65%	117.41%	56485	-
2018-06-07 ~ 2018-06-13	夏季凉被三件套	488	7.25%	68	-135.98%	36.27%	139.55%	27277	-
2018-06-07 ~ 2018-06-13	全棉凉被	454	4.85%	67	-316.13%	49.86%	156.83%	249595	-
2018-06-07 ~ 2018-06-13	凉被冰丝	384	-0.52%	63	-11.27%	45.66%	147.14%	62245	-
2018-06-07 ~ 2018-06-13	水洗凉被	292	5.80%	54	350.00%	67.61%	144.86%	492399	-
2018-06-07 ~ 2018-06-13	真丝凉被	335	-2.90%	47	-288.00%	31.59%	114.33%	16716	-
2018-06-07 ~ 2018-06-13	ins凉被	334	4.05%	46	-142.20%	17.04%	145.81%	20248	-
2018-06-07 ~ 2018-06-13	红棉坊凉被	158	7.48%	44	76.00%	69.55%	139.24%	82	-
2018-06-07 ~ 2018-06-13	凉被双人	210	-2.33%	34	-22.73%	77.29%	171.90%	609328	-
2018-06-07 ~ 2018-06-13	棉花凉被	240	0.84%	31	-193.94%	61.97%	147.92%	25306	-
2018-06-07 ~ 2018-06-13	夏季纯棉凉被	132	-5.71%	20	-72.60%	54.74%	103.79%	120754	-
2018-06-07 ~ 2018-06-13	针织棉凉被	75	-14.77%	7	-91.46%	26.23%	162.67%	7882	-
2018-06-07 ~ 2018-06-13	夏季四件套凉被	45	2.27%	7	-73.08%	66.67%	140.00%	66837	-
2018-06-07 ~ 2018-06-13	凉被 天丝 冰丝	1	-50.00%	1	-75.00%	0.00%	0.00%	28156	-

无线端 / pc端

图4-8 | 查看下载的数据

商家通过对下载的关键词数据进行分析，在综合考虑自身实力的条件下选择相应的关键词即可。若是资金实力雄厚的商家，具有一定的知名度，可选择品牌词热度较高、点击占比和点击率较高的关键词进行组合；若商家本身竞争力较小，可在保证搜索人群的前提下，选择具有一定热度，用于描述商品属性的关键词进行组合搭配。以图4-8中的数据为例进行分析即可发现，商品"凉被"的相关关键词主要以针对适用场合、材质、品牌等内容为主，如图4-9所示，再加以其他辅助关键词，如厚薄、图案、促销价格等，从这些关键词中选择出与自身商品匹配的关键词信息即可获得最初的关键词词库。

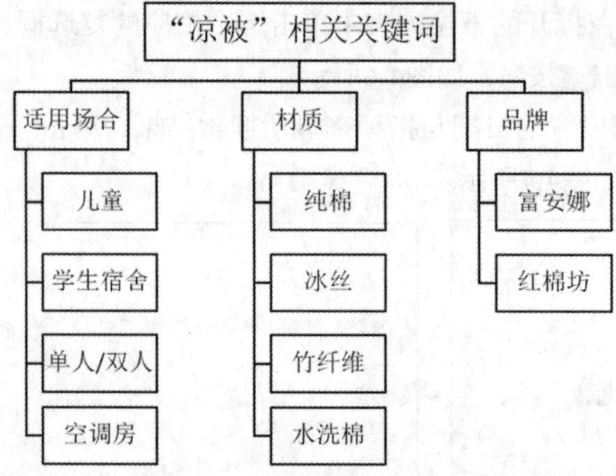

图4-9｜"凉被"相关关键词

专家指导

淘宝首页搜索框中的热搜词和类目热搜词都可作为选取关键词的参考词语，文案人员要尽可能多地收集一些与商品相关的关键词，建立好关键词词库才能进行下一步的关键词有效性分析。

2. 关键词有效性分析

收集到关键词后，还需要对剩余的关键词进行分析，以便筛选出更为有效的关键词。关键词的重要数据包括关键词转化率、关键词点击率、全网商品数等，这些数据都可以在生意参谋的"选词助手"中进行查看，下面分别对这些数据进行具体介绍。

- **关键词点击率分析**｜关键词点击率分析可以从全网点击率的角度进行分析，全网点击率越高的关键词，表示其定位越准确，通常搜索这类关键词的消费者都需要符合该关键词的商品。如果全网点击率比较低，说明淘宝搜索结果显示了很多商品，但被消费者点击的商品却较少。在通过生意参谋选取关键词时，在其搜索结果中可以看到"全网点击率"的相关数据，原则上，要选择全网点击率更高的关键词。
- **关键词转化率分析**｜关键词转化率分析是指通过分析转化率筛选掉转化率低的关键

词。如果商品获得了一定的展示率，但却没有获得足够的转化率，淘宝会降低该商品的排名。一般来说，关键词的转化率为0，或者低于0.003，表示该关键词的有效性较低。在生意参谋的"选词助手"页面中单击"引流搜索词"选项卡，在打开的页面中可查看店外搜索关键词的引导下单转化率数据。

- **全网商品数**｜全网商品数一般是指搜索某关键词得到的商品数的最大值。与该关键词有关的全网商品数越多，竞争越激烈，对店铺的排名要求越高。图4-10所示为使用生意参谋中的选词助手工具分析和选择"长裙"类热搜词的全网商品数。

搜索词	全网搜索热度	全网搜索热度变化	全网商品数	全网点击率	全网商品数	操作
气质长裙	55	↑37.50%	424,293	358.18%	424,293	☆收藏
学生长裙	42	↓31.15%	190,834	238.10%	190,834	☆收藏

图4-10｜全网商品数

专家指导

若搜索热度比较低，但是点击率较高、全网商品数较少的关键词，具有的竞争较低，且目标消费群体定位更准确。

在以上数据分析的基础上，选择与商品属性和特点匹配度较高的词语作为标题关键词可大大提高标题的竞争力。但商品自身的属性和特点词汇有很多，包括品牌、材质、风格、功能等，在选择时，一定要避免使用冷门的词汇，因为这样的词汇基本上没有什么流量；但也不要选择非常热门的词汇，这样的词语竞争十分激烈，转化率不高。

3. 排除无效关键词

通过各种渠道找到的关键词很多，这些关键词中包含有一些无效的关键词。所谓无效关键词，就是指无法带来点击的词，即没有搜索价值和流量的词。为什么会产生这种无效关键词呢？主要有以下两种情况。

- 在选择关键词时，由于关键词都是基于对市场行情的分析而选择的比较有搜索人气的词语，可能存在因为市场行情变化而发生关键词人气或流量变化的情况，使这些原本具有热度和搜索量的关键词变成了假词或抄词。
- 搜索或选择的关键词与当前市场环境的热搜词不匹配，无法提升权重或搜索量。

因此，需要在关键词有效性分析的基础上进行无效关键词的排除。一般来说，有排名但没有曝光的关键词可直接判断为无效关键词，直接删掉即可。当然，也会出现有曝光但没有点击的情况，这并不能说明关键词就一定无效，可能是由于关键词不相关、主图不够吸引人、价格不合适等诸多原因。要正确判断关键词是否有效，就要着重从关键词的点击率和转化率两个方面来进行综合分析。具体可结合关键词有效性分析的结果来进行判断，并通过测试来确定是否排除。

除了从点击率和转化率的角度进行考虑外，还要注意规避与商品无关的热词、品牌比较词、违禁词等无效关键词。

（1）与商品无关的热词

无关热词是指搜索量很大但与当前商品没有直接关系的词语，如当前商品是雪纺连衣裙，但标题中加入了“真丝连衣裙”热搜词。商品标题与商品不匹配，属于违规行为，不仅无法为商品带来流量，还可能导致商品被下架降权。

（2）品牌比较词

商品标题中不能出现与其他品牌相比较的词语，如“媲美香奈儿的香水”，也不能为了突出自身商品的优势而贬低、诋毁竞争对手，应该正面描述或通过与某种现象的对比来突出自身。

（3）禁用词

为了吸引客户浏览详情页、增加停留时间并提高转化率，标题中常采用一些比较亮点的词汇来吸引客户眼球，但要注意不能使用禁用词，主要包括绝对化用语、虚假宣传用语等词语。

①绝对化用语

2016年9月1日正式实施的《广告法》对禁用词进行了规定，绝对化用语不得出现在商品列表页、商品的标题、副标题、主图、详情页，以及商品包装等位置。绝对化用语主要包括以下几种。

- **最**｜最好、最先进、最强、最极致、最棒、最新、最坚固、最完美、最高级等与“最”有关的文字。
- **顶**｜顶级、至尊等带有“顶”字意味的文字。
- **独**｜独家、独具、独有、独家×××等带有“独”字意味的文字。
- **首**｜首家、首款、首个、首类、首种、首选等带有“首”字意味的文字。
- **一**｜唯一、第一、No.1、独一无二、史无前例等带有“一”字意味的文字。
- **国**｜国际级、世界级、国家级、全网等带有“国”字意味的文字。
- **其他**｜万能、填补国内空白、免检、驰名商标、著名品牌、质量免检、质量无须检测、国家领导人推荐、国家机关推荐/专供/特供/指定等其他与绝对化相关的词语。

专家指导

《广告法》还规定不能为不具备某功能的商品描述该项功能，如商品批准文号为国妆备进字，并非特妆准字，不属于特殊化妆品，但却在商品描述页面宣传特殊化妆品功效，属于虚假宣传，违反《广告法》。其中育发、染发、烫发、脱毛、美乳、健美、除臭、祛斑、防晒、美白都属于特殊用途化妆品功能词；或是将普通食品描述为具备养肝护胃、提升免疫力、化痰止咳、促进××、改善××等功能，也同属于该情况。

②虚假宣传用语

详情页中的文案不能使用带有促销价、优惠券、钜惠价、活动价、特价、最低价、底价、直降、降价、让利等性质的虚假宣传用语来吸引消费者，必须与店铺的真实促销活动相符。

专家指导

关键词词库中收集的关键词众多，可能存在一些重复的关键词，要筛选出这些重复的关键词并删除。这是因为重复关键词十分影响商品标题的质量，也会对其他有效关键词的输入造成不良影响。

4.1.2 商品标题的拟定

分析关键词数据后，即可在关键词数据的基础上选择合适的关键词，将其组合成商品的标题。

1. 商品标题的基本属性

商品标题的基本属性主要包括商品规格、名称、材质、类别和颜色等信息，它要求信息完整、正确和真实，图4-11所示为一件羽绒服的商品属性。

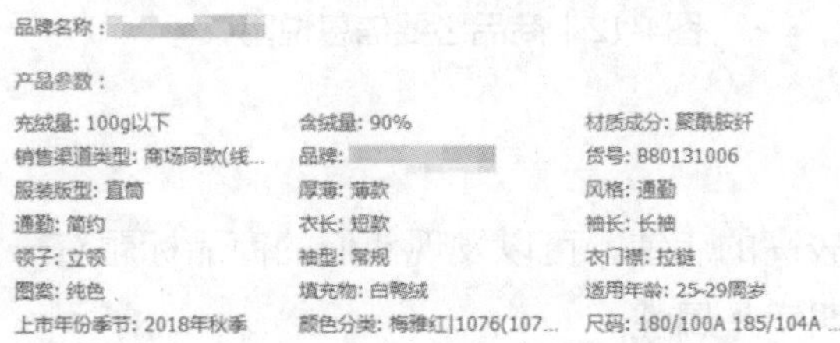
品牌名称：

产品参数：

充绒量: 100g以下	含绒量: 90%	材质成分: 聚酰胺纤
销售渠道类型: 商场同款(线...	品牌:	货号: B80131006
服装版型: 直筒	厚薄: 薄款	风格: 通勤
通勤: 简约	衣长: 短款	袖长: 长袖
领子: 立领	袖型: 常规	衣门襟: 拉链
图案: 纯色	填充物: 白鸭绒	适用年龄: 25-29周岁
上市年份季节: 2018年秋季	颜色分类: 梅雅红|1076(107...	尺码: 180/100A 185/104A ...

图4-11 | 一件羽绒服的商品属性

商品的基本属性信息有很多，在撰写商品标题时，应该将这些属性关键词融合进去，以提高店铺的流量。

一个好的标题需包含的属性内容为商品名称、商品所属店铺名称/品牌名称、同一商品的别称、商品价格和商品必要的说明。例如：

- 哈尔斯保温杯 真空子弹头保温瓶茶杯 男女式杯子 500mL儿童水杯
- 哈尔斯保温杯壶超长保温1200mL旅行户外家庭旅游必备杯 正品包邮

① 商品名称是商品标题的基本要素。如果没有商品名称，买家怎么知道卖的是什么呢？

② 在商品前加上店铺名称或品牌名称有利于宣传自己的店铺。特别是对于一些已经在买家心中留下良好印象或有一定名气的店铺和品牌，加上这些信息后，能够使买家一目了然地找到他们所需要的商品。

③ 有时同一个商品可能会有不同的称呼，为了让买家尽可能地找到你的商品，应该尽可能将别称写上去。

④ 对于特卖型商品，在标题中加上商品价格可以快速吸引买家眼球，如“×××元！特价大甩卖！”可以让买家感受到优惠。

⑤ 某些特殊类型的商品需要在标题中加一些必要的说明信息（商品的形式和数量），比如虚拟货币等商品就需要表明商品的具体实现方式。图4-12所示为一组流量充值的商品标题，它需要说明充值的地区、充值的流量有多少、是否可以叠加使用、是否可以跨月使用等。

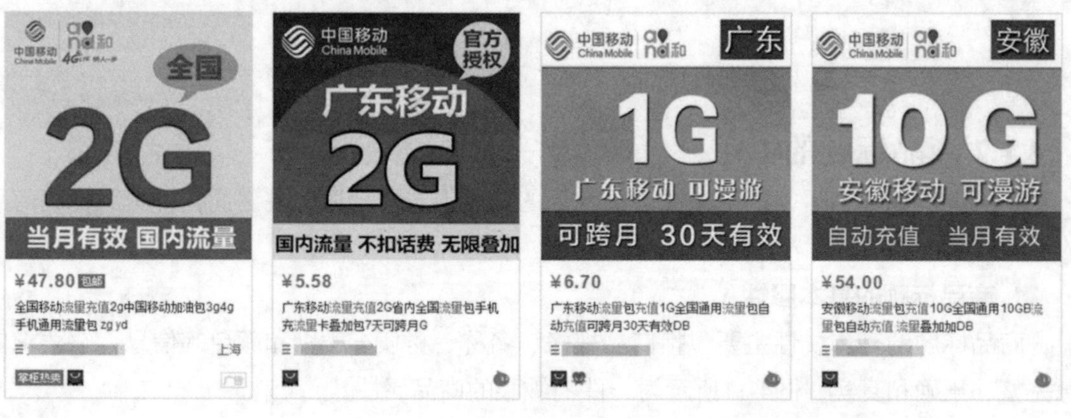

图4-12｜商品必要信息说明

2. 商品标题模板

观察并分析一些销量较高的店铺，可以发现他们的商品标题有一定的规则，即：品牌名（可以省略）+名称+叫卖+属性。

- **品牌名**｜不推荐一些新手卖家将自己的自创品牌名称放入标题，因为此时品牌几乎没有人知道，没有名气，搜索的人自然就少。而品牌名字会占据标题字数，减少其他关键字在标题中的展示机会。

- **名称**｜讲解商品属性时说过，标题中一定要包含商品的名称，否则没有人知道你在卖什么。
- **叫卖**｜多用特价、促销、包邮、超值或新品上市等叫卖属性的词语来吸引消费者眼球。这和我们在实体店铺买东西一样，当你听到或看到低价促销等消息时，总会想去看看。
- **属性**｜在网店中购买商品时，买家一般都是在搜索框中输入描述宝贝属性的词语来查找需要的商品，因此，对买家来说，他最关注的是商品的属性特征。如一款女士服装，就可以在标题中添加风格、材质和款式细节等属性；数码产品则要有品牌名称、型号和规格等属性；食品则需要产地、规格等属性。

这些词汇的顺序并不是一成不变，卖家可以自由组合这些词语，使标题更加吸引买家。图4-13所示为几则商品标题示例。

图4-13｜商品标题示例

3. 商品标题的组合

确定好关键词和相关的属性词并选择好一种标题模板后，即可组合成完整的商品标题，组合标题需要先确定主要关键词再进行组合。

- **确定主要关键词**｜淘宝的商品标题不能超过30个汉字，卖家必须在30个汉字内对商品进行描述，这就意味着标题中的每一个关键词都必须有效，才能实现标题的最优化。主要关键词一般是商品标题中的主要引流词，对于卖家而言，原则上是选择搜索量比较大、热度比较高的关键词。淘宝卖家主要可以通过生意参谋、直通车、淘宝热销榜和排行榜等方式来确认关键词的热度。通过对关键词的搜索人气、搜索指数、搜索占比、点击指数、转化率等数据进行分析，选择具有优势的关键词。
- **组合关键词**｜在组合关键词前，可以先对当前商品不同类型的关键词进行排序和选择。比如搜索关于商品属性、特征、功能、材质的关键词，筛选排序靠前或搜索量大的词语，再去除重复的关键词，然后对筛选出的词语进行组合。通常情况下，商品标题中关键词的种类越多，被搜索到的概率越大。

下面以“雪地靴”的标题组合为例讲解组合关键词的思路。

（1）确定主要关键词，如“雪地靴”。

（2）分析雪地靴的品牌、属性、材质、功能等，在分析这些关键词时，可以查看雪地靴搜索结果页上方的属性栏，或通过发布商品页面的属性设置选项来确定商品的属性，如该商品的属性为“圆头、平跟、两层牛皮、加绒加厚、短靴、软底”等，功能为“保暖、防滑”等。

（3）确定商品的品牌，如“达芙妮”等。

（4）根据用户的搜索习惯加入一些比较有人气的长尾词，如“休闲、舒适”等。

（5）选择一种商品标题模板的表现形式，最后再对关键词进行组合，形成商品标题，如“达芙妮2018年新款加绒雪地靴防滑软底平跟短靴女舒适保暖”。

通过搜索引擎或淘宝网等平台收集能够为己所用的关键词，这些关键词一般是描述商品、品牌、网站或服务的词语，并且是人们在搜索时常用的词语。然后将收集到的关键词组成常用的词组或短语，这是因为用户在搜索目标关键词时，一般不会使用单个词组，而是搜索两个或三个字组成的短语或词组。

4.1.3 标题的优化和调整

通过关键词组成标题后还需要对标题进行优化和调整。首先需要判断由这些关键词组合而成的标题的优劣性，对标题关键词的搜索人群进行定位分析，包括对年龄、性别、消费层次、职业、爱好、地区等数据的分析，从中发现不同职业、不同性别、不同地区、不同消费层次的消费者的购物差异性，以更好地定位目标消费群体。在确定目标消费群体特点的基础上，还可以针对该类消费者的搜索习惯和要求优化标题中的关键词内容，同时根据其消费层级有目的地选择商品并优化价格。

同时，为了使商品标题更符合消费者的搜索习惯，增加商品被搜索到的概率，在组合商品标题关键词时，可以使用以下技巧对标题进行优化。

1. 选择有成交量的关键词

类似于“风衣”“连衣裙”等搜索量很高的关键词，每天的搜索量可能都在几十万以上。这样的词语不能直接使用，而是要先分析清楚这类关键词中哪些是能够带来转化率的词语，不能一味地进行热门关键词的堆砌。以“风衣”为例，在该类目下有以下3个级别的关键词。

- **第一级别关键词**｜风衣女、风衣男、风衣外套、风衣加厚、风衣韩版。
- **第二级别关键词**｜中长款、短款、长款、学生风、英伦风、修身显瘦、学院风、商务。
- **第三级别关键词**｜外套、印花、双排扣、长袖、秋装、潮、宽松、大码。

假设这些关键词都是用户经常搜索的，其中“中长款”“英伦风”“修身显瘦”“印花”“大码”是成交量较高的关键词，那么在组合关键词时，就要在符合自己商品特点的前提下优先融入这几个关键词，再挑选或直接舍弃其他会带来更大竞争的关键词。如“风衣女中长款修身显瘦英伦风外套”“风衣女双排扣英伦风外套”“风衣男中长款商务”“女士宽松休闲韩版风衣”“韩版英文印花风衣中长款修身显瘦”等，就比“中长款风衣”“加厚风衣外套”等更具有识别度，也更容易获得靠前的搜索排名。

2. 选择转化率高的关键词

转化率高的关键词一定是能够直接体现消费者需求的词语，也就是说要选择明显针对消费者购买意向的词语进行组合。比如搜索“大码显瘦遮肉女装套头卫衣”的消费者，其购买的针对性肯定会比“大码女装”要高很多。这是因为当消费者以一个非常明确的需求关键词进行搜索并进入你的店铺，该款商品又正好是他想要的商品时，成交的概率就会远高于其他关键词。比如，标题“渐变细长保温杯韩国可爱水杯简约创意真空不锈钢女士便携迷你水杯”中的“不锈钢”是一个搜索量非常大的关键词，而加上“渐变细长”“简约创意”“便携迷你”等具有针对性的高转化率关键词后，就可以将具有相应消费需求的买家引流过来。

3. 巧妙组合营销词汇

由于网络信息越来越丰富，用户在浏览页面时往往以一目十行的速度进行阅读，他们一般重点查看句子前面的内容，因此，带有营销性质的亮点词汇需要尽量放在最前面，如用“低至一折”“低价甩卖”“卖疯了”“2018新款”“明星同款”“××报道”等字眼来尽量吸引消费者的注意力。当消费者将焦点放在你的页面上时，就说明他对这些信息感兴趣，你的商品就比其他同类商品拥有了更高的关注度，成交机会也会大大增加。如标题

"双肩包男杰斯伯大容量男女书包背包"经过优化可拟定为"书包jansport双肩包男杰斯伯大容量男女书包背包正品低价清仓"。

4.2 商品详情页文案写作

由于消费者不能通过电子商务平台触摸到商品实物，因此出现了商品详情页这种用于展示商品信息的表现方式。在商品详情页中，商家可以通过文字、图片、视频等各种不同的文案形式来尽可能详尽地展示商品信息，以介绍商品、树立店铺形象、激发消费者购物欲望、提高转化率。

4.2.1 确定商品详情页的框架

商品详情页是商品信息的主要展示页面，写作对消费者具者有吸引力的商品详情页是激发消费者产生购物行为的主要手段。在电子商务平台的长期引导下，消费者对商品详情页形成了一定的固定印象，其页面框架内容的规划有一定的规律可循，简单来说，可按照激发消费者兴趣、展示商品卖点、展示商品品质、打消消费者疑虑、营造购物紧迫感的思路来进行商品详情页框架内容的构建，如图4-14所示。

图4-14 | 商品详情页内容构建思路

- **激发消费者兴趣** | 激发消费者购物兴趣最简单的方法就是塑造商品的实用价值，即让消费者看到商品能够带给他们的利益或好处。这个利益或好处应该是消费者最关心的、最需要的，即消费者的痛点。商家需要站在消费者的角度去思考痛点，通过深入分析消费者的购物行为，从中提炼出消费者最关心的问题，从而找出打动消费者的点，最后再将这个点以醒目的形式展示在商品详情页的最上方，如以焦点图、海报图、视频等形式。图4-15所示为一款保温杯的海报，主要展现了"私人定制"的消费者需求，可免费刻字，同时还赠送杯套、杯刷等赠品，以吸引消费者继续浏览详情页。

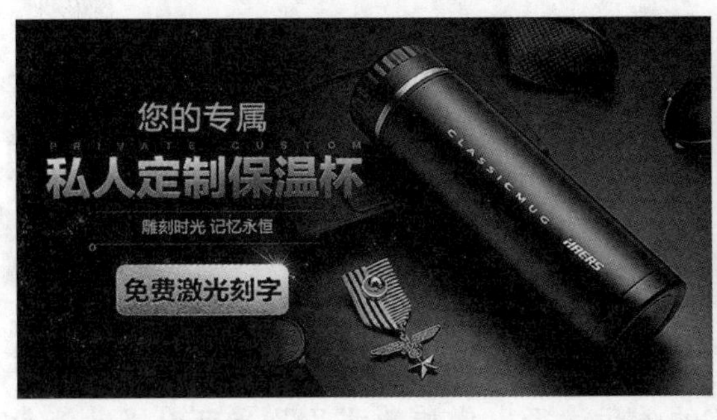

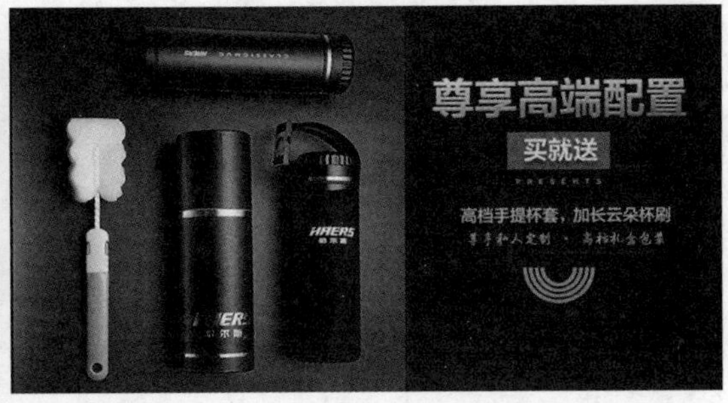

图4-15｜激发消费者兴趣

- **展示商品卖点**｜卖点是促使消费者产生购物行为的主要因素，卖点越符合消费者的购物需求，就越能激发消费者的购物欲望。一般来说，卖点要体现出独特性和差异性，所谓独特性就是指商品独一无二、不可复制的特点；差异性是指商品与同类商品之间的区别。最好的展示商品卖点的方法就是先通过一句凝练的文字形成主打广告语，再通过文案内容来进行展示。卖点的提炼方法很多，根据完整的商品概念来看，一个完整的商品应该包括核心商品、形式商品、延伸商品3个层次。核心商品即商品的使用价值；形式商品是指商品的外在表现，如外观、质量、重量、规格、视觉、手感、包装等；延伸商品是指商品的附加价值，如服务、承诺、荣誉等可以提升商品内涵的元素。商家将这些信息全部收集起来，再通过前面介绍的卖点提炼方法找到与消费者需求最匹配的、人无我有、人有我优的卖点，才能增加自身竞争力，实现对消费者的吸引。图4-16所示为一款简约吊灯的卖点展示，主打卖点为商品材质“环保原木”，通过对该卖点的展示，表现了商品纹理均匀、不易变形、硬度强劲、易于清洁等特点，吸引消费者继续浏览详情页内容。

图4-16｜卖点展示

专家指导

如果商品没有较为突出的卖点，就需要文案人员充分发挥自己的创造力来创造卖点。同时还要注意：卖点不要太多，1~2个即可，否则容易让消费者对商品认知产生混乱，不利于消费者理解和接受。

- **展示商品品质**｜商品品质是对商品信息的详细展示，功能、性能、工艺、参数、材质、细节、性价比等内容都是商品品质的展示途径，优质的商品品质可以提升消费者的购买欲望和访问深度，最终提高商品转化率。在展示商品质量时，应该注意方法，如在展示参数、性能、工艺等数据时，不要直接使用烦琐的文字和数据，最好使用简单直白的图片搭配文案进行展示，让消费者能够一目了然。在展示功能、细节、性价比等信息时，通常使用图片搭配简单文案，即图片为主、文案为辅，注意详情页的整体视觉效果，突出商品本身。
- **打消消费者顾虑**｜打消消费者顾虑其实是为了增强消费者对商品的信任度，以进一步催化消费者的购物欲望。商品资质证书、品牌实力、防伪查询、售后服务、消费者评价、消费保障等都是打消消费者顾虑的有效方式。如销售珠宝首饰、数码电子商品的商品详情页都会提供商品的品质证明文件和防伪查询方式，这就为消费者提供了多种证明商品质量的方式，既从商家的角度证明了商品的品质，又让消费者可以自己证明所购买商品的真伪，打消了消费者对商品品质的疑虑，如图4-17所示。对于知名品牌来说，品牌实力展示也是一种很好的打消消费者顾虑的方式，可通过实体店铺展示、获奖证书、工艺生产流程、明星代言等方式进行展示。其次，对售后服务、消费者保障等消费者普遍比较关心的内容也要进行展示，如7天无理由退换货、购买运费险等内容。最后，对于消费者所困惑的内容或容易产生疑虑的内容，要提供解答，以完全打消消费者的疑虑。图4-18所示为某商品对于消费者疑虑内容的展示。

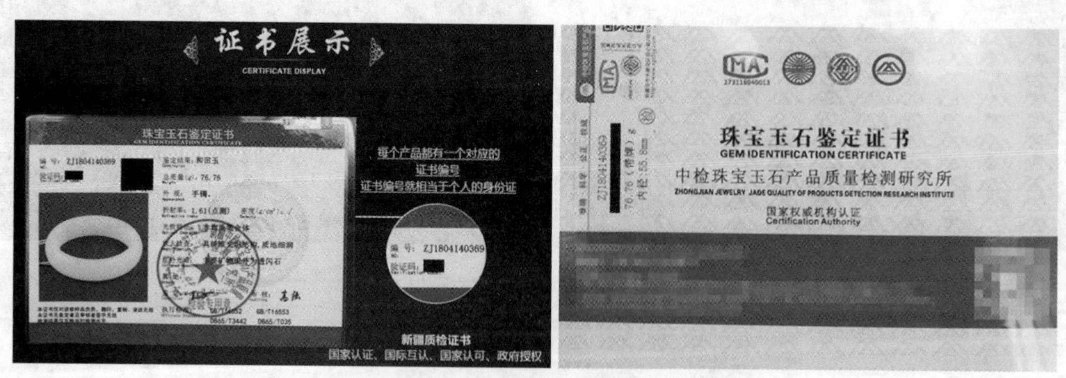

图4-17｜珠宝玉石鉴定证书和真伪查询方式

INSTALLATION NOTES
安装说明

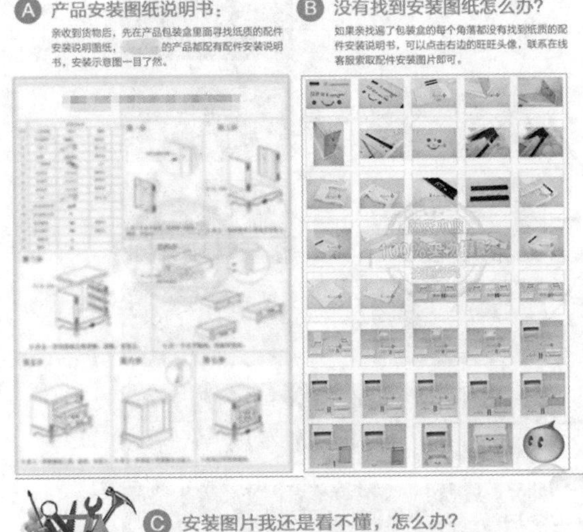

PACKAGE DISPLAY
包装展示

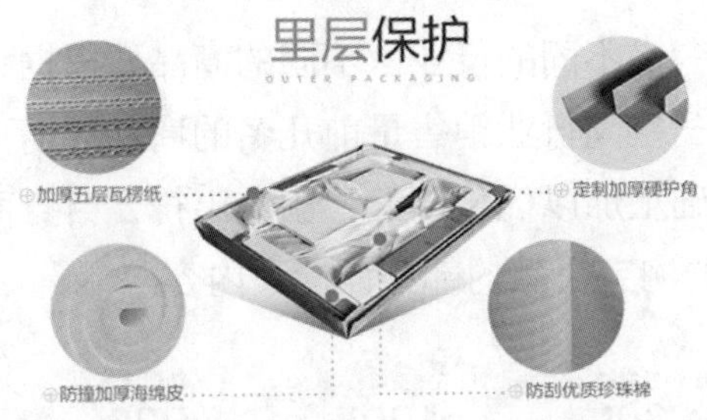

QUALITY GUARANTEE
品质保障 百年传承

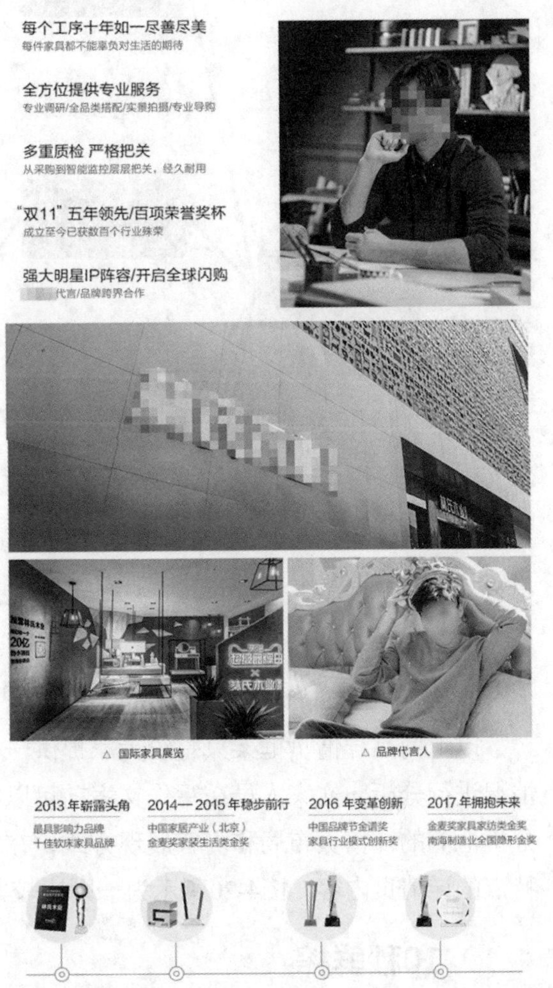

图4-18｜消费者疑虑内容展示

- **营造购物紧迫感**｜营造紧迫感是指通过营造一种迫不及待、供不应求的假象来刺激消费者，将消费者的心动彻底转化为行动，从而促使消费者产生最终的购物行为。营造紧迫感的方法很多，商家可通过限时促销、限量供应、限量秒杀、限量优惠等手段使消费者产生紧迫感，但一定要注意强调名额的有限性。

按照以上思路来进行商品详情页内容的构思后，即可搭建起商品详情页的基本框架，主要围绕商品的某些主题来展开描述，从不同的角度切入，如图4-19所示。

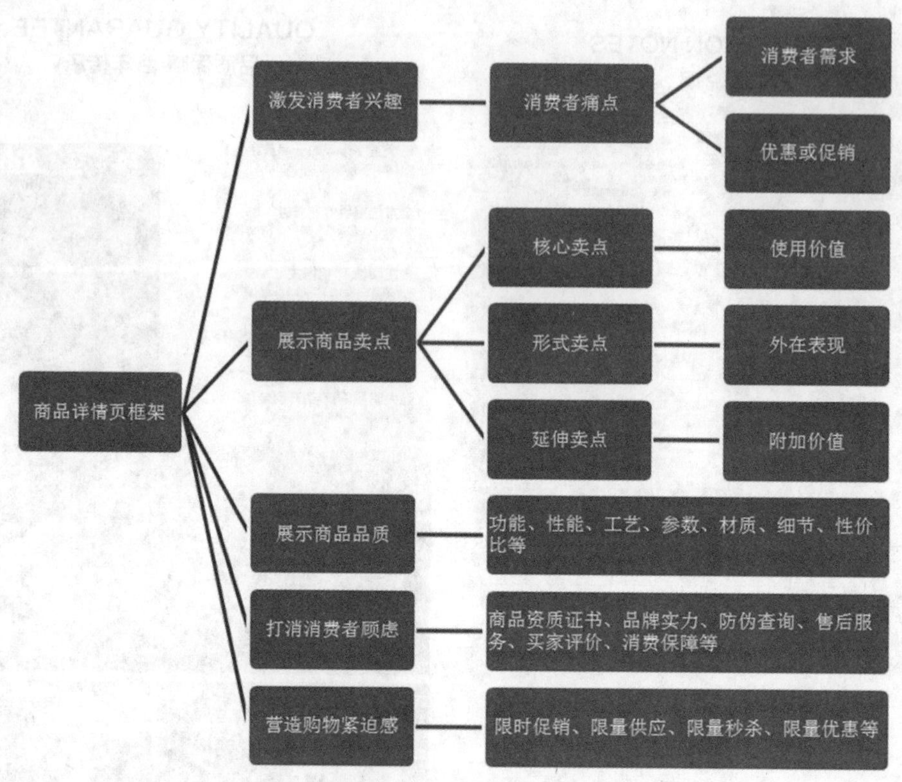

图4-19｜商品详情页框架

以上商品详情页框架只是给大家提供一个参考，不同的行业、不同的商品要根据具体情况进行分析。文案人员在写作文案前可以收集一些同行业销售量前几名的商品详情页，分析他们的详情页布局和内容展现方式，在此基础上加以优化调整，创作出符合自身商品特点的详情页内容。图4-20所示为一则比较典型的淘宝商品的部分详情页内容。

图4-20｜详情页内容展示

图4-20 | 详情页内容展示（续）

4.2.2 了解商品详情页的写作原则

商品详情页是综合文字、图片、视频等多种表现形式的页面，文案人员不能只考虑文字写作，而忽略图片、视频等表现形式。总的来说，商品详情页的写作要遵循以下几点原则。

1. 图文搭配

在商品详情页中，消费者痛点、商品卖点、商品特点、商品材质、商品细节描述等内容需要用文字来描述，而通过搭配精心拍摄和设计的图片，一方面可以减少大篇幅文字所带来的枯燥感，提升消费者的阅读体验；另一方面还能更加完整、明确、真实地呈现商品的这些信息，增加消费者对商品的信任。图4-21所示为某款商品的描述内容，从中可看出，文字主要起辅助说明的作用，图片则用以增强视觉感官，体现商品的真实与美观性。

合体剪裁

/ 一体芯棉肩垫 /

Shoulder pad

一体芯棉肩垫，能使肩膀更挺拔有型，尽显绅士阳刚风范。

/ 经典平驳领 /

Supercrease

平驳领是钝领的一种，其领子的下半片和上半片
通常有一个夹角，无论是商务、婚礼还是休闲场合都合适使用。

/ 商品信息 INFORMATION /

品牌：
颜色：蓝色　版型：修身Y版
参数：单排两粒扣 后中开衩
款号：GXF0072
面料成分：67%聚酯纤维 30%粘纤 3%氨纶
款号：GXF0115
面料成分：92%锦纶 8%氨纶
特性：透气 舒适 柔软
洗涤方式：常规干洗

/ 商品指数 INDEX /

厚薄指数	薄款	适中	厚款	弹力指数	无弹	微弹	高弹
版型指数	修身	标准	宽松	柔软指数	偏硬	适中	柔软

图4-21｜商品描述内容

文案人员在进行图文搭配的过程中，要首先明确商品详情页的核心点，即商品信息的主要表述中心，可按照核心点来划分详情页中的内容，然后根据核心点来展开商品信息的描述，突出商品的优势。在写作这些内容时，要从文字和图片两个方面来进行规范，以提升商品详情页的质量。

（1）文字写作原则

商品详情页中的核心版块内容不止一处，写作时要先统一文案的用语风格，尽量保证前后内容的用语风格一致，以体现详情页内容的规范性与高品质。同时，用语要通俗易懂，浅显明了，让消费者能够直观明白所看到的内容，不需要再花费时间去解读，降低其阅读时可能遇到的障碍。

其次，内容要与店铺定位相符合，且拥有自己的特色和亮点。如同样是服装店铺，民族服装店铺的文案用语较深沉，有文化沉淀；时尚服装店铺的文案用语较轻快、简练；森女系服装店铺的文案用语较轻柔、个性。写作时还要注意商品展示的先后顺序，一般来说，应该先向消费者展示商品的特定部分或特点，再向消费者介绍商品的基本性能与作用。描述的语言也应该由浅入深，不能一开始就写一些深奥的专业词汇或自卖自夸，做一些自以为能够宣传商品的“专业”描述，而不从消费者的实际需求出发，这样会引起消费者的反感，导致客户流失。

总的来说，优秀的文案应该在紧贴店铺和消费群体定位的基础上，用语浅显，生动易懂，由浅入深地介绍商品，达到突出卖点、引人购买的效果。

专家指导

某些商家为了追求个性，突出与同类商品的差异，会选择非常个性化的文案写作方式，如大量添加时下流行词汇、热门表情包或段子。除非店铺本身定位就是追逐热门、标新立异，否则一般不建议文案人员采用这种方法来吸引关注。

（2）图片搭配原则

促销海报、商品卖点图、商品实拍图、商品场景图、商品细节图等图片是消费者了解商品信息的主要途径，因此，要注意图片在商品详情页中呈现的效果。一般来说，商品详情页中的内容应该以图片内容为中心，辅以文字说明，达到二者相辅相成、相得益彰的效果。商品详情页中的图片应该遵循以下原则。

- **图片清晰**｜清晰直观的图片可以明确地展现商品的特点，是商品详情页中至关重要的元素，它和文字一起构成了商品详情页的主要内容。文案中着重表现商品材质、质感、工艺等的图片一定要放大细节且清晰明了。
- **贴合文字描述**｜高度匹配的图片能表现画面与文字描述的内容，可以带给消费者更加强烈的视觉感官，是增强详情页吸引力、刺激消费者产生购物欲望的主要方式。

- **美观性**｜商品详情页中的图片要与店铺的整体装修风格、商品颜色相匹配，颜色搭配要符合“70:25:5”的黄金比例原则，即主色色域应该占总版面的70%，辅助色所占比例为25%，其他点缀色所占比例为5%，保证整个商品详情页的画面重点突出、视觉平衡。

2. 场景化表现

不管是文字、图片，还是视频等其他表现形式，都是通过这些元素组合而成的内容来吸引消费者。为了保证内容的呈现效果，加强消费者对信息的感知能力，需要为内容打造一定的场景。所谓场景，就是在某一时间和地点，由一定的人物和人物活动所组成的生活画面。这些特定场景下的画面能引起消费者的购物欲望，更好地引起消费者的代入感，从而在消费者心里建立起对商品的感知。图4-22所示为一款耳机的场景化表现，简单的文字搭配耳机的使用画面，很好地体现了耳机“深度防水”的卖点，同时又加深了消费者对商品的认同感。

图4-22｜场景化表现

场景化表现就是将枯燥的商品说明信息用场景化的方式来进行表达，这种表达方式主要通过图片和视频来进行呈现。如家装等类目的商品会在商品详情中展示大量的商品摆放和装修效果图；服装类目的商品会在详情页中展示大量的模特实拍图；美妆类目的商品会在商品详情页中以视频的方式展示商品的使用方法、使用效果等。但这并不是说通过文字就无法构建场景化的画面，文字也可以打造出具有人情味的场景，特别是商品的卖点、宣传广告文案、品牌故事等内容，还可以打造出触动消费者情绪的场景画面，如优步的“每一个人的专属司机”、江小白的“寂寞是想让人陪，孤独是想要人动”等文案就很好地触动了消费者的内心，让他们愿意主动融入这个场景并进行分享。

3. 多样的表现方式

枯燥的文字说明和单一的描述方法会让消费者产生视觉疲劳，可以通过对比、实物参照等方法来增加商品信息的展示途径，提高页面内容的可读性，提升消费者的阅读体验。

（1）对比

商品质量、材质和服务等都可以作为对比的对象，卖家应该从消费者关心的角度出发，对可能引起消费者关注的问题进行对比分析，从侧面突出自身商品的优点。如食品类商品，可从产地、包装、密封性、新鲜程度、加工、储存等方面进行比较；服装类的商品可从做工、面料、厚薄、质地等方面来进行对比。图4-23所示为一款苹果商品对“打蜡”的描写，通过对“天然果蜡”和“人工打蜡”的对比描写让消费者知道苹果本身会带有一层果蜡，但这层果蜡是苹果的天然保护层，可以起到保护苹果的作用，而人工打蜡则是为了方便存储运输而涂上的一层人工蜡，最后再通过简短的“本店苹果现摘现发，不存在人工上蜡现象”让消费者放心。

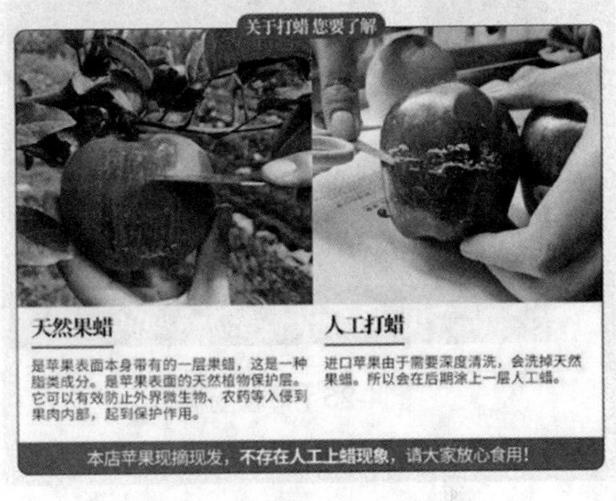

图4-23｜食品类商品的对比

使用对比描述方法时，切忌不要通过贬低竞争对手来强调自身的实力，可通过对普通现象、认知的对比来彰显自身的优势。其次，当商品存在升级或不同版本时，要在详情页中对比展示两者的不同。图4-24所示为同一款耳机商品“带麦版”和“调音版”的对比，这种对比侧重于突出两者功能上的不同，对比要注意画面的对称与整洁。

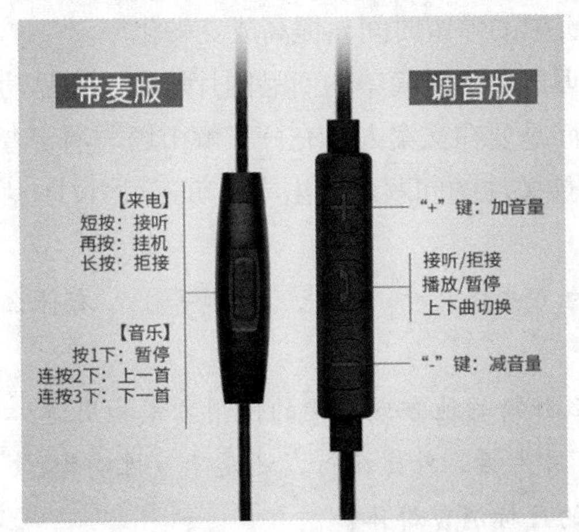

带麦版和调音版
有什么区别?

版本 / 功能	【带麦版】	【调音版】
听歌	✔	✔
切歌	✔	✔
通话/录音	✔	✔
播放/暂停	✔	✔
加减音量	✘	✔

图4-24｜耳机商品的不同版本对比

（2）实物参照

对于一些需要明确尺寸、容量的商品，文案人员不仅需要通过文字来说明，还要在画面中标注出商品的实际尺寸。图4-25所示的一款羊毛商品的厚度标识。文案人员也可以把消费者日常生活中常见的事物作为参照物，通过与参照物的搭配组合或对比来体现商品的实际大小。图4-26所示为一款挎包商品，通过搭配日常生活中常见的手机、钱包、笔记本等物件简明地表现了商品的包装容量，无须采用大量的文字说明。

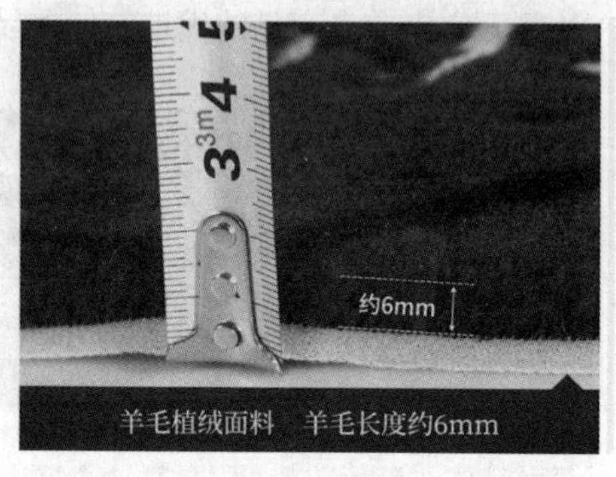

图4-25｜厚度标识

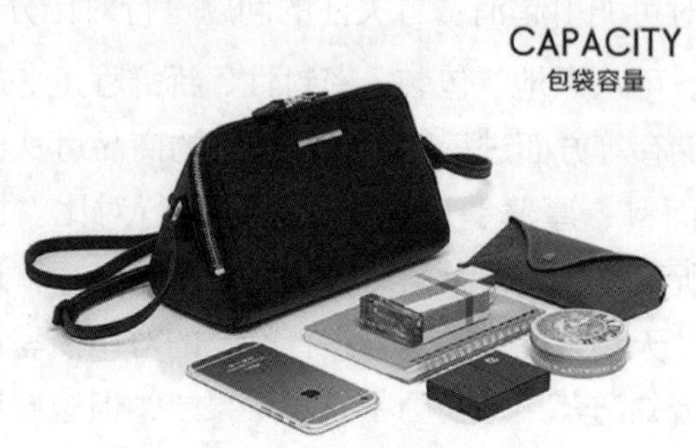

图4-26｜容量对比

4.2.3 撰写商品说明型文案

商品详情页中的文字大都起到说明、解释的作用，特别是对商品信息的描述，如关于商品材质、功能、特点等的说明性文案内容，是消费者了解商品的主要途径。因此，文案人员要掌握有关商品说明文案的撰写方法，做到不仅对商品进行介绍，更要引起消费者对商品的购物欲望，这样才能增加消费者在详情页中的停留时间，提高成交转化率。

商品说明文案不是按照文案人员对商品的理解，通过简单的商品图片堆砌、商品功能简介、商品场景再现来呈现商品说明信息的，而是要在文案人员充分了解市场与消费者需求的基础上，将商品最具优势的信息、消费者最关注的问题展现出来。可通过5W1H法来开展分析。

- **What**｜商品是什么？基本属性是怎样的（包括尺寸、功能、外观等）？有什么特点？与竞争对手的最大差别是什么？
- **Where**｜商品使用的地点在哪里？有什么独特的地方或有趣的使用方式和用途？
- **When**｜商品的使用时机是什么时候？日常生活、外出旅行，还是季节性购物？
- **Who**｜商品的使用对象是谁？谁是最终的目标消费群体？
- **Why**｜为什么要购买这个商品？为什么要用这个商品？使用这个商品消费者能得到哪些好处？能为消费者解决哪些问题？商品有什么特别之处？
- **How**｜商品要如何使用？特别是对于新商品或升级商品，一定要描述商品的使用方法，并且说清楚能够为消费者带来的好处。

以一款针对爱美人士的代餐饼干进行5W1H分析，可得出以下结论。

- **What**｜该商品为薏米红豆燕麦饼，由全麦粉、植物油、薏米、红豆、燕麦、桂圆、百合、红枣、葛根、食品添加剂等制成；每份450g，独立包装；置于阴凉干燥处可保持12个月；吃法多样，口味丰富，如图4-27所示。

图4-27｜What分析

- **Where**｜独立包装，方便携带，随时可以食用，如图4-28所示。
- **When**｜可代替早餐、晚餐做正餐食用，也可作为零食随时食用，如图4-29所示。

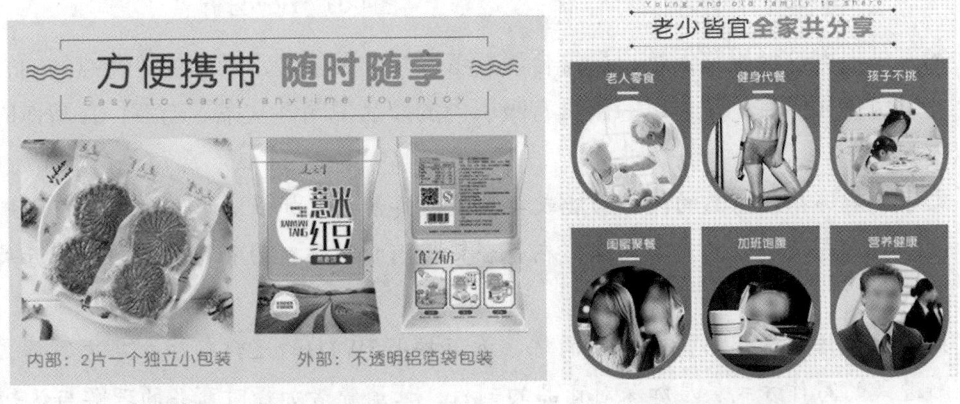

图4-28｜Where分析　　图4-29｜When分析

- **Who**｜爱美人士，家庭成员老少皆宜。
- **Why**｜优选食材，无蔗糖，健康，饱腹代餐，无须节食和运动即可塑造身形，如图4-30所示。
- **How**｜食用方法多样，可搭配牛奶、炼乳、豆浆、酸奶、果汁等食用。既可作为主食，又可作为休闲零食，好吃无负担，如图4-31所示。

图4-30｜Why分析　　图4-31　How分析

文案人员根据这种思路提炼出最符合消费者需求与最能展示商品优势特点的内容，并对文字加以优化和提炼，就可以写出具有吸引力的商品说明性文案。当然，在写作时还要遵循以下规范。

- 文字要能够描述商品的核心功能或典型使用情景，以加强消费者对商品的认知。
- 文字要考虑消费者的真实需求，在符合目标消费群体行为和习惯的前提下开展内容写作。
- 描述性用语要通俗易懂，文字简练，最好按照5W1H的逻辑顺序分层次写作，通过渐进式的写作方式层层加深对商品的剖析，让消费者加强对商品的理解与认知。
- 建议以核心内容为中心进行扩展，标题文字的个数和格式尽量统一，最多不超过9个字；内容解释性文字要详细一些，但最好不超过3行。
- 文字要具有延续性，上下文之间的内容要连贯。同时注意用词直接、直观明了，不要使用疑问句。

按照以上要求写作商品说明文案，并在Word文档中按照主题、分层次进行分段，将每个主题的内容加以提炼优化，即可完成商品说明文案的撰写。

4.2.4 撰写商品促销广告型文案

很多商家常常会趁着节假日开展各种类型的促销活动，这是因为节假日具有集中性、突发性、反常性和规模性等特点，本身就能够刺激消费者的消费心理，放大消费者的购物欲望。因此，在节假日开展促销活动时，优秀的促销广告文案不仅可以更好地进行商品的推广，提高商品的销售量，还能为店铺累积大量的人气与粉丝，提升品牌形象，达到品牌推广的效果。

节假日一般分为3种，一是传统节日，一般包括二十四节气、西方的节日，以及由我国国家法律规定的、能让人们庆祝和休息的节日，例如元旦节、情人节、端午节、儿童节、中秋节、国庆节等都属于大众消费日。二是新兴的节假日，即通过适当运作取得了良好的营销效果、人为创造出来的以消费为目的的节假日，典型的新兴节假日有“5·20”“6·18”“双11”“双12”等，部分新兴节假日甚至已经达到了传统节假日的效果。当商家开展促销活动时，将促销广告放置在商品详情页的最上方，可以快速吸引消费者的眼球，刺激他们的购物兴趣，并达到提高销售额的目的。

图4-32所示为两则天猫平台的商品促销广告。第一则促销广告抓住商品“大闸蟹”煮熟之后变“红”的特点，着重对商品颜色、味道进行展示，同时还说明了商品的购买方式和优惠条件，对商品的销售平台“天猫超市”进行了推广；第二则促销广告主要针对商品进行促销，文案侧重于对商品品质、价格进行描述，都是十分具有代表性的促销广告案例。

图4-32 | 商品促销广告文案

文案人员在写作促销广告文案时，要明确促销的商品、促销价格、促销时间、促销方式，将这些内容分别列出来后，通过与美工人员的通力合作，呈现出具有视觉冲击力的促销广告图，以激发消费者产生购物行为。

4.2.5 撰写商品宣传视频脚本

商品宣传视频可以更加直观、真实地展示商家需要宣传的内容，这个内容可以是商品信息的介绍，也可以是企业宣传、商品宣传广告。按照内容呈现方式的不同，详情页中的视频类型可以分为以下两种。

- **商品演示视频**｜商品演示视频主要是通过视频的方式全方位且立体地展示商品的功能、设计理念、制作工艺、操作方法等内容。视频能够将商品最具有特色的内容在最短时间内展示给消费者，让消费者对商品有一个清楚的认识，增加消费者对商品的信任感。
- **企业宣传视频**｜企业宣传视频主要是通过对企业历史、企业文化、企业形象、企业服务的展示，让消费者快速真实地了解企业的起步、发展和现今的状态，以及企业经营理念和商品信息，以彰显企业的强大实力，在消费者心中留下深刻的印象，进而达到树立企业形象、推广企业品牌、促进销售的目的。

不管选择哪种类型的视频形式，都需要先进行视频脚本的策划与写作，以方便工作人员拍摄与编辑视频，呈现出效果完美的商品视频内容。一般来说，视频拍摄人员在拍摄视频前，需要先根据视频拍摄脚本的内容来规划拍摄的进度及画面，然后根据画面内容进行分段拍摄，最后再对拍摄好的内容进行后期编辑，添加文字、声音和特效，以更好地表达出宣传视频的中心思想，完成商品宣传视频的制作。

因此，完整且有计划的商品宣传视频脚本是相当重要的，这要求文案人员对商品和视频拍摄相当熟悉，且具备较强的方案策划与文字写作能力。一般来说，视频拍摄脚本可以根据分镜内容来进行组合，文案人员要对每个分镜的画面、长度、配音、字幕、景别等内容进行策划，并写出具体的执行方案。现以一款男士西服为例策划并写作其宣传视频脚本，可参考表4-1所示的内容。

表4-1　男士西服宣传视频脚本

镜头	画面内容	长度	配音		字幕	景别	备注
			旁白	音乐			
分镜1	一双手轻轻拂过裁剪得体、面料舒适的定制西服，当手移出镜头后，在西服右侧显示品牌名称	8秒		轻音乐	因为专注，所以成就	特写	

续表

镜头	画面内容	长度	配音		字幕	景别	备注
			旁白	音乐			
分镜2	一位穿着考究的男士从街头信步走来，推开街角的西装店门，走进西装店内，看到技艺精湛的技师正在制衣	14秒				远景到近景	
分镜3	男士脱外套，由店内员工为其定身测量穿衣尺寸，并特写裁剪工具和面料，最后展示男士穿上西服的效果	25秒				中景到特写	抓取整理西服的细节
分镜4	男士穿着定制的西服与女友约会的场景，可选取就餐、散步等日常生活画面	15秒				中景	
分镜5	品牌介绍，以旁白和字幕为主	12秒	源自法国的优雅，为爱而生		品牌名+创建时间		

图4-33所示为根据脚本拍摄并剪辑后的视频成品，可看到其效果与文案内容对应，层次分明，主题突出。

图4-33｜根据脚本拍摄并编辑后的视频成品

专家指导

商品宣传视频一般放在商品说明性文案的开头，起总览与说明的作用，让消费者能对商品有一个基本的认知后再根据后文的介绍详细了解商品信息。

4.3 电商品牌文案写作

品牌文案是针对企业品牌文化写作的，用于树立企业形象、推广企业品牌、促进商品销售的一种文案。品牌文化其实是一种文化包装，是通过给品牌赋予深刻而丰富的文化内涵，建立鲜明的品牌定位，并充分利用各种高效的内外部传播途径使消费者对品牌在精神上高度认同，产生品牌信仰，最后形成强烈的品牌忠诚。品牌文化塑造是一种更深层次的营销方法，是以塑造文化氛围的方式提升自己的内涵进而吸引消费者的一种手段。

电商企业商品之间的竞争可以看作一种“硬”实力的比拼；而品牌文化就是一种附加价值，是“软”实力的体现。不管电商企业规模与名气大小，都应该拥有自己的品牌文化，这样才能通过品牌拥有更多忠诚的消费者，促进市场的稳定和扩大，增加自己的竞争力。可以这样说，随着社会经济与网络的不断发展，品牌文化之间的竞争将越来越明显，甚至发展为电商企业之间的主流竞争。

要写出具有影响力的、让消费者记忆深刻的品牌文案，文案人员首先要了解企业品牌文化的特征、功能与作用，然后在此基础上将文字与企业文化融合起来，写出既能体现企业精神，又能够打动消费者的文案内容。

4.3.1 电商品牌文化的特征、功能与作用

电商品牌文化也可以叫作网络品牌文化，它是一种网络市场品牌，是企业、个人或组织在网络上建立的优质产品或服务在人们心目中的形象。网络营销专家冯英健认为网络品牌可以有两个方面的含义：一是通过互联网手段建立起来的品牌；二是互联网会对线下已有品牌带来影响。虽然两者对品牌建设和推广的方式有所不同，但都是为了建设和提升企业的整体形象。

1. 电商品牌文化的特征

电子商务是基于互联网通信技术替代传统交易过程中的存储、传递、发布等环节，从而实现企业管理和服务活动全过程的在线交易。采用这种商务活动模式能够加快信息和物流的传递，降低成本、提高效率。电商品牌文化具有以下特征。

（1）信息含量大

与传统商业模式相比，电子商务模式有着更加广泛的受众群体，由于网络的虚拟性，受众的真实身份能被很好地隐藏，但会导致很多潜在消费或隐形消费的受众群体不能很好地被定位。因此，电子商务品牌文化的内涵包含的信息必须足够广泛，才能尽可能多地覆盖受众群体，增加品牌文化的受众范围。

（2）传播成本低

传统品牌文化一般只能通过报纸、新闻、广告和电视等媒体进行传播，而电子商务品牌文化基于网络平台，其受众既是信息的浏览者又是信息的发布者，因此网络商家可以自发在网络中传播品牌文化，这样不仅降低了品牌文化传播的成本，还能加深商家对品牌文化的理解。

（3）传播速度快、传播范围广

网络传播是一种数字化传播，其将一定的信息转化为数字，数字经过传播在操作平台上再还原为信息。网络几乎覆盖了全球，具有迅速、快捷和方便等特点。并且网络的传播具有即时刷新的特点，可以让受众随时随地接受消息，不受媒体传播时间的限制，这就使电子商务品牌文化的传播不受空间和时间的影响。

（4）受众主动性和独立性强

传统营销环境的生产厂家和企业通过巨额的广告投入控制大众媒体，以达到吸引受众注意力的目的。而在网络环境中，人们拥有了对信息的选择、接受和处理等活动的积极主动性，他们可以随时随地根据自己的需要进行网上消费，也可以任意选择自己心仪的商家或产品。消费者拥有比传统购物更加便捷和省时省力的购物方式，这也体现了网络购物的主动性和独立性。

（5）忠诚度不高

随着品牌营销竞争的日益升温，消费者在拥有更加广泛的选择范围时，不必约束于某一品牌，而可以随时抛弃某个品牌转向另一个品牌。消费者对品牌的忠诚度十分脆弱，因此品牌的推动极有可能为自己提高声望，使其从众多竞争者中脱颖而出。

2. 电商品牌文化的功能

品牌文化是一种看不见摸不着的精神动力，一旦形成，就会对品牌的经营管理产生巨大影响和能动作用。它不仅可以增强品牌的竞争力，还能激励企业员工的工作积极性，吸引更多的消费者成为品牌的追随者。京东是自营式电商企业，图4-34所示为京东商城的核心品牌观——以客户服务为中心，结合科技创新、打造值得信赖的企业。品牌文化有以下几种功能。

图4-34 | 京东商城的核心品牌观

（1）导向功能

品牌文化的导向功能体现在两个方面，一是企业内部，二是企业外部。

- **企业内部**｜品牌文化集中反映了员工的共同价值观，规定着企业追求的目标，因而具有强大的号召力，能够引导员工为实现企业目标而努力奋斗，使企业一如既往地健康发展。
- **企业外部**｜品牌文化所倡导的价值观、审美观和消费观，可以对消费者起到引导作用，把消费者引导到和自己的主张一致的轨道上来，从而提高消费者对品牌的追随度。

（2）凝聚功能

在企业内部，品牌文化是团队建设的精神力量，它可以从各个方面、各个层次把全体员工紧密地联系在一起，使他们为实现企业的目标和理想同心协力、奋力进取。在企业外部，品牌所代表的功能属性、利益认知、价值主张和审美特征会对认同它价值的广大消费者产生吸引力，使品牌像磁石一样吸引消费者，从而极大地提高消费者对品牌的忠诚度。同时，它还可能吸引其他品牌的使用者，使其成为该品牌的追随者。

（3）激励功能

优秀品牌文化的形成，可以促使企业内部形成一种良好的工作氛围，激发企业员工的责任心、荣誉感和进取心。对消费者而言，品牌的价值观、利益属性、情感属性等可以创造消费感知，丰富消费联想，激发他们的消费欲望，使他们产生购买动机。因此，品牌文化可以将精神财富转化为物质财富，为企业带来高额利润。

（4）约束功能

品牌文化中包含的规章制度和道德规范一方面要求企业在生产经营过程中通过这些规章制度对员工行为进行规范，另一方面，还能通过消费者的监督，保障商品的服务和质量。

（5）推动功能

品牌文化可以推动品牌经营的长期发展，使品牌在市场竞争中获得持续的竞争力；也可以帮助品牌克服经营过程中的各种危机，使品牌健康发展。但通过品牌文化提高品牌经营效果是一个积累过程，一般不会出现立竿见影的效果，因此需要持之以恒地进行品牌文化建设，才能获得良好的成效。

（6）协调功能

品牌文化并非是一成不变的，它可以根据企业的发展、社会经济的发展、消费者需求的变化等因素来进行调整，以适应社会的不断发展，满足消费者不断变化的需求，保证企业和社会之间不会出现裂痕和脱节（即使出现了也会很快弥合）。

3. 电商品牌文化的作用

品牌文化的建设不仅可以很好地树立企业的公众形象，为商品赋予鲜活的生命力和张力，还代表着企业交付给消费者的商品特征、利益和服务的一贯承诺，能够让企业的商品和服务与竞争对手产生较大的差异，让消费者感受到一种特殊的价值。

在目前网络市场的竞争中，如何通过网络品牌来巩固企业与消费者之间的关系，提升消费者对企业的商品、服务的忠诚度，已经关系到大部分企业的生存和发展。创建优秀的、响当当的品牌文化，已经成为企业提升品牌竞争力的重要策略。

在网店内页中，电商品牌文化主要体现在两个方面，一是商品标题中包含的品牌名称，二是商品详情信息中的品牌故事。在标题中添加品牌名称非常简单，一般在商品标题的开头直接写上品牌名称即可；而要写作品牌故事文案，则需要文案人员在熟悉品牌故事概念的基础上掌握其写作手法。简单来说，品牌故事可以向消费者传达企业的品牌理念、精神文化和商品来源等众多内容，它能赋予商品鲜活的生机与活力，能够带给消费者更加强烈的品牌认同感，对塑造品牌形象，传递品牌理念和精神文化有十分重要的作用。在商品详情页中添加商品品牌故事，可以提高消费者对商品的信任度，增加消费者对商品的购买信心，同时品牌故事的诠释和传播又可以拉近消费者与品牌之间的距离，增进消费者对品牌的感情和忠诚度。品牌故事一般位于商品详情页的后半部分，既可体现商品的高品质，又能打消消费者的顾虑，是文案人员撰写详情页文案时必不可少的一部分内容。本小节后面内容中的品牌文案都是针对品牌故事来进行讲解的。

4.3.2 品牌文案的写作流程

一个生动的品牌故事可以带给消费者深切的认同感，是引起消费者共鸣、传播企业文化、塑造品牌形象的重要方式。品牌故事遵循“理念故事化，故事理念化”的写作原则，是蕴含着一定理念、可以引发人们思考的真实故事，是可以放到企业生产经营、管理实践的背景中进行审视的。它是企业文化建设的情景故事，在叙述这个故事的同时，文案人员还可以在其中发表一些自己的观点和看法。撰写品牌文化故事的流程如下。

1. 收集与整理资料

要想写出生动的商品品牌故事，就必须对品牌和商品本身进行深入地探究与分析，了解品牌和商品的定位是什么，有什么样的文化内涵，需要表达什么样的诉求，品牌和商品面对的消费群体有哪些，竞争对手是谁。只有具备深厚的知识储备后，才能写出超越竞争对手的商品品牌故事。

2. 提炼确定主题

商品品牌主题是指目标品牌在品牌本体因素和环境因素的双重约束下，在品牌设计中对该品牌价值、内涵和预期形象做出的象征性约定，它来源于品牌历史、品牌资源、品牌个性、品牌价值观和品牌愿景，包括基本主题和辅助主题，通常透过品牌名称、标志、概念和广告等进行表达传递。

文案人员收集到了足够的信息后，就可以从这些信息中提炼出品牌所要表达的思想，以品牌为核心，通过对创造、巩固、扩展的故事化讲述，将与品牌相关的时代背景、文化内涵、社会变革或经营管理理念进行深度展示。

3. 撰写初稿

完成以上两项准备工作后，文案人员就可以开始着手准备品牌故事的写作了。在通过故事进行品牌介绍时，一定要将品牌理念和品牌的各种内在因素一一表达出来，让人们可以轻松地、完整地了解品牌的全部信息。同时还要注重故事情节的表现，故事可以是浪漫的、励志的，也可以是温馨的、感人的，但要想写出好的故事，就一定要有起伏的情节和丰富的人物感情，这样才能带动人们的情绪，给读者留下深刻的印象。

（1）品牌故事的撰写角度

品牌故事的写作角度并不单一，可以根据品牌需要呈现的效果来选择故事写作的角度，如从公司的角度、消费者的角度、商品的角度等，从不同的角度切入可以写出不一样的生动故事，一样可以达到震撼人心的效果。一般来说，品牌故事的撰写角度有3种：第一种是技术的发明或原材料的发现故事，如可口可乐配方的故事；第二种是品牌创建者的某段人生经历，如海尔集团首席执行官张瑞敏怒砸不合格冰箱的故事；第三种是品牌发展过程中所发生的典型故事，如肯德基销毁当天卖剩的汉堡的故事。

品牌理论创始人——杜纳·E·科耐普对品牌故事这样解释："品牌故事赋予品牌以生机，增加了人性化的感觉，也把品牌融入了消费者的生活……因为，人们都青睐真实，真实就是真品牌得以成功的秘籍。"因此，商品、感情、人是品牌故事中不可缺少的要素，只有将商品与人紧密联系在一起，融入真挚的情感，才能让故事变得饱满，吸引并感动消费者，最终达到品牌传播的效果。

（2）品牌故事所包含的内容

品牌故事需要包括5W1H，即人物、时间、地点、事件、原因和结果。文案人员必须了解品牌最想让消费者知道什么，这个故事要向消费者表达的内容是什么，如品牌创建者或领导者的某种精神和品质、先进的商品生产技术。一旦确定了故事的主题，就沿着这条主线进行讲述。例如，Biotherm（碧欧泉）品牌精神及特色，在于品牌名称中的"泉"字，以及所有商品外盒包装上的一弯水波形状，如图4-35所示。

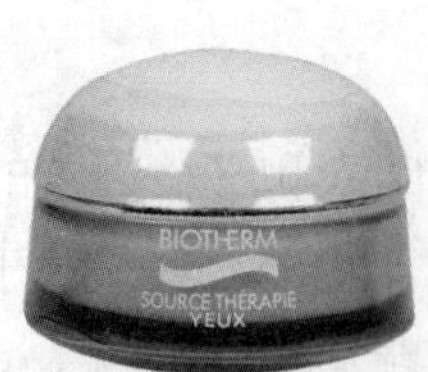

图4-35 | 碧欧泉品牌

碧欧泉的品牌发源于法国南部比利牛斯山区的矿泉，六十多年来，所有碧欧泉的商品都是以取自这座矿泉的活性萃取精华作为主要护肤成分的。图4-36所示为碧欧泉品牌故事，主要以其材质来源为主进行描述。

温泉传说
神奇温泉的故事

法国南部的比利牛斯山脉温泉，拥有一种神奇力量。据说，古罗马战士在战后都会到这里来休养疗伤；中世界的传说中，这里的泉水能将蟾蜍变成鸽子。

13世纪，一位加泰罗尼亚游吟诗人建议女性每年至少来这里泡一次温泉以保持肌肤的年轻；到了18世纪，关于比利牛斯山脉温泉对于护肤和健康的疗效已经广为流传，也促成了此地第一个温泉浴场的成立。

20世纪40年代，Julien医生真正发现了温泉的奥秘，这里的泉水表面会形成一种很奇妙的物质。Julien医生对此物质进行了分析，最终发现了它治疗肌肤的秘密——PTP矿泉活细胞因子。

50年代：当Jullien医生遇到Jeanine Marissal女士，碧欧泉品牌就此诞生。他们首次将PTP矿泉活细胞因子添加到护肤产品中，并申请了关于PTP矿泉活细胞因子物理手段稳定技术的专利。

“我们的想法和灵感从不源于实验室，而是来自我们产品的使用者和消费者。”
——Jeanine Marissal

图4-36丨碧欧泉的品牌故事

4. 斟酌、修改稿件

品牌故事的写作过程中，可能由于语言组织、逻辑不通等造成故事阅读不流畅，因此文案人员在写作过程中需要仔细斟酌用词，选择适合品牌主题且能够表达品牌理念的词语或通过优美的句子来进行阐述。写作完成后，还要对稿子进行通读和校对，修改稿件中的错误，保证故事中没有错别字、语法不通等问题。

另外，品牌故事还会根据企业的发展而发生变化，因此文案人员要根据企业发展的变化来进行写作，融合企业新的理念和商品特色。图4-37所示为碧欧泉不同时期的品牌文化介绍。

60年代：这是个属于美体的时代，碧欧泉推出首款防晒霜、首款纤体霜，还为女性创造了抗脂产品和紧肤产品。1967年，碧欧泉受到了比利时女性的欢迎；1969年，碧欧泉在加拿大掀起了一阵风潮。

70年代：碧欧泉加入了欧莱雅集团，同时，碧欧泉在摩纳哥建立了全新的研发和生产中心。摩纳哥王妃格蕾丝到场参观，这也是碧欧泉总部的发源地。

80年代：碧欧泉打破男士护肤禁忌，喊出了“呵护您的肌肤，彰显男性气质”的口号，推出了首款男士抗皱产品和首款男士防晒保湿露。

90年代：经过20年的研究，由Lucien Aubert领导的碧欧泉生物学家团队成功萃取了纯矿泉浮游生物最具活性的部分。1998年，碧欧泉推出了获奖无数的镇派活泉水分露，成就保湿经典。

21世纪：碧欧泉以简约时尚、清新自然、动感健康的形象来到中国。碧欧泉实验室与斯坦福大学共同发现PTP矿泉活细胞因子精粹在肌肤新生和抵御外界侵害方面的出色能力。

图4-37丨碧欧泉不同时期的品牌文化

5. 定稿

品牌故事的写作和审核完成后，稿件就不再修改。接下来就要在适当的时机进行品牌故事的传播，直到取得目标消费群的认同，在受众心目中留下深刻印象。

4.3.3 品牌文案的写作要素

故事是用语言艺术地反映生活、表达思想感情的一种叙事类文体。故事要么寓意深刻，要么人物典型或者情节感人、以小见大，总之就是要给受众留下深刻的印象，切忌情节平淡，没有可读性。故事一般包括背景、主题、细节、结果和点评5个要素，怎样通过文字将这些生动地描写并刻画出来，是写作品牌文化故事的关键。

1. 背景

故事背景是指要向读者交待故事发生的有关情况，包括发生了什么事情，什么时候发生的，有哪些主要人物，故事发生的原因是什么，即故事的时间、地点、人物、事情的起因。下面的一段文字便很好地介绍了故事的背景。

1789年，一位法国贵族患了肾结石，当他寻访名医到达阿尔卑斯山脉脚下时，由于长途跋涉十分口渴，便命令仆人去附近的农家取些水喝……

专家指导

背景的介绍并不需要面面俱到，只要说明故事的发生是否有什么特别的原因或条件即可。

2. 主题

主题是指故事内容的主体和核心，是作者对现实生活的认识、对某种理想的追求或某种现象的观点，通俗地说就是作者要表达或表现的内容。主题的表现往往决定作品价值的高低，它不像论文或文案那样明明白白地说出来，也不是作者把自己的观点和想法硬生生地贴上去，而是融合在人物形象、情节布局以及环境描写和高明的语言技巧中，需要靠读者整体把握、分析和挖掘出来。

主题可以通过以下5种途径来进行表述。

- **人物**｜人物是故事思想主题的重要承载者，人物形象的塑造可以很好地反映故事所要表达的主题思想，揭示某种思想或主张。
- **情节**｜情节在故事中起着穿针引线的作用，它可以将故事的开始、发展和结束串联起来，形成一个完整、鲜活的故事。情节的展开可以推动故事的发展，让故事层层深入吸引读者。
- **环境**｜通过社会环境或生活环境的描写来揭示或暗示某种思想，同时结合人物思想性格的背景描写，可以很好地描述故事所要表达的主题。

- **背景**｜背景的描写可以帮助读者更好地深入分析人物形象，把握故事主题。
- **抒情语句**｜故事一般不会直白地表达主题，有时会通过一些抒情性的语句来表现故事的主题。

比如我们熟知的德芙（DOVE）巧克力，它是“DO YOU LOVE ME”的英文缩写，图4-38所示为德芙巧克力的品牌故事，它表达的主题是一则凄美的爱情故事“你爱我吗”。

1919年的春天，卢森堡王室。后厨的帮厨——莱昂整天都在清理碗碟和盘子，双手裂开了好多口子，当他正在用盐水擦洗伤口时，一个女孩走了过来，对他说：“你好！很疼吧？”这个女孩就是后来影响莱昂一生的芭莎公主。两个年轻人就这样相遇。因为芭莎只是费利克斯王子的远房亲友，所以在王室里地位很低，稀罕的美食——冰淇淋，轮不到她品尝。

于是莱昂每天晚上悄悄溜进厨房，为芭莎做冰淇淋。芭莎教莱昂英语。情窦初开的甜蜜萦绕着两个年轻人。不过，在那个尊卑分明的保守年代，由于身份和处境的特殊，他们谁都没有说出心里的爱意，而是默默地将这份感情埋在心底……

20 世纪初，为了使卢森堡在整个欧洲的地位强大起来，卢森堡和比利时订立了盟约，为了巩固两国之间的关系，王室联姻是最好的办法，而被选中的人就是芭莎公主。一连几天，莱昂都看不到芭莎，他心急如焚。终于在一个月后，芭莎出现在餐桌上，然而她整个人看起来异常憔悴。

莱昂在准备甜点时，用热巧克力写了几个英文字母“DOVE”，是“DO YOU LOVE ME”的英文缩写。他相信芭莎一定猜得到他的心声，然而芭莎发了很久的呆，直到热巧克力融化。几天之后，芭莎出嫁了。

一年后，莱昂离开了王室后厨，带着心中的隐痛，悄然来到了美国的一家高级餐厅。这里的老板非常赏识他，把女儿许给了他。时光的流逝，平稳的事业，还有儿子的降生，都没能抚平莱昂心底深处的创伤。他的心事没有逃过妻子的眼睛，她伤心地离开了。莱昂此后一直单身带着儿子，经营着他的糖果店。

而正在此时，莱昂收到了一封来自卢森堡的信，信是一个同在御厨干活的伙伴写给他的，莱昂从信中得知，芭莎公主曾派人回国四处打听他的消息，希望他能够去探望她，但却得知他去了美国。由于受到第二次世界大战的影响，这封信送到莱昂的手里时，已经整整迟到了一年零三天。莱昂历经千辛万苦终于打听到芭莎的所在 。

芭莎和莱昂此时都已经老了，芭莎虚弱地躺在床上，曾经清波荡漾的眼睛变得灰蒙蒙。莱昂扑在她的床边，大颗大颗的眼泪滴落在她苍白的手背上。芭莎伸出手来轻轻地抚摸莱昂的头发，用微弱到听不清的声音叫着莱昂的名字。芭莎说，当时在卢森堡，她非常爱莱昂，以绝食拒绝联婚，被看守一个月，她深知自己绝不可能逃脱联婚的命运，何况莱昂从未说过爱她，更没有任何承诺。

在那个年代，她最终只能向命运妥协，离开卢森堡前她想喝一次下午茶，因为她想在那里与莱昂作最后的告别。她吃了他送给她的巧克力冰淇淋，却没有看到那些融化的字母。听到这里，莱昂泣不成声，过去的误解终于有了答案。但一切都来的太晚！三天以后，芭莎离开了人世。莱昂听佣人说，自从芭莎嫁过来之后，终日郁郁寡欢，导致疾病缠身，在得知他离开卢森堡并在美国结婚后，就一病不起。

莱昂无限悲凉，如果当年那冰淇淋上的热巧克力不融化，如果芭莎明白他的心声，那么她一定会改变主意与他私奔。如果那巧克力是固定的，那些字就永远不会融化，他就不会失去最后的机会。莱昂于是决定制造一种固体巧克力，使其可以保存更久。

经过苦心研制，香醇独特的德芙巧克力终于制成了，每一块巧克力上都被牢牢刻上 “DOVE”。莱昂以此来纪念他和芭莎那错过的爱情，它苦涩而甜蜜，悲伤而动人，如同德芙的味道。

图4-38｜德芙的品牌故事

3. 细节

细节描写就是抓住生活中细微而又具体的典型情节加以生动细致的描绘，它能够使故事情节更加生动、形象和真实。细节一般是作者精心设置和安排的，是不可随意取代的部分，恰到好处的细节描写能够起到烘托环境气氛、刻画人物性格和揭示主题的作用。

专家指导

常见的细节描写的方法有语言描写、动作描写、心理描写和肖像描写等，不管采用哪种方法都需要作者事先认真观察，选择具有代表性、概括性，能反映深刻主题的事物进行描写，这样才能突出故事的中心，给读者留下深刻的印象。

4. 结果

故事有起因当然就有结果，告诉读者故事的结果能够加深他们对故事的了解和体会，有利于故事在他们心中留下印象。

比如前文中德芙（DOVE）巧克力的品牌故事的结果是莱昂和芭莎在年老时终于见面，但由于芭莎疾病缠身，两人相聚不过三日便天各一方。为了纪念他们错过的爱情，莱昂研制了一种固体的、不易融化的香醇巧克力，并在每块巧克力上刻上“DOVE”。

5. 点评

文案人员可对故事所讲述的内容和反映的主题发表一定的看法和分析，以进一步揭示故事的意义和价值。当然，文案人员要尽量以故事内容来就事论事、有感而发，引起读者的共鸣和思考。

比如，德芙（DOVE）品牌故事的点评为：“当情人们送出德芙，就意味着送出了那轻声的爱情之问：‘DO YOU LOVE ME？’那也是创始人在提醒天下有情人，如果你爱他（她），请及时让他（她）知道，并深深地爱，不要放弃。”

4.3.4 品牌文案的写作技巧

完整的故事结构可以更好地进行故事叙述，但并不意味着这就是优秀的故事。要写好品牌文化故事，文案人员可以参考以下4个方面的写作技巧。

1. 选择复杂的语境

语境即语言环境。狭义的语言环境主要指语言活动所需的时间、场合、地点等因素，也包括前言后语和上下文，是语言活动的现场。广义的语言环境则是社会的性质和特点，如使用者的职业、性格、修养和习惯等。

在进行品牌文化故事写作的过程中，尽量不要使用单一的语言环境，而是要对故事的发生、发展进行多种可能性的描述，提高故事的复杂性和可读性。

如Dior（迪奥）的品牌故事第一段话描写道：“1946年，时装设计师Christian Dior先生在偶然的机会下巧遇商业大亨Marcel Boussac，两人一拍即合，于巴黎最优雅尊贵的蒙田大道Avenue Montaigne 30号正式创建第一家个人时装店，拥有85位员工并投入6000万法郎资金，全店装潢以Dior先生最爱的灰白两色与法国路易十六风格为主。”

2. 引发独特的思考

不同的事情可以引发不同的思考，同一件事不同的受众阅读产生的思考也不同。从一定意义上来说，故事能够带给人们怎样的思考也是决定其质量高低的一个方面。因此写作故事时要充分开拓自己的思路，思考这个故事能带给受众怎样的思考体验，例如褚橙创始人褚时健的创业故事就告诉人们逆境也要不放弃奋斗的人生精神，十分励志。

3. 揭示人物心理

人物的行为是故事的表面现象，人物的心理则是故事发展的内在依据。对人物的心理进行描写就是对人物内心的思想活动进行描写，以反映人物的内心世界，揭露人物欢乐、悲伤、矛盾、忧虑或希望的情绪，从而更好地刻画人物性格。

可供人物心理描写的方法有很多，其目的都是为了表现人物丰富而复杂的思想感情，让故事更加生动形象和真实，且能够表达出自己的看法和感受。

人物心理描写手法

4. 增强可读性

可读性是指故事内容吸引人的程度，以及故事所具有的阅读和欣赏价值。特别是在当今的互联网“快餐时代”，如何将品牌文化故事写得生动有趣，引起受众的共鸣是大部分品牌都在思考的问题。提升品牌故事的可读性可从以下3点进行考虑。

- **故事的新颖度**｜新颖的品牌故事能够让人眼前一亮，给人一种醒目的感觉。品牌故事不落俗套、充满创意，不仅能让文章在众多同类型的文章中脱颖而出，还能加深受众对品牌的印象。
- **情感的丰富性**｜故事是否丰满，人物形象是否立体，矛盾是否激烈，情感叙述是否能够深入人心，引起读者的共鸣，是文章能否打动读者的关键。
- **语言叙述得体**｜品牌故事的语言不能使用太专业或技术性太强的词汇，而应该尽量简单、通俗易懂，让读者能够快速明白故事所讲述的内容。

4.4 本章实训

为了帮助读者进一步掌握商品详情文案的写作方法，下面以一款沙发商品为例展开标题和详情文案的写作实训。

4.4.1 撰写沙发商品标题文案

一家销售家具的店铺要上架一款布艺沙发，该沙发是针对小户型的双人沙发，请通过获取热门搜索关键词的方法，结合商家沙发的特点组合至少3则标题，并测试标题的优劣。

1. 实训要求

①通过数据分析工具选取具有搜索价值的关键词。

②掌握商品标题的拟定模板和属性组成部分。

③掌握商品标题的测试和优化方法。

2. 实训准备

在撰写沙发商品标题前需要先了解商品的基本信息，包括商品的目标消费群体、商品特点、商品属性等内容，图4-39所示为该商品外观和基本信息。

品牌名称：[illegible]

产品参数：

产地：广东省	地市：佛山市	区县：顺德区
出租车是否可运输：否	包装体积：0.4立方米	品牌：[illegible]
型号：QYSF115	填充物硬度：软	安装说明详情：提供安装说明书
是否可预售：否	是否组装：组装	款式定位：经济型
毛重：25	设计元素：原木	颜色分类：浅灰色 复古蓝 粉红色 草绿色 蓝色 橙色 浅棕色
几人坐：单人位0.72米 双人位1.20米 大双位1.36米 小三位1.52米 三人位 1.72米	面料饰面工艺：其他	图案：其他
是否可定制：是	附加功能：其他	是否带储物空间：否
沙发组合形式：其他	是否可拆洗：否	填充物：海绵
面料：复合面料	材质：木	木质材质：柳桉木
结构工艺：其他	风格：简约现代	适用对象：成人

图4-39 | 商品外观和基本信息

3. 实训步骤

①通过数据分析工具选取与商品有关的关键词。在淘宝生意参谋的“流量”→“选词助手”中以“布艺沙发”作为行业相关关键词进行搜索，结果如图4-40所示。

行业相关搜索词　日期　2018-07-25~2018-07-31　指标　下载

搜索词	全网搜索热度	全网搜索热度变化	全网点击率	全网商品数	直通车平均点击单价	操作
沙发	2,860,213	↑0.45%	110.63%	4,469,971	2.41	收藏
沙发垫	1,662,381	↓0.83%	121.36%	1,858,555	2.06	收藏
懒人沙发	1,196,658	↑1.78%	110.15%	257,308	1.41	收藏
沙发床	716,124	↓0.55%	114.64%	1,167,128	2.19	收藏
沙发套	673,361	↑0.58%	125.16%	1,298,940	1.61	收藏

图4-40 | 搜索关键词

②下载关键词并分析关键词数据，筛选其中可用的有效关键词，如图4-41所示。

	A	B	C	D	E	F	G	H	I
3	关键词：布艺沙发								
4	统计日期	关键词	全网搜索热度	搜索热度变化	全网搜索人气	搜索人气变化	商城点击占比	全网点击率	全网商品数
5	018-07-25 ~ 2018-07-3	沙发	2860213	0.45%	534280	2.38%	39.60%	110.63%	4469971
6	018-07-25 ~ 2018-07-3	懒人沙发	1196658	1.78%	260220	33.19%	35.18%	110.15%	257308
7	018-07-25 ~ 2018-07-3	沙发垫	1662381	-0.83%	257896	-19.99%	65.17%	121.36%	1858555
8	018-07-25 ~ 2018-07-3	沙发床	716124	-0.55%	112382	-30.66%	25.04%	114.64%	1167128
9	018-07-25 ~ 2018-07-3	沙发套	673361	0.58%	110767	22.92%	47.51%	125.16%	1298940
10	018-07-25 ~ 2018-07-3	布艺沙发	653395	1.56%	92691	21.07%	27.28%	140.24%	1060642
11	018-07-25 ~ 2018-07-3	单人沙发	330959	-0.34%	59969	-14.07%	27.57%	111.69%	446998
12	018-07-25 ~ 2018-07-3	北欧沙发	290260	-0.80%	45466	-29.45%	40.57%	137.62%	405909
13	018-07-25 ~ 2018-07-3	小沙发	193217	1.06%	44036	35.50%	26.91%	95.44%	728932
14	018-07-25 ~ 2018-07-3	欧式沙发	259688	-0.17%	39702	-10.91%	45.70%	122.39%	762324
15	018-07-25 ~ 2018-07-3	卧室小沙发	146956	-0.57%	37033	-10.23%	25.44%	98.32%	102881
16	018-07-25 ~ 2018-07-3	充气沙发	150107	-2.96%	34223	-37.25%	29.63%	106.95%	57446
17	018-07-25 ~ 2018-07-3	美式沙发	216287	-0.53%	30154	-27.14%	51.89%	140.39%	336455
18	018-07-25 ~ 2018-07-3	沙发巾	191448	0.55%	29395	7.42%	42.25%	135.79%	486273
19	018-07-25 ~ 2018-07-3	小户型沙发	176448	-0.03%	28514	-7.60%	35.85%	128.26%	313403
20	018-07-25 ~ 2018-07-3	沙发罩	141374	0.38%	23568	27.53%	44.07%	132.62%	496515
21	018-07-25 ~ 2018-07-3	办公沙发	155865	0.50%	20875	93.61%	12.44%	106.67%	638807
22	018-07-25 ~ 2018-07-3	客厅沙发	108762	1.20%	18543	66.69%	43.22%	110.71%	1496318
23	018-07-25 ~ 2018-07-3	双人沙发	115457	-0.81%	17760	-5.91%	25.57%	117.02%	294456
24	018-07-25 ~ 2018-07-3	折叠沙发	94709	-0.37%	16960	-3.42%	24.91%	112.10%	226043
25	018-07-25 ~ 2018-07-3	宜家沙发	62245	0.45%	13916	9.89%	6.83%	124.41%	26903
26	018-07-25 ~ 2018-07-3	布艺	33270	-0.11%	12997	-4.05%	33.23%	103.78%	3767384
27	018-07-25 ~ 2018-07-3	办公室沙发	76017	0.84%	11688	33.08%	12.59%	100.33%	416470
28	018-07-25 ~ 2018-07-3	布艺沙发组合	57497	4.16%	10164	721.00%	44.04%	126.72%	286921
29	018-07-25 ~ 2018-07-3	北欧布艺沙发	58572	-1.16%	8559	-8.50%	37.49%	138.27%	133242
30	018-07-25 ~ 2018-07-3	卧室沙发	38624	1.14%	8051	1.80%	32.43%	107.58%	624152
31	018-07-25 ~ 2018-07-3	三人沙发	44332	0.04%	7899	26.63%	34.89%	113.57%	348757
32	018-07-25 ~ 2018-07-3	服装店沙发	47915	0.32%	7073	59.77%	5.03%	115.22%	69158
33	018-07-25 ~ 2018-07-3	迷你沙发	32559	0.80%	6468	31.54%	21.69%	101.58%	84524
34	018-07-25 ~ 2018-07-3	二手沙发	31326	1.12%	6372	32.83%	1.48%	73.08%	58
35	018-07-25 ~ 2018-07-3	日式沙发	26880	-1.66%	6146	-16.83%	43.45%	123.35%	60202
36	018-07-25 ~ 2018-07-3	出租房沙发	28644	-0.10%	5492	0.31%	17.29%	116.05%	19790
37	018-07-25 ~ 2018-07-3	欧式布艺沙发	28288	1.89%	4778	-19.32%	37.06%	157.40%	266265
38	018-07-25 ~ 2018-07-3	小型沙发	23288	0.70%	4615	29.34%	24.15%	102.59%	2279
39	018-07-25 ~ 2018-07-3	创意沙发	22970	1.24%	4351	47.99%	30.78%	97.47%	333171
40	018-07-25 ~ 2018-07-3	休闲沙发	18702	-0.05%	3849	16.39%	24.42%	91.57%	192387
41	018-07-25 ~ 2018-07-3	沙发 经济型	16373	5.67%	3348	-363.62%	31.01%	137.57%	3842
42	018-07-25 ~ 2018-07-3	单个沙发	9578	0.09%	2197	12.78%	29.40%	68.46%	41263
43	018-07-25 ~ 2018-07-3	时尚沙发	3949	0.89%	682	43.58%	33.79%	92.25%	159301
44	018-07-25 ~ 2018-07-3	双人布艺沙发	4258	2.80%	520	-143.05%	25.07%	80.95%	93405
45	018-07-25 ~ 2018-07-3	美式沙发 布艺	814	24.09%	269	263.51%	59.91%	156.27%	95256
46	018-07-25 ~ 2018-07-3	沙发 组合	836	1.95%	147	-377.36%	29.02%	157.06%	714449
47	018-07-25 ~ 2018-07-3	客厅沙发 整装	664	-5.55%	110	-53.78%	35.87%	104.97%	80117

无线端　pc端

图4-41 | 下载并筛选可用关键词

③结合商品属性和筛选出的数据得到最终的关键词，如“布艺沙发”“双人沙发”“经济型”“卧室沙发”“阳台沙发”“小沙发”“简约沙发”等。

④对这些关键词进行组合，先确定主要关键词“布艺沙发”，然后去掉重复的词语并套用商品标题的常用模板进行组合，最终得到商品标题。

- 布艺沙发小户型双人两人沙发出租房经济型现代简约阳台卧室小沙发
- 小户型双人布艺沙发现代经济型两人小沙发双人阳台懒人沙发
- 双人沙发小户型1.2米两人位现代简约经济型简易迷你布艺小沙发

4.4.2 撰写沙发商品详情页文案

完成沙发商品的标题写作后继续进行商品详情页文案的策划与写作，要求详情页文案按照文中讲解的“激发消费者兴趣→展示商品卖点→展示商品品质→打消消费者疑虑→营造购物紧迫感”的思路来搭建详情页的框架，并贴合目标消费群体追求生活品质的特点。

1. 实训要求

①掌握商品详情页的构成和逻辑顺序。

②掌握商品详情页文案的策划与写作原则。

③掌握挖掘商品特点与卖点的方法。

④掌握商品品牌故事文案的写作技巧。

2. 实训准备

在写作商品详情页文案前，文案人员需要按照商品详情页的框架确定好沙发商品详情页的主要内容，主要包括商品详情视频、促销宣传海报广告、商品情景展示、商品实拍、商品卖点、商品说明型文案（商品细节、商品尺寸等）、包装图示、品质保障、免责说明等内容。然后按照该思路选择与目标用户群体需求相贴合的文案风格进行写作，才能在紧贴店铺定位的同时不断强调自己的优势与特色，打动消费者，促使他们继续浏览详情页内容并产生购物行为。

3. 实训步骤

①策划并写作商品视频脚本。为了帮助消费者直观地了解商品信息，要在商品详情信息的最上方放置商品视频，为此需要策划并写作商品详情视频脚本。可分为3个部分来写作并实现，如表4-2所示。

表4-2　沙发商品详情视频脚本

镜头	画面内容	长度	配音		字幕	景别	备注
			旁白	音乐			
分镜1：沙发使用场景展示	拍摄模特使用沙发的日常场景，如坐在沙发上看书、吃零食、听音乐等	20秒		轻音乐	无	中景	
分镜2：沙发细节展示	特写沙发的面料、弹性、做工	20秒		轻音乐	优质舒适面料、舒适座包、高密度海绵	中景到特写	拍摄模特站在沙发上跳起并落回沙发上的画面，给沙发弹性特写
分镜3：沙发安装展示	拍摄安装沙发的过程	20秒		轻音乐	简易安装	中景到特写	

图4-42所示为按照该脚本拍摄并制作的商品详情视频的部分画面。

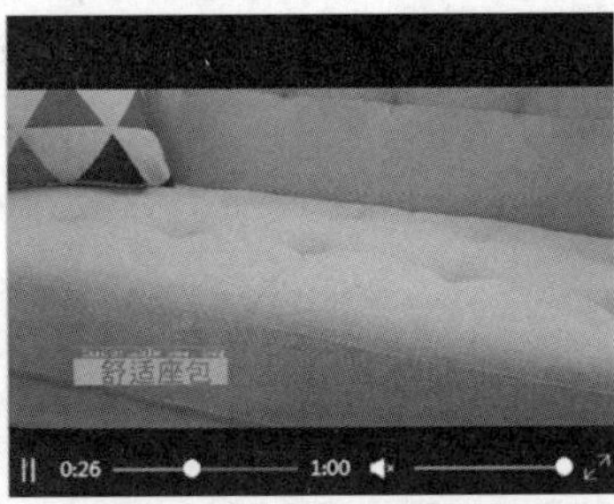

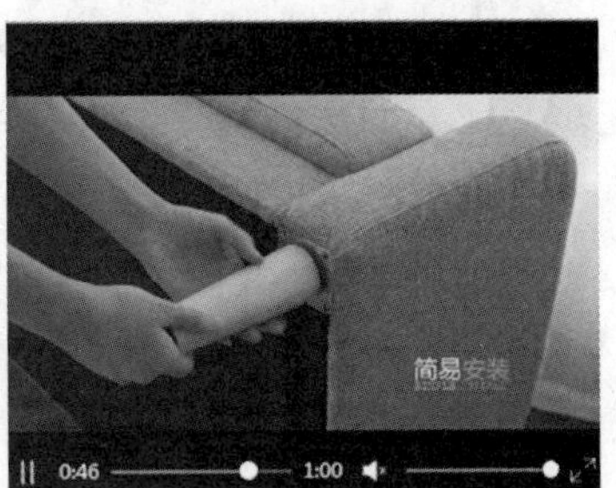

图4-42 | 商品详情视频展示

②策划并写作商品促销宣传文案。为了快速吸引消费者眼球，在商品详情视频的下方先展示商品促销宣传内容，如图4-43所示。

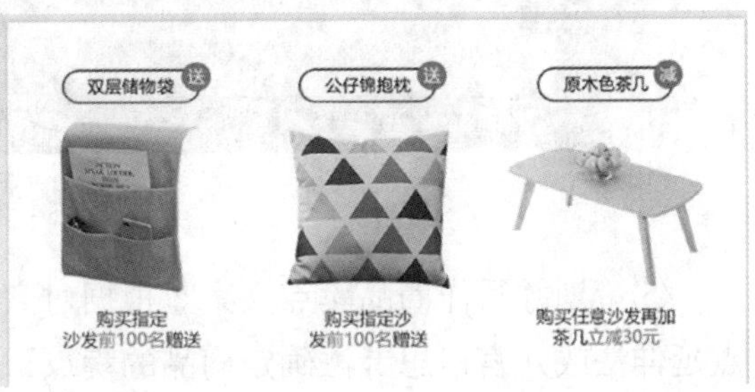

图4-43 | 商品促销宣传内容

③策划并写作商品情景展示文案。通过沙发商品图片搭配简单的尺寸与文案描述体现不同规格商品的特点，如图4-44所示。

图4-44 | 商品情景展示文案

④策划并写作商品实拍文案。在贴合目标消费群体追求生活品质的需求基础上确定文

案写作风格，通过“造型美观”“舒适度”等关键词，搭配上轻松、舒适的行文风格让消费者感受到放松与享受，如图4-45所示。

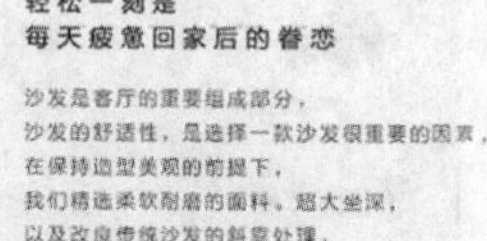

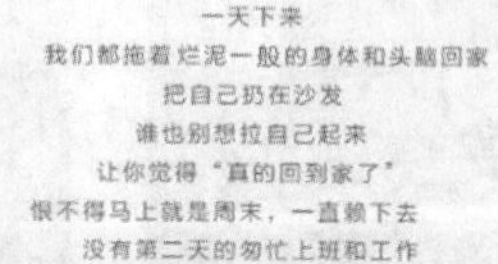

图4-45 | 商品实拍文案

⑤策划并写作商品卖点文案。根据对商品基本信息的充分了解，通过FAB法、型录要点延伸法或九宫格思考法确定商品的卖点，如使用FAB法分析该商品的卖点可从以下几个角度入手。

- **F** | 商品有什么特点，特色是什么？
- **A** | 商品的特点、特色所呈现出来的作用是怎么样的？
- **B** | 具体能给消费者带来什么利益？

最终得到商品的卖点主要有3点“耐用不宜塌陷”“透气性强”“回弹性好”，再对这些卖点展开文案策划与写作，如图4-46所示。

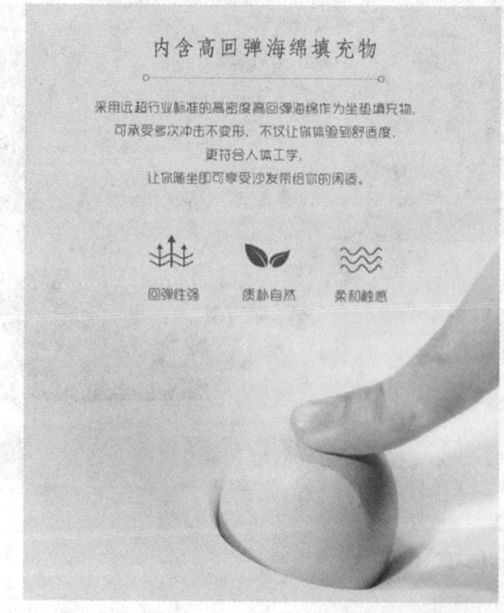

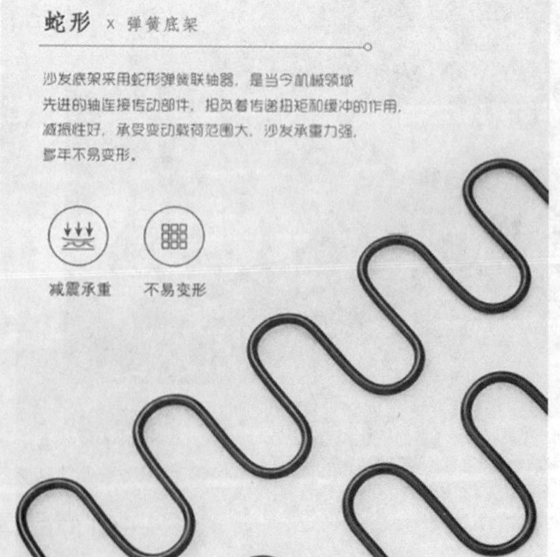

图4-46 | 商品卖点文案

⑥策划并写作商品说明性文案。商品功能、材质、细节、尺寸等主要说明性文案可通过5W1H法来进行剖析并搭配场景图片进行策划和写作，如图4-47所示。

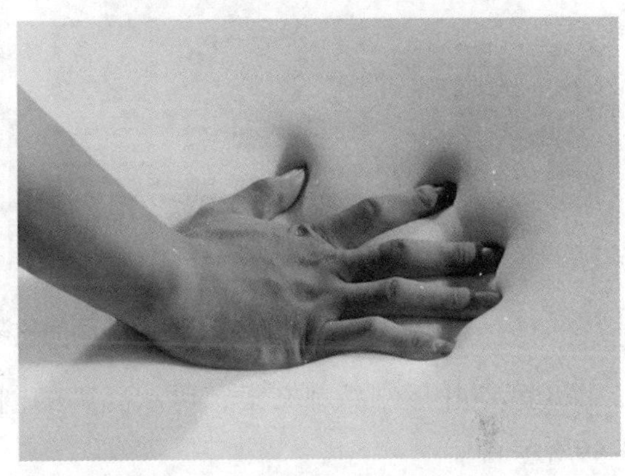

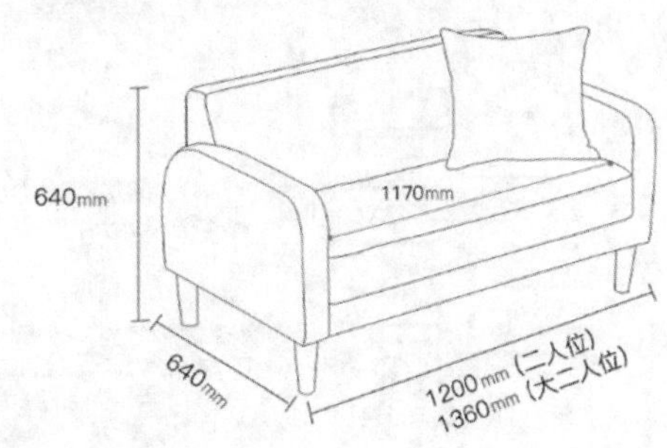

图4-47 | 写作商品说明型文案

⑦策划并写作商品包装、品质保障文案，如图4-48所示。

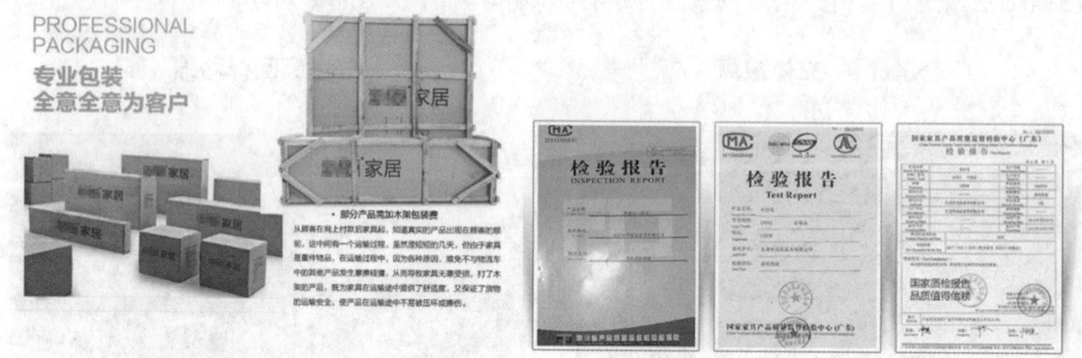

图4-48 | 商品包装、品质保障文案

⑧策划并写作品牌文案，可从品牌的创建时间、商品品质、设计理念等入手，如图4-49所示。

图4-49 | 商品品牌文案

⑨策划并写作免责说明文案，主要包括物流、色差、运费、签收、售后、退换货和其他问题的说明，如图4-50所示。

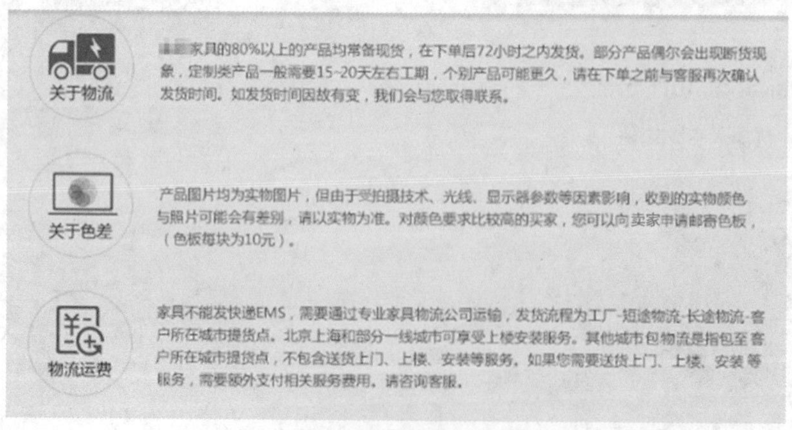

图4-50 | 免责说明文案

如您选择物流点自提：产品运输至当地物流公司后会电话联系您，请**带上您的身份证件**到提货点提货，我们的产品均经过严格质检包装后发出。如果正常签收后，才发现产品有问题，我们仍然会为您解决，但物流不予负责，会增加我们为您处理问题的难度与成本。为更好地保障您的权益请您提货签收前仔细验货检查，如有您发现件数不对或者运输过程中有产品磨损刮蹭、损坏，请予以拒签并及时联系我们，我们会及时与物流公司沟通，为您解决问题。

家具拥有专业的售后团队，如您在收货时候或者安装使用过程中遇到问题，请随时联系我们，我们将为您提供贴心的服务指导；如果收到货后发现质量问题（非人为，无使用）需退货，请您保留好原包装，经确认我们无条件接受退换货，并负责相关费用。

1.如果产品本身存在质量问题，免费退换货，我们承担客户所在地到物流站到上海之间往返运费
2.如果没有质量问题，常规备货产品，退换货需要保证产品未经使用，不影响二次销售包装齐全（没有包装的可以付费我们，我们提供包装）并且承担来回运费，90之内可以退换货。
3.因无现货需生产定做产品退换货，将给双方带来很大的损失，严格意义上不接受退换货，特殊情况，需要收取20%违约金，来回运费客户自行承担，15天可以退换。
4.产品无质量问题，超过90天不接受退换货。

价格 ~~¥4700.00-11175.00~~
促销价 ¥1880.00~4470.00

以做左图为例，价格 ~~¥4700.00-11175.00~~ 为宝贝线下实体店销售价格，并非原价，促销价 ¥1880.00~4470.00 为限时促销价。以上适用于店内各款宝贝价格。

1.由于测量工具以及方式等因素的不同，家居产品尺寸会存在一个误差值，行业规定家具误差值在±3cm属于正常范围，具体以实物为准。
2.家具是大件产品，部分产品为整装运输，部分产品需要拆装运输。拆装运输的产品，收货后需要自己简单安装，我们产品页面一般配有安装图，如果在安装过程中有任何问题都可以与我们联系。具体请咨询在线客服。

图4-50 | 免责说明文案（续）

第5章

网络推广文案策划与写作

学习目标

| 掌握微博推广文案的写作方法

| 掌握微信推广文案的写作方法

| 掌握资讯类网站推广文案的写作方法

| 掌握社群推广文案的写作方法

引导案例

路虎是非常有名的越野车品牌，其品牌文化倡导纯正、胆识、探险、超凡，经过70年的发展，现已成为汽车市场中不可撼动的SUV领导者。路虎在中国汽车市场中的成熟度和品牌认知度一直处于不断上升的态势，这不仅取决于其精准的市场定位、贴合品牌的文案，还受益于其在各种网络平台上的推广。以路虎70周年推广文案为例，路虎在微博中发布了宣传其品牌文化的各种文案，并以#路虎70周年# #路虎70年，70个传奇故事#等话题增加文案的热度，图5-1所示为部分节选内容。

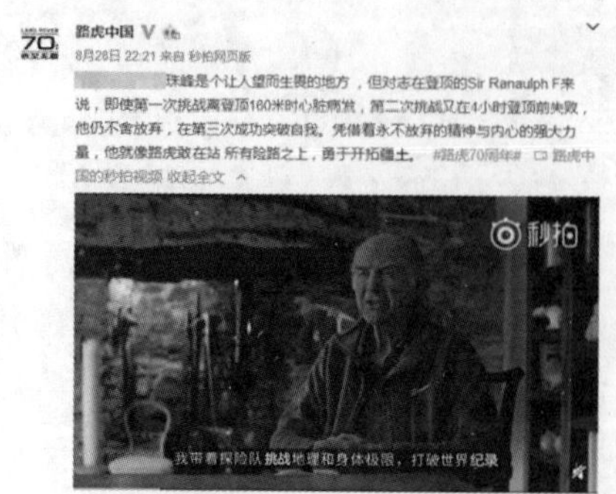

图5-1｜宣扬路虎品牌文化的文案

从图5-1中可以看出，路虎的文案内容紧贴品牌定位，向消费者传递出路虎所宣扬的探索精神、胆识等。除此之外，为了更好地与消费者互动，路虎在一开始就以“路虎70周年，7重礼遇”为关键字创作了一系列文案，通过rap这种诙谐有趣的方式在博消费者一乐的同时，将主题植入消费者心中，并吸引他们点击文案中的超链接进入路虎官网，如图5-2所示。

图5-2 | “路虎70周年，7重礼遇”文案

除了微博平台外，路虎还通过在文案图片中添加二维码，号召消费者扫描图片中的二维码跳转到微信页面中开启7重礼遇来增加微信平台的活跃度，如图5-3所示。

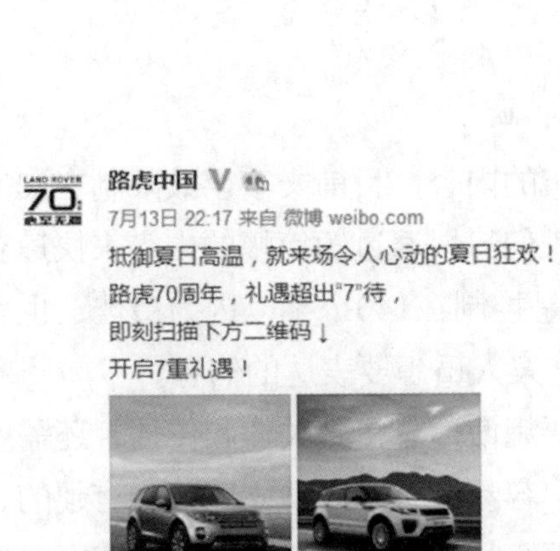

图5-3 | 与微信平台的联合推广

在全方位、多种文案的宣传下，路虎借70周年的契机再次宣传了自己的品牌文化，进一步巩固了其在消费者心中的品牌形象。并且通过“7重礼遇”刺激更多消费者产生消费行为。在电子商务时代，文案人员不仅要写作商品文案，还要写作宣传推广文案，本章将

选择目前较为流行的网络推广平台——微博、微信、社群和其他资讯类网站为例进行介绍，帮助文案人员掌握推广文案的具体写作方法。

5.1 微博推广文案写作

微博（Weibo）是微型博客（MicroBlog）的简称，是一个基于社交关系进行简短信息的获取、分享与传播的广播式社交网络平台，属于博客的一种。目前的主流微博平台是新浪微博，它作为当今最受欢迎的社交平台之一，在线注册的用户类型非常广泛，包括个人微博用户、企业微博用户、政务微博用户、组织机构微博用户和临时微博用户等。不管哪种类型的微博，微博主都可以通过写作文案来进行营销推广。微博文案注重价值的传递、内容的互动、系统的布局和准确的定位，其文案类型根据微博的不同表现形式主要分为短微博、长文章和话题。文案人员要熟悉每种微博文案类型的写作和推广方法，以吸引更多的用户成为消费者。

专家指导

临时微博是指为某个活动、重要事件、电影宣传等特意开设的，临时发挥阶段性作用的时效性微博，它一般不会持续运营，但带来的宣传推广效果却不容小觑。

5.1.1 短微博推广文案写作

短微博是指可以直接在微博首页文字输入框中发布的内容，目前文字字数限制在2000字以内，但微博是一个快资讯、形式多样化的平台，人们习惯通过短篇幅的内容来快速获取自己需要的信息。因此，建议短微博的文案内容还是控制在140个字以内为最佳，也可以为文字内容搭配图片或视频进行补充，以完整传递文案人员想要表达的信息。

短微博文案并没有严格的内容和形式要求，但是要想使信息得到关注和传播，还需要有针对性地设计。一般来说，有价值的、发人深省的、容易让人产生认同感的、有趣的、有名的、有创意的、真实的内容更受用户的欢迎，也更容易获得评论和转发。微博同时还是一个实时资讯平台，文案人员需要在满足用户需求的前提下，结合潮流来写作文案。微博短文案的内容常包含以下几种形式。

1. 故事

不同寻常和不可思议的事情往往能够引发人们的好奇心，特别是故事这种真实、新鲜、又有话题性的内容，非常具有可读性，能够快速吸引读者的注意力。文案人员可以通过将需要营销的商品包装成吸引人眼球的故事，采用对话、描写和场景设置等方式，在展现事件情节和细节的同时，凸显事件隐含的目标来推广商品。采用这种方法来写作短微博文案时需要注意以下3点。

（1）可读性

采用故事的写作手法能够更好地传播消息，让人们快速查看到已发布的消息，并极大地丰富消息的背景，增加人们谈论的资本。采用这种方法要特别注意语言，尽量采用积极、主动并具有闪光点的语言来进行描述，这样才能让读者在环环相扣的故事讲述过程中产生新鲜感与好奇感，增加文章的趣味性与可读性。

（2）亲近性

几乎所有的用户都不喜欢直接、宣传味太足的广告，因此文案人员要尽量通过较为日常与生活化的方式来进行描述，增加文案的生活气息，让人们有一种身临其境的感觉，减少与用户之间的距离。

（3）叙述角度

故事的主体是人，因此要从人的角度来进行写作，可以从人的性格、生存环境等角度出发，抓住人物有特色的细节、语言特征，以人物细节为突破口，这样才能达到意想不到的效果，使描写具有感染力。

如瑞星杀毒软件的一则非常经典的短微博故事文案，其文案内容如下。

老公刚到家，突然听到有男人打呼噜的声音，老公在门外犹豫了5分钟，默默离开，给老婆发了条短信：“离婚吧！！！”然后扔掉手机卡，远走他乡……

三年后，他们在另一个城市偶然相遇，妻子流泪：“当年为何不辞而别？”老公简述了当时的情况。妻子转身离去，淡淡地说：“那是瑞星杀毒软件……”

这则文案通过简短的文字描述构造了一个情景，再以一种意想不到的结尾来引起用户的兴趣，让人在捧腹大笑的同时也记住了商品，这条微博也获得了大量网友的转发与评论。如果采用一般的商品特点描述手法来写作，如“瑞星杀毒软件拥有6项核心技术，8大绝技应用特性，最具实用价值和安全保障的防护网……”则会让效果大打折扣。

故事可以营造一种非常生活化的情景，让用户更有代入感，从而让用户更容易接受文案人员所传递的信息。文案人员在采用故事写作手法时，还可以从我们熟悉的人物或故事情节入手展开故事内容，通过用户熟悉的角色来引起他们的好奇和回忆，以加深用户对文案的印象。如“#好想你红枣微故事#”的故事文案，就从人们耳熟能详的神雕侠侣人物入手，将品牌融入故事中，既有趣又有创意，可读性强。

绝情谷底，杨过道：“龙儿，十六年来，你如何过活?”小龙女道：“我每天在枣树下捡枣子吃，吃不完的晒成干枣，无聊时在枣核上刻‘好想你’三字，绑到玉蜂身上，天可怜见，终于让过儿看到了。”杨过道：“原来这枣子是我们重逢的大恩人，就取名为‘好想你红枣’吧。”

专家指导

这种方法要尽量采用积极、主动并具有闪光点的语言来进行描述，让用户在环环相扣的故事讲述过程中产生新鲜感与好奇感，增加文章的可读性与趣味性。

2. 借势

借势是指通过顺势、造势、借势等方法来提高企业或商品的知名度、美誉度，树立良好的品牌形象，并最终促成商品或服务销售的营销策略。“势”本身就是微博用户关注的焦点，所以文案人员可以通过借势的方法来编写微博文案，凭借“势”的高关注度来进行商品或服务的宣传，以快速获得用户的关注。

借势是微博营销中非常重要的一种方法，文案人员要在借势的过程中把握好最佳的借势时机，通过将营销的目的以文案的形式隐藏在借助的“势”中来潜移默化地引导市场消费。一次成功的借势营销可以让企业花费最少的人力、物力成本，成功将商品或品牌推进目标用户的视野，甚至达到裂变式的病毒传播效果。

“势”的范围比较广泛，其素材可以是网络流行事物、娱乐新闻、社会事件等，也可以是文化、节日等。通常来说，借势要快速引发热度和关注，借势名人或借势热门事件是最简单的途径。借势名人是指利用广受用户关注的名人达成引人注意、强化事物、扩大影响的效应，名人如明星、政要、企业高管、网络红人，以及各行业、各领域的能人等。社会上一些关注度比较高、讨论度比较高的事件也是营销的天然素材，借势热门事件是很多品牌的常用营销手段，几乎每一次社会热门事件都能引起各大企业的营销热潮，越有创意的借势，越能为品牌带来不俗的营销效果。

比如2018年世界杯期间，各大品牌就借用世界杯实时热点开展了一系列的借势营销，文案各有特色。图5-4所示为五芳斋的借势文案，通过引用去年世界杯决赛“1:0”的比分，以文字“一粒，非常重要”一语双关，其中比分“1:0”还将“1”以糯米进行延伸，让用户在看到文案时即联想到五芳斋的商品原材料，同时还与其品牌“一粒米也得之不易”的主张呼应。图5-5所示为王老吉的借势文案“多一点伙伴 少一点‘火’伴”，通过世界杯球赛的火热将“火”与自身商品的特点联系起来，既指世界杯赛事火热、球迷情绪激动容易上火，又暗示喝王老吉来降火，保持情绪的稳定。

专家指导

借势时，要注意借势热点的时效性和文案的措辞，不能使用生硬、低俗的话语进行牵强的关联，一定要保证与话题之间的自然与协调，否则会引起用户的反感。

图5-4｜五芳斋世界杯借势文案

图5-5｜王老吉世界杯借势文案

文案人员写作借势文案的关键有以下3点。

（1）把握时机

找准营销内容与借势事件的关联点，快速以此切入商品或品牌进行关联营销。要将事件的核心点、商品或品牌诉求点、用户关注点三者结合起来，让借助的“势”与商品或品牌所倡导的价值导向和文化相融合，得到用户的认可，才能引发用户的自主传播行为，为营销信息的广泛传播提供基础。图5-6所示分别为抖音、优酷、虾米将自身品牌文化与世界杯结合的案例，其文案用语通俗易懂，暗含了品牌自身与借势对象，让用户一眼就能清楚地明白品牌的诉求点，激发用户对信息进行传播。

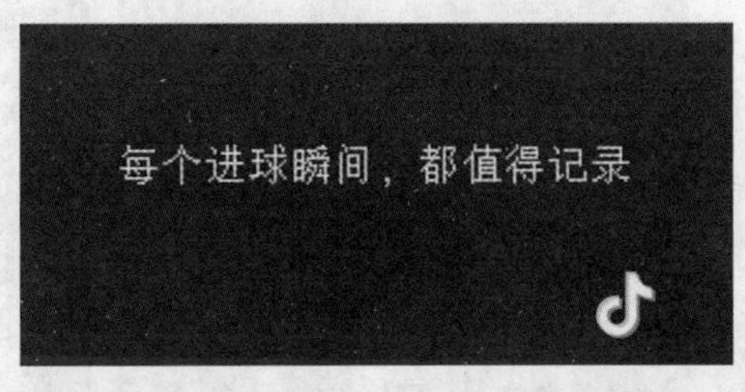

图5-6｜抖音、优酷、虾米的借势文案

（2）打破用户心理防线

此类文案即让用户的心理需求与认知和借势内容产生共鸣，给用户一个产生购买行为的理由，触发其购买产生直接利润。借势营销的一大优势就是人力、物力成本低廉，通过低成本的营销方式来引导用户自发、自主、自愿产生购买行为，能够快速提升商品的整体销量，并提高企业品牌的形象。

图5-7所示为商品荣耀 Play的世界杯借势文案，该商品是一款主打游戏体验的手机，手机性能主推高速、稳定，因此在借势世界杯时，文案采用“ GPU Turbo 为热爱加速”“快人一步 才能所向披靡”“荣耀 Play 突破 让快更快”与世界杯赛场上的“快”相呼应。同时文案还以球场作为海报背景，快速将用户需求与借势内容关联起来，让用户感受到该商品的亮点，激发用户的购买欲望。图5-8所示为vivo手机的世界杯借势文案，vivo通过打造世界杯非凡版“X21 FIFA”手机，满足用户专属定制的需求，并通过文案“非凡吧！这是你的时刻”来刺激用户的购买欲望。图5-9所示为优酷的世界杯借势文案，由于优酷购买了2018年世界杯的转播版权，因此优酷直接以一张机票暗示用户，如果去不了世界杯现场，直接使用优酷看世界杯直播也宛如亲临现场，很好地将用户需求与商品联系起来，增加了优酷的会员数量。

图5-7｜荣耀手机世界杯借势文案

图5-8｜vivo手机世界杯借势文案

图5-9｜优酷世界杯借势文案

（3）营销创意

借势营销活动文案要避免与竞争对手的同质化，打造自身商品或品牌的特色。图5-10所示为美团外卖的世界杯借势海报，通过文案“食客准备 开启感官盛宴”，将“食客”与“时刻”谐音化，一语双关的同时也暗示用户，看球时不要忘了点外卖，然后在海报画面中通过巧妙地将美团小哥比作守门员，射向门框的订单比作足球来暗示“每单都不会遗漏”的信息。图5-11所示为江小白的世界杯借势海报，通过一张鸟瞰球场的全景图来展示江小白的酒瓶图形，寓意“用欢呼点燃激情，用碰杯释放情绪”。

图5-10｜美团外卖世界杯借势文案

图5-11｜江小白世界杯借势文案

3. 关联营销

关联营销就是品牌不单为自己撰写宣传或推广文案，还与微博上的其他品牌账号进行关联合作，以此生成一个话题，这样的关联微博文案发出之后经常会引起用户的关注与兴趣。

如海尔家电20年时发布的“#一路相伴，感恩有您#”的话题，不少品牌为此给出了回应，如金立智能手机、威露士、德世朗等，形成了关联营销型的微博文案，图5-12所示为该系列微博文案的示例。要注意的是，关联营销时要通过@功能告知被关联的对象，以更好地与关联对象进行互动和联合营销。

在写作关联营销型的文案时，要注意关联对象与文案之间的匹配度，可以通过描述关联对象的特点来进行联合；也可以通过修辞手法（比喻、夸张、拟人等），将某一事物的特点与另一事物关联起来，以达到意想不到的效果。但需注意，不同事物之间的联想一定不能生硬，必须确实存在某些共同的特征，这样才能引起用户阅读的兴趣，并博得用户的好感。

图5-12｜海尔家电20年关联营销文案

4. 疑难解答

此类文案即选取与人们工作、生活息息相关的话题或普遍面临的问题、疑惑来作为选题，并针对这些问题给予良好的解决办法。这类内容很容易引起人们的关注，若方法行之有效，就可以得到用户的关注与认可。图5-13所示为一则微博文案，它通过文字“有哪些堪称【神器】，却鲜为人知的网站”来表达文案的主体，再通过图片的形式将这些网站信息展示出来，直截了当地给用户提供了解决工作生活中难题的技巧，如文件转换器、在线制图工具、网址换表情等网站。一方面站在为用户着想的角度，增加了用户的好感，另一方面也达到了良好的推广目的。

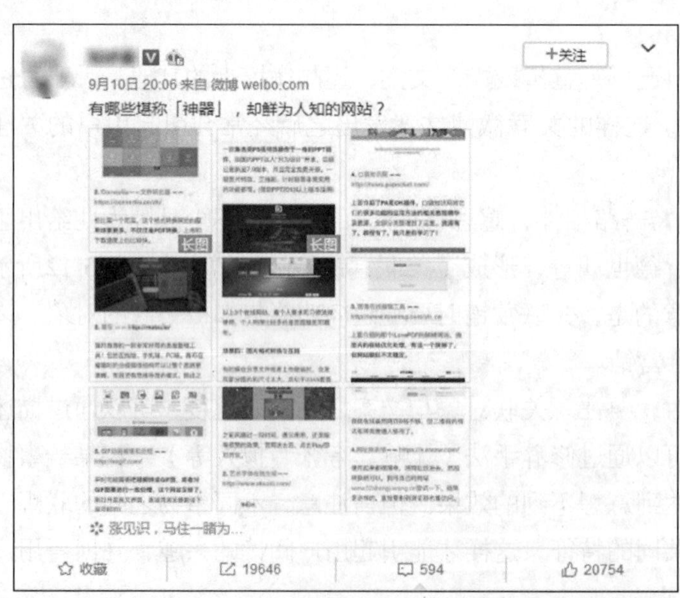

图5-13｜疑难解答文案

5. 其他内容

上新预告、内容分享、第三方反馈等文案也是短微博内容的常见表现形式，其写法比较简单。上新预告短微博的内容要尽量直接，说清楚上新的时间、购买方式及互动方式等内容，如图5-14所示。内容分享文案一般通过总结需分享内容的优点来进行写作，文案表现方式要直接，不能拐弯抹角，如图5-15所示。第三方反馈文案要站在用户角度以消费者的身份来体现商品的使用效果，切忌不要自卖自夸。

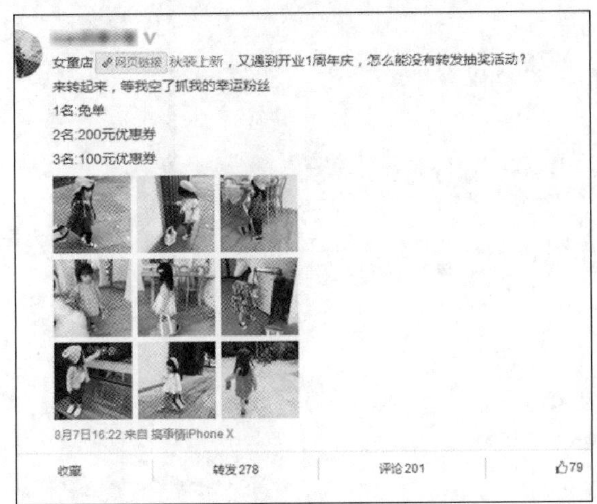

图5-14｜上新预告

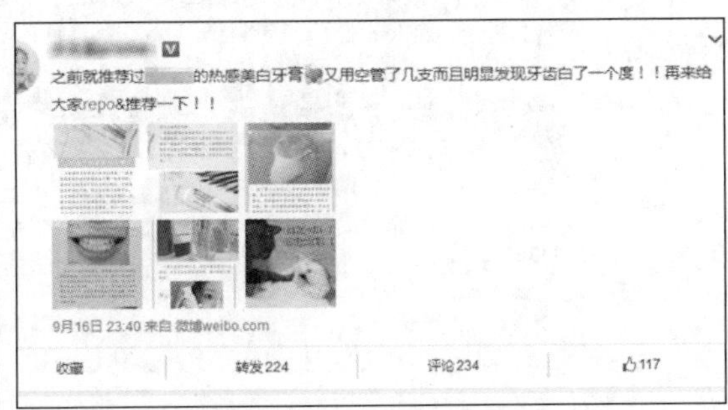

图5-15｜内容分享文案

专家指导

为了提升短微博的阅读性，可以为微博搭配合适的图片、视频等其他表现元素。图片和视频可以是对微博内容的补充，也可以是对微博文案的强调和说明。但要注意图片和视频要与微博内容相匹配，让用户可以通过微博内容和微博图片与视频品出深意，给用户带来惊喜，更容易促进微博内容的转发和讨论。

5.1.2 长文章推广文案写作

当需要表达的内容无法通过简短的语言、精练的图片表述清楚时，就需要使用长文章。长文章即头条文章，它是微博的一个长文产品，包含了封面图、标题、导语、正文等诸多元素，如图5-16所示。

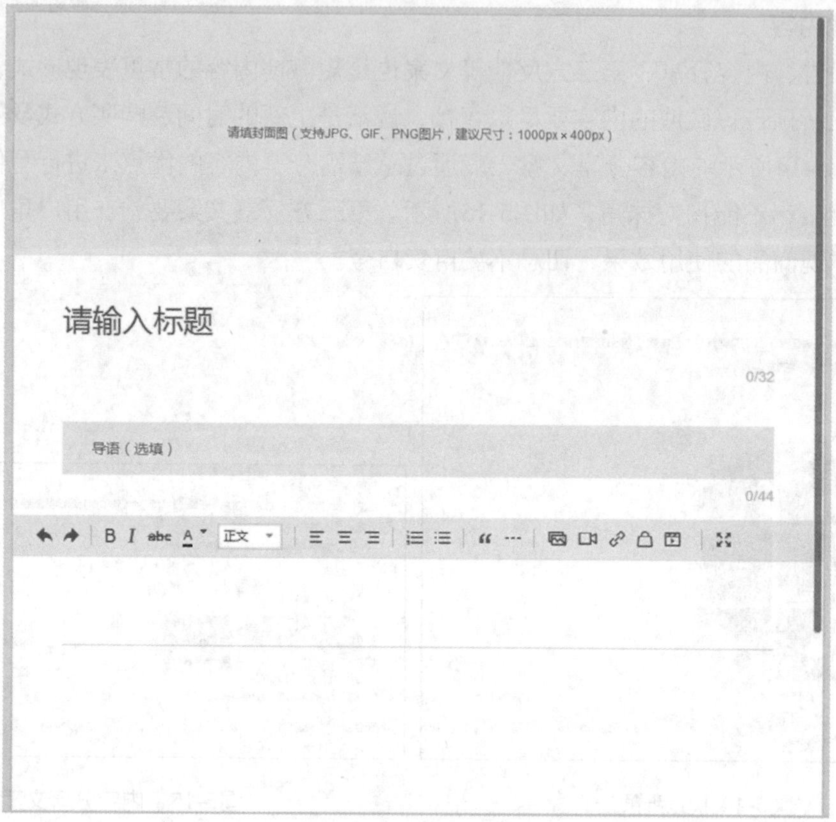

图5-16｜头条文章

专家指导

微博长文章是支持发布大量文字和图片的长文，登录微博后单击微博输入框下方的“头条文章”超链接即可打开头条文章编辑页面。

1. 封面图

在微博长文章的编辑页面可看到，封面图的推荐尺寸为1000px×400px，可上传大小不超过5MB，格式为JPG、GIF和PNG的图片。封面图是对微博长文章内容的一个简要说明和体现，有创意和视觉冲击力强的图片可以快速吸引用户眼球，让用户的注意力暂时停留在封面上，并产生进一步阅读的欲望。同时，封面图也要体现出文章的主题，不能出现图片与文字不符，或为了吸引用户眼球而故意设置夸张的封面。图5-17所示为一篇讲述iPhone XR/iPhoneXS Max的长文章，其封面图就直接使用对应的不同型号的商品作为展示，既直观又贴合主题。

图5-17｜封面图示例

2. 标题和导语

标题和导语是除封面图外用户对长文章的最直观印象，一般来说，导语会显示在封面图底端，而标题则呈加粗显示在导语的下方。用户只有对标题和导语感兴趣并点开长文章后，才会继续阅读正文内容，所以一个好的标题和导语是非常重要的。

（1）标题

微博长文章的标题可采用第2章中介绍的各种标题的写作方法来进行写作，此外，微博长文章的标题应该尽量简练，最好能够快速勾起用户的好奇心和阅读欲望，将能够提供给用户的价值直接通过标题表达出来，让用户可以快速确定自己对这篇长文章的内容是否感兴趣。

专家指导

微博长文章的标题有字数限制，最多可写作32个文字，文案人员要在该限制内以尽量精简的方式来写作，若文字太多可能导致无法完全显示标题内容。

（2）导语

导语是除了标题外另一快速吸引用户注意力的元素，好的导语可以通过简短的描述快速体现文章的主要概况，抓住用户的注意力并使他们对正文内容产生好奇，进而对文章内容产生强烈的继续阅读的欲望，引导他们点击文章阅读正文内容，如图5-18所示。

图5-18 | 导语

导语写作可参考下面几点原则，以保证其对用户能产生吸引力。

- **简洁** | 导语一般不要太长，应该尽量使用简单明了的话语来进行描述，让用户能够快速理解其所体现的信息。微博长文章对导语的限制是44个字，注意不要超出其规则。
- **符合主题** | 导语是对文章正文内容的一个引导和抽象概括，它包含了文章的主要思想，因此要与文章的主题一致，不能为了吸引用户瞎编乱凑。
- **趣味性** | 导语的内容应该充满一定的趣味性，能够让用户在阅读后产生代入感，产生阅读正文的兴趣。可以通过修辞手法、故事手法等技巧来提升导语的趣味性，也可以添加一些时下的流行词汇来拉近与用户之间的距离。

微博长文章导语属于选填内容，可根据实际需要选择不写。但导语是很重要的，是需要文案人员不断学习并进行实践的，在前期可以多写，待掌握写作技巧并形成一定的风格后就能提高写作速度和展示效果。

3. 正文

长文章不同于短文字或图片，通常需要用户花费更多的时间和精力去阅读，而支持用户坚持阅读下去的动力，就是长文章的内容价值。文案人员在写作微博长文章时需要针对目标人群的特点和喜好来进行选题和写作，才能激发大家阅读和讨论的热情，达到真正的营销效果。长文章的内容可以是自己所在领域或行业的相关知识，可以是对时下热点、话题等进行的评价，也可以是一篇有阅读价值的软文。图5-19所示的长文章既是科普性质的文章，为粉丝创造了阅读价值，又在文末以软文的形式植入了广告。

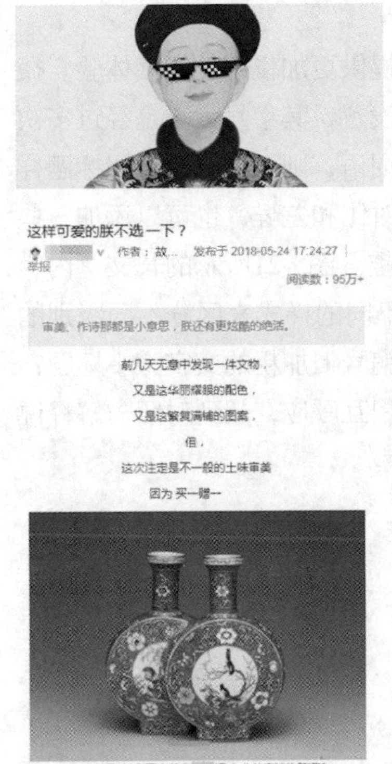

图5-19｜有价值的微博长文章

在写作微博长文章的正文内容时要注意以下几点。

（1）与标题匹配

正文内容应该与标题相匹配，也就是说，正文内容必须要有价值，要保证被标题吸引进来的用户不会产生被标题“欺骗”的感觉。

（2）表达风格

不同的微博账号发表的文章表达风格不同可以是严谨的、精准的，也可以是幽默的、有趣的，这主要与文案人员的个人写作风格有关。当然，文章风格也应该呼应用户的特点，根据目标用户喜欢的风格来调整自己的表达方式，才可以获得更大的阅读量。同时，文案人员还要注意，一旦确定了自己文章的写作风格，就要尽量按照这种风格来写作，不要频繁更换不同的文风来彰显自己的写作能力，这样反而会显得不够专业，流失原有的用户。图5-20所示为不同表达风格的微博长文章，第一篇文章是一篇个性化文风的长文章，文章用语浅显易懂，且穿插着十分搞笑的表情包，让文章内容在严肃中又带有幽默，是十分具有个人特色的文章风格；第二篇文章的文风则更加严肃，通过专业、严谨的学术用词来表达文章内容的专业性，是一篇非常严谨的科普性质的文章。

（3）文章排版

长文章的内容一般较多，要注意文章的排版，以给用户提供更加良好的阅读体验。微博长文章的正文内容字号是固定的，不需要文案人员再进行设置，其字号大小是经过多次验证后的最佳大小。而正文内容中的内文标题、重要句子和词语，则可以通过设置标题样式、加粗、倾斜、颜色等，使其突显出来并与正文内容产生对比和差异，也可以添加一些图片、表情等元素，增加排版的美观性，提升用户的阅读兴趣。图5-21所示的长文章内容统一采用左对齐方式，正文通过大标题、小标题和正文3种不同的样式来区分不同级别的内容，其中带有编号（类似：一、）的文字为大标题，没有编号但加粗的文字为小标题，其余为正文内容；同时还在文中穿插相应的图片与正文内容相互呼应，起到对照与解释说明的作用，让文章整体结构看起来清晰、整洁，便于读者阅读。

图5-20｜不同表达风格的微博长文章　　图5-21｜文章排版

微博长文章的排版可通过正文编辑器来进行优化，文案人员要熟悉编辑器中每个按钮的作用，并熟练应用到写作中，如图5-22所示。

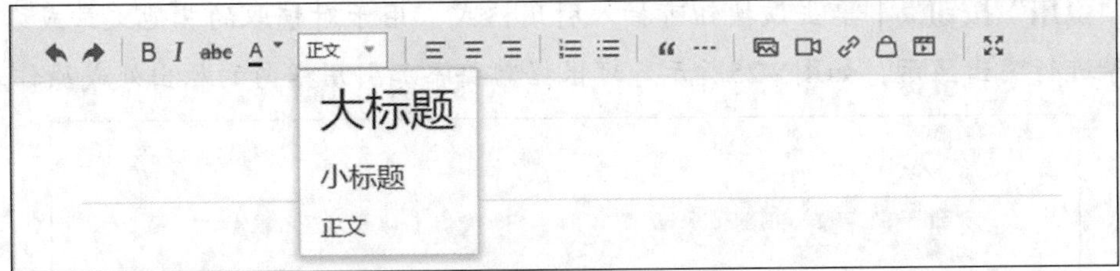

图5-22｜微博长文章正文编辑器

微博长文章正文编辑器中各按钮的含义分别介绍如下。

- **“加粗”按钮**｜用于对正文内容进行加粗操作，当正文格式设置为“大标题”或“小标题”时，该按钮处于灰色状态，不能操作。
- **“斜体”按钮**｜用于对正文内容进行倾斜操作，当正文格式设置为“大标题”或“小标题”时，该按钮处于灰色状态，不能操作。
- **“删除线”按钮**｜用于为正文内容添加删除线，当正文格式设置为“大标题”或“小标题”时，该按钮处于灰色状态，不能操作。
- **“颜色”按钮**｜将鼠标移动到该按钮上，在弹出的下拉列表中可设置正文内容的颜色，当正文格式设置为“大标题”或“小标题”时，该按钮处于灰色状态，不能操作。图5-23所示为设置倾斜、删除线和颜色的相关效果。

正文

*文案人员*在写作微博长文章时需要针对目标人群的特点和喜好进行选题和写作，~~才能激发大家阅读和讨论的热情~~，才能达到真正的营销效果。长文章的内容一般可以是自己所在领域或行业的相关知识，可以是对时下热点、话题等进行的评价，也可以是一篇有阅读价值的软文。

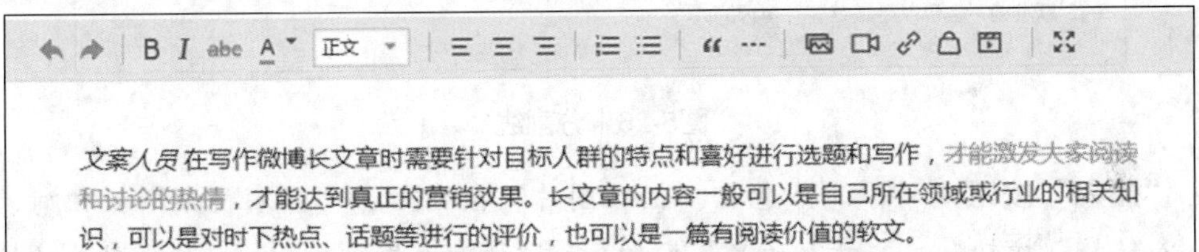

图5-23｜设置倾斜、删除线和颜色的相关效果

- 正文 **下拉列表框**｜将鼠标移动至该下拉列表框上，在弹出的下拉列表中可设置正文格式为“大标题”“小标题”或“正文”，以区分文章中的正文内容级别。
- **“对齐”按钮**｜包括“居左”按钮、“居中”按钮和“居右”按钮，单击对应的按钮可设置正文的对齐方式。
- **列表按钮**｜包括“有序列表”按钮和“无序列表”按钮，单击对应的按钮即可设置正文为对应的列表格式，如图5-24所示。

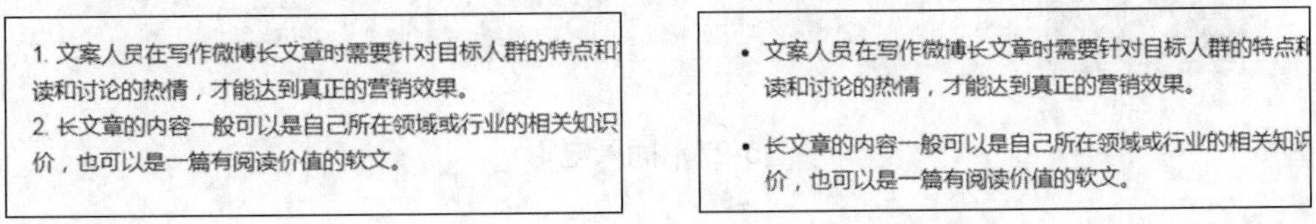

1. 文案人员在写作微博长文章时需要针对目标人群的特点和
读和讨论的热情，才能达到真正的营销效果。
2. 长文章的内容一般可以是自己所在领域或行业的相关知识
价，也可以是一篇有阅读价值的软文。

- 文案人员在写作微博长文章时需要针对目标人群的特点和
读和讨论的热情，才能达到真正的营销效果。
- 长文章的内容一般可以是自己所在领域或行业的相关知识
价，也可以是一篇有阅读价值的软文。

图5-24｜有序列表和无序列表

- **“引用”按钮** | 单击该按钮可插入引用格式，用于对摘取的其他文章或名言警句等进行突出显示，如图5-25所示。可根据需要添加引用语句的原出处或原作者。

把自己放在作品里，用你的生活赋予文案灵魂。如果有什么打动了你，它也很有可能会打动别人。

文案人员在写作微博长文章时需要针对目标人群的特点和喜好进行选题和写作，才能激发大家阅读和讨论的热情，才能达到真正的营销效果。长文章的内容一般可以是自己所在领域或行业的相关知

图5-25 | 引用

- **“分割线”按钮** | 单击该按钮可为上下文之间添加分割线，用以对内容进行分割，如图5-26所示。

（1）与标题匹配

正文内容应该与标题相匹配，也就是说，正文内容必须要有价值，保证被标题吸引进来的受众不会产生被标题“欺骗”的感觉。

（2）表达风格

不同的微博账号发表的文章表达风格不同，这主要与文案人员的个人写作风格有关，可以是严谨的、精准的，也可以是幽默的、有趣的。

图5-26 | 分割线

- **“插入”按钮** | 包括“插入图片”按钮、“插入视频”按钮、“插入链接”按钮、“插入商品”按钮和“插入电影”按钮。单击对应的按钮可插入对应的元素，插入图片时，可在图片下方的输入框中输入最多40个中文字符的说明文字；插入视频时需要在打开的输入框中输入视频播放页的地址；插入链接同样需要提供链接地址，以方便读者单击后进行跳转；插入商品时需要提供商品的链接地址，以方便读者单击链接进行购买；插入电影可直接在搜索输入框中搜索，单击搜索结果即可成功插入，如图5-27所示。

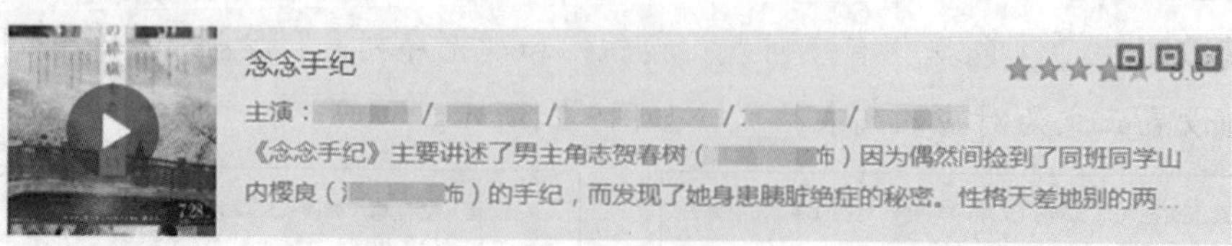

图5-27 | 插入电影

5.1.3 话题推广文案写作

话题是微博营销中非常重要的一大利器，以成对的双井号“# #”组成，如 #吃大闸蟹的季节# 、#山竹会被除名吗#，#号内的关键词即为话题词。话题的内容非常丰富，既可以是微博热点，也可以是个人兴趣或网友讨论的内容。但要注意，话题并不仅是一句简单的话语，其关键是开放的话题讨论度，个人、企业用户都可以通过发布微博话题来引发更大范围内的讨论和转发，如果讨论人数很多，还可能升级为超级话题，达到更广泛的传播效果，最终实现品牌曝光和营销的作用。

每个话题都有自己的专题页面，用户单击话题即可进入话题页面查看讨论内容，同时，专题页面也会自动收录微博用户发布的带有该话题词的相关微博，如图5-28所示。若搜索和讨论该话题的用户非常多，且传播范围很广，很可能成为热搜话题，热搜话题会在PC端微博页面的“热门话题”或“热搜榜”中被推荐。

图5-28 | 话题专题页

发布话题的方法很简单，只需在微博首页单击 # 话题 按钮，在打开的面板中选择“插入话题”选项，并在“#在这里输入你想要说的话题#”文本框中输入话题即可，如图5-29所示。

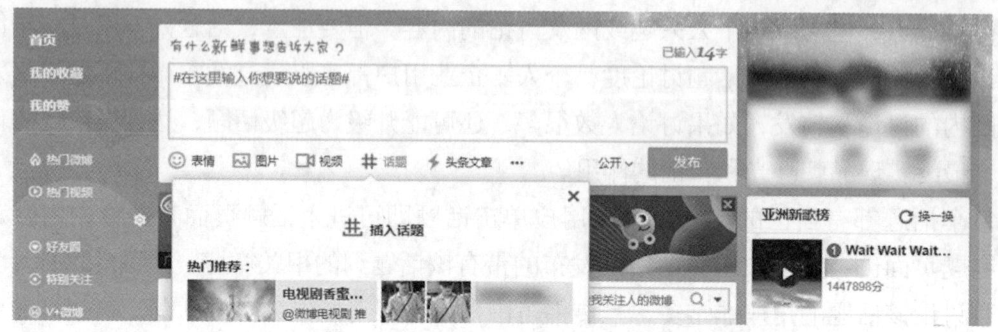

图5-29｜发布话题

文案人员在进行微博话题内容的设计时，应该以个人或企业形象定位为基础，尽量在展示自身诉求的基础上与微博的主要内容保持一致。图5-30所示为自然堂发布的话题，第一个话题是针对护肤商品的话题，第二个话题是针对会员回馈的话题，每个话题都与微博正文的内容密切相关，让用户通过查看话题与正文能快速了解该话题的主要内容，并判断是否需要参与话题。

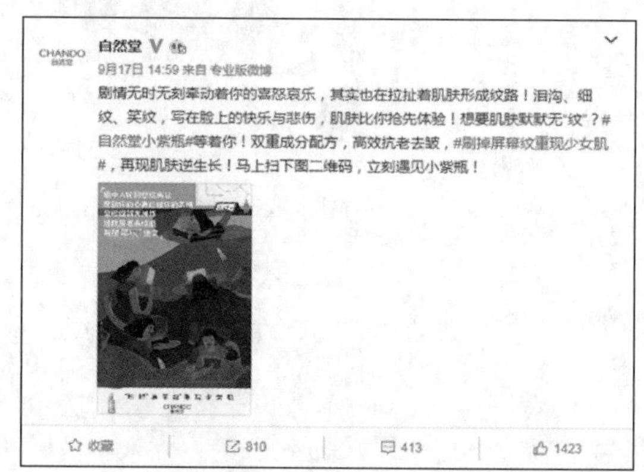

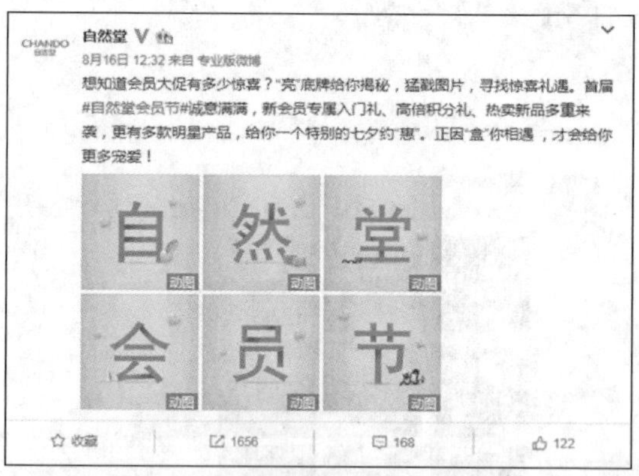

图5-30｜话题内容设计

其次，发布的话题内容要有吸引力，要能够引起用户的传播与讨论，让用户参与到话题活动中。带话题转发、参与话题讨论可以提升话题的热度，使话题的覆盖范围更加广泛。要增加话题的吸引力，可在话题中添加一些时下流行或亮眼的词汇。

专家指导

话题关键词不适合太长的句子，一般控制在4~32个汉字内，话题输入完成后，要在第二个#号后按空格键再输入微博正文内容，否则话题不会生效。

微博话题可以申请主持人，主持人对话题具有部分管理权限，可以对话题页进行编辑，更换话题头像，编辑话题简介，还可以发起关注和讨论，推荐优秀的话题微博，提升信息的传播度和影响力。如果话题运营得当，还可以打上明显的品牌标签或个人标签，成为微博特色，促进信息的推广。

5.2 微信推广文案写作

智能手机的出现加速了移动终端的进程，而微信以手机为媒介，是一款与个人信息紧密相关的手机软件。一个微信账号对应一个鲜明的个体，企业在进行微信文案写作前，要充分融入品牌的特点，形成风格鲜明、有强烈个人色彩的账号，这样才能让其他人在看到我们的微信文案时有一种眼前一亮的感觉。微信推广文案主要表现为朋友圈和公众号两个途径，下面分别对其推广文案的写作方法进行介绍。

5.2.1 朋友圈推广文案写作

2014年以前，朋友圈是微信文案的主体或主要形式，它是一个个人化的平台，可通过分享趣味性的内容、社会热点、个人感悟、咨询求助和专业知识等内容来进行营销。朋友圈的文案有一个特点就是要尽量短，最好控制在6行以内，100个字左右最佳。朋友圈一天分享文案5～8条最佳，合适的时间点是10:00—12:00、12:00—14:00、16:00—17:00、20:00—23:00，因为朋友圈基本上是自己的好友，刷屏不仅会造成好友的反感，还容易被拉黑。

其次还要注意，朋友圈不要发消极的、关于宗教政治的、低俗的等触碰红线的内容，也少发抱怨的、心灵鸡汤类的或成功学类等内容。这是因为微信账号代表着个人的风格，人们通常通过账号所发布的内容来判断这个账号的持有人，从而建立彼此信任、欣赏的模式。文案人员在微信朋友圈进行文案营销时，除了直接推广商品外，还可以通过良好个人形象的树立，为自己的品牌、服务与商品的推广减少阻力。朋友圈推广文案的写作方式主要有以下几种。

1. 直接推广

直接在朋友圈中进行商品或品牌推广是非常常见的一种写作方法，不需要太多复杂的写作技巧，只要让用户知道你是关于某商品或品牌的推广人员即可，最好是在用户想起某商品或品牌时，就会想起你。这种文案的作用主要是刷存在感，加深用户对商品或品牌的印象，图5-31所示为朋友圈内发布的太平洋保险推广文案。

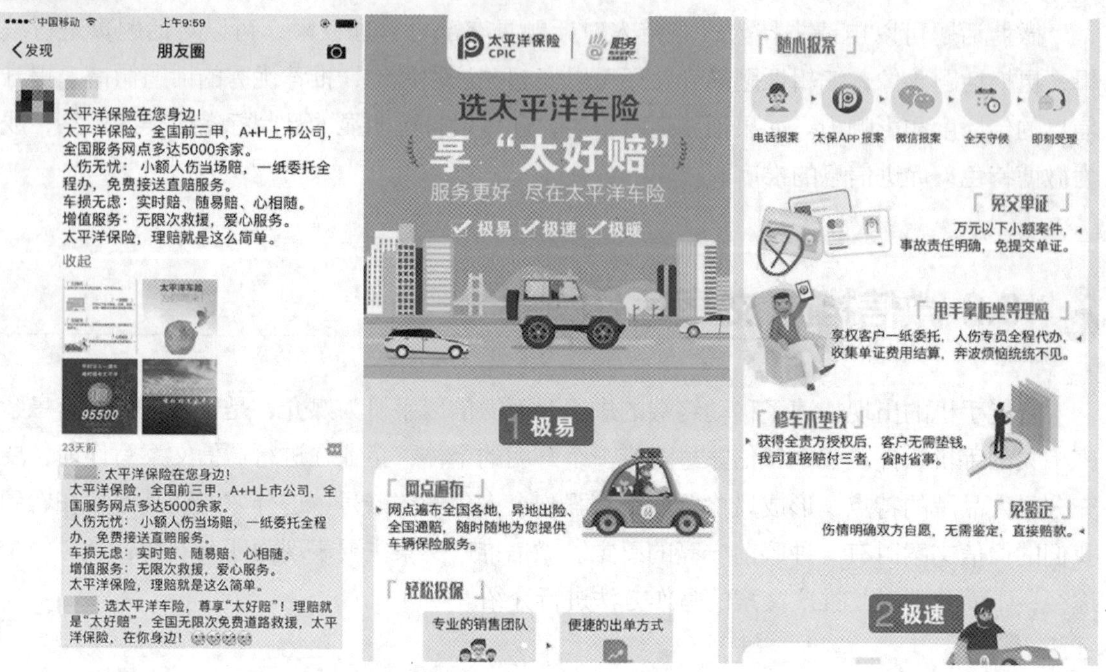

图5-31 | 朋友圈内发布的太平洋保险推广文案

2. 生活分享

朋友圈是一个分享个人信息的平台，硬推广这种方式虽然可以直观地推广自己的商品，但也很可能引起朋友圈好友的反感。特别是对于电商推广人员来说，好友的数量非常多，有些可能根本就不认识，采用生活分享的方式来进行商品或品牌的推广，会给朋友圈用户一种亲切、自然的感受，让他们在不知不觉中认可你所分享的信息，达到软推广的目的。生活分享文案的写作方法很简单，只要写出自己生活中的趣事，然后将需要推广的信息自然而然地融入其中，让朋友圈用户在真实的生活场景中感受和了解到推广信息即可。图5-32所示为一个微信代理商发布的一篇融合商品的朋友圈文案，说是朋友聚会，并晒美景和自拍，实则分享的是自家的手机商品，这种表达方式比较倾向于软推广，文案人员可以借鉴。图5-33所示为比较直接的分享，直接向好友分享口感脆甜的脆红李，也是生活分享文案的常用手法。

专家指导

文案推广人员也可单纯地分享生活趣事，而不植入推广信息，这种纯分享式推广看似毫无价值，实际上是有利于推广的。它一方面有利于树立推广人员的形象，让朋友圈里的人觉得你是个鲜明的、活生生的、有情调的人，另一方面则能在潜在用户面前刷存在感又不惹人厌烦。

图5-32｜软分享推广

图5-33｜直接式分享推广

3. 商品信息分享

对于微商来说，最重要的还是推销商品，所以可以适当地在朋友圈中晒一晒自己的商品上新信息、商品详情信息、促销活动、发货情况等内容。但是不能太过频繁，一天一到两次或两天一次最佳，这样的分享也会刺激一些潜在用户产生购买的冲动，如图5-34所示。

图5-34｜分享商品信息的朋友圈文案

4. 融合热点

热点包括当下热门话题、新闻、节假日等，这些流行的东西都能满足人们的好奇心，赢得他们的关注。如果文案人员多花一点心思去收集并整理好这些内容，再分享到朋友圈中，就容易引起用户的新鲜感，同时他们也更容易关注到你的商品和品牌。图5-35所示为借助大暑这一节气发布的推广文案，借助节日的热度也会有很多人观看。

图5-35｜借助“大暑”节气发布的推广文案

专家指导

在融合热点写作热点朋友圈文案时，要注意不要盲目跟风热点中的某个观点，要总结热点事件发表自己的观点，将观点与营销推广信息结合起来，通过自己的观点来吸引潜在消费者，以得到共鸣从而引起关注。

5. 介绍专业知识

作为一个在朋友圈进行商品营销的电商文案人员，首先需要有非常专业的商品知识，因为没有人愿意买那些连商品都介绍不清楚的推广人员的商品。其次，专业知识的分享如使用方法、使用技巧或商品功用等，能帮助用户了解商品功能、特点，解决用户使用过程中的一些实际问题，在他们的心目中留下对商品的基本印象，同时也让他们感受到你的专业，为以后的商品销售打下坚实的基础。图5-36所示为一名销售凡士林润肤霜的电商文案人员写作的商品专业知识介绍文案，先提出用户可能存在的疑虑，再引出自己推广的商品，然后告诉用户如何使用这款商品，通过专业的商品使用方法介绍来解决用户可能存在的问题，并搭配上使用商品的过程图，增加用户对商品的信心。同时，他还在评论中留言，解决朋友圈好友提出的问题。图5-37所示的朋友圈文案也有异曲同工之处，通过图片和评论内容直接介绍商品的优势，给用户了解商品打下了基础。

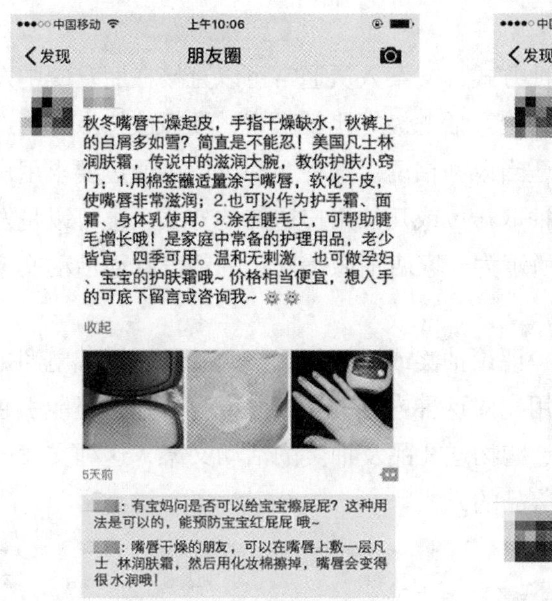

图5-36｜凡士林润肤霜使用方法介绍文案

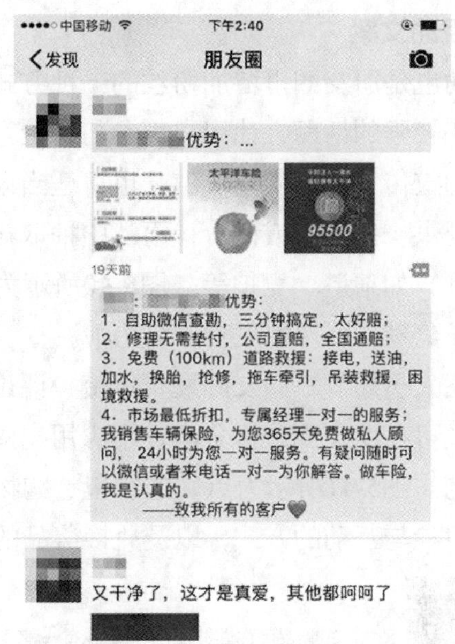

图5-37｜太平洋车险优势介绍

6. 展示消费评价

消费者购买商品后常常会对商品的使用心得、购物体验等进行评价，这些评价的内容也可以作为文案人员的推广信息来进行展示。消费评价是商品质量、商家服务、品牌形象等的真实体现，是体现消费者对商家服务是否满意的一种很直观的途径，文案人员可将这些反馈信息整理出来，以文案或图片的方式发布在朋友圈中，让更多的潜在消费者了解商品和品牌的正面形象，吸引更多人成为自己的消费者。图5-38所示为发布的已购买消费者对商品的反馈文案，这种以第三方角度来写作文案的方式，更容易获得消费者的认可和信任。

当然，商家也可以鼓励消费者自己发布对商品或品牌的使用感受，这样由消费者自己写出的消费评价内容会更加真实。为了调动消费者发布评价内容，文案人员可通过文案表达出赠送赠品、可以试用等信息，并将赠送的赠品随消费者购买的商品一起邮寄。图5-39所示就是文案人员写作的包含试用商品的文案。

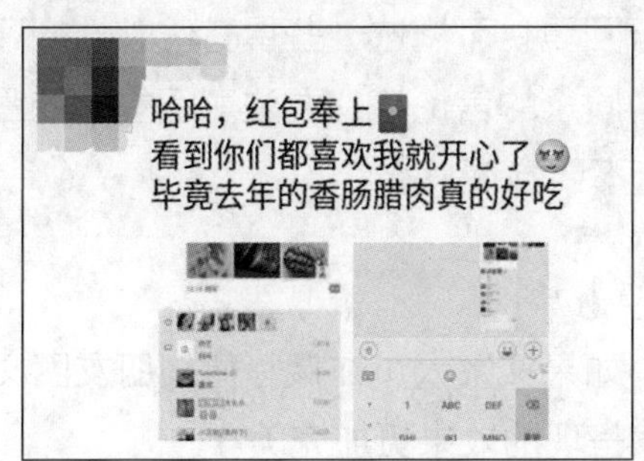

图5-38｜展示消费评价的微信朋友圈文案

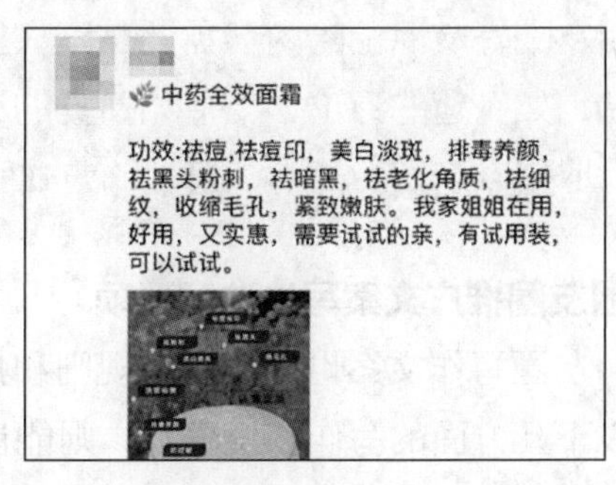

图5-39｜包含试用商品的文案

7. 互动文案

互动也是朋友圈里增加粉丝的一种方式，文案人员通常可以直接在朋友圈中发表一些互动性比较强的话题，让用户都参与讨论。话题最好比较新奇，要抓住热点并制造热点，有一定的宣传力度与实用价值，也可适当以利相诱。这种互动可以是通过要求用户在下面留言，提供一些建议或评价，再从中抽取一位或几位用户送礼的方式，也可以是发表一些趣味话题，如猜谜、竞拍等。图5-40所示为一家店铺微信发布的留言互动活动文案，对参与者给予奖励，用户也更有参与热情。

文案人员还可在朋友圈发布点赞、评论抽奖或送礼的文案，若是微博或电商平台有什么活动也可在朋友圈进行分享，不少用户对这种内容的文案也很有兴趣，还能引起用户的互动参与。图5-41所示为点赞送红包、购物送礼品及抽奖的活动文案，这种文案一定要写清楚用户参与互动的方式，以及兑换奖品的方式。

图5-40｜留言互动活动

图5-41｜赞送红包、购物送礼品及抽奖活动

专家指导

朋友圈好友评论的内容需要文案人员进行回复，可挑选一些具有代表性的评论进行互动，如有趣的评论、支持和赞扬的话语、质疑的言论等。要注意回复时的语气和用词，尽量以亲切、简明、直观的方式回复，不要含糊其辞。

8. 朋友圈推广文案写作注意事项

在朋友圈写作文案也有一定的规则和技巧，如果文案人员在撰写微信朋友圈文案时，能遵循以下几方面的写作注意事项，则能让文案呈现的效果更加完美。

- **满足用户需求**｜朋友圈中的用户一般是具有较为明确的需求才会成为你的好友，因此在写作文案时要以用户需求为前提来进行思考，思考他们喜欢什么，反感什么，什么内容最能引起他们的兴趣。

- **内容尽量精简**｜朋友圈文案一般比较简短，太长会被自动折叠，并显示“全文”字样，需要用户自己点击该字样才能查看完整的文案信息，而很多人会嫌麻烦直接忽略，这不仅会让用户忽略掉一些重要的信息，也会使推广效果大打折扣。因此，建议朋友圈文案内容尽量保持在100字左右。
- **适量配图**｜图文配合可以增加文案的可读性、丰富文案的内容并增添趣味性。但配图时要注意尽量不要使用商品的直销图，最好上传自己拍摄的实拍图，增加图片的真实性。配图时还要注意图片数量的控制，一般1、3、6张图片在朋友圈中显示的效果更加完整。文案人员可在满足多角度展示需求的基础上，挑选合适数量的图片进行搭配，以完整展示文案信息。

专家指导

配一张图片时最好用全景图，可完整显示整张图片的内容。两张及以上的图片会被自动压缩成正方形，需要点击才能查看完整大图。

- **用语生动**｜朋友圈文案的用语要尽量生动形象，可以使用一些当下流行的词汇或表情包，这些内容会提升文案的趣味性，让用户更容易关注你的文案并留下深刻印象，甚至可能将其中的精彩语句或表情包存储下来，修改以作他用。

5.2.2 公众号推广文案写作

公众号是目前微信营销的主战场，其中服务号和订阅号是目前微信营销使用最频繁的公众号类型，为它服务的文案写手一般是企业专职聘用的文案人员，并且需要具有专业的文案策划与撰写能力。微信公众号的文案主要是向已关注公众号的粉丝推送文章，通过文章内容来吸引粉丝互动，以巩固用户对品牌的忠诚度，不断扩大影响力，让粉丝带来粉丝，提升整体营销效果。

微信文章根据发布数量的不同，分为单图文文章和多图文文章，图5-42所示为单图文微信公众号文章，图5-43所示为多图文文章。仔细观察单图文文章与多图文文章可以发现，它们都是由封面图、标题、摘要和正文组成的，微信公众号文案人员要写作一篇完整的公众号推广文章，需要同时掌握这些内容的创作方法。

图5-42 | 单图文微信公众号文章　　图5-43 | 多图文微信公众号文章

1. 封面图

与微博长文章封面图的作用一样，微信公众号文章封面图同样是对文章内容的简要说明和体现，用以快速吸引用户眼球，并引发他们的潜在阅读欲望。微信公众号文章的封面图有两种尺寸，第一种是单图文封面图和多图文首篇封面图，它们的长宽比为16:9，图片像素建议为900px × 500px，格式支持JPG、PNG和GIF，大小不超过5MB；第二种是多图文次篇封面图，其长宽比为1:1，图片像素建议为200px × 200px。

微信公众号文章的封面图一般都使用与推送内容相关的图片，或与商品相关的图片，单图文封面图和多图文首篇封面图的尺寸较大，展示的图片内容较为丰富，可着重进行设计，以加强图片对用户的吸引力。其设计方法可参考海报图片的设计方法，图片中可以添加重要文字、商品图片、主题诉求等内容。图5-44所示为公众号“星巴克中国”发表的某篇文章，其多图文首篇封面图就以“冷萃冰咖啡”商品的图片和文字为主，同时通过版面排版使图片看起来主题突出。

多图文次篇封面图一般每篇文章对应一张封面图，其封面图由于尺寸较小，不建议添加太多内容，应尽量保持简单、直观。若多图文推送的内容分为不同系列，还可以为每个系列设计对应风格的图片。图5-45所示为某微信公众号的多图文次篇封面图，从中可看出每张图片的风格一致，通过不同的文字图片（如保养、送书、中年、职场等）标识每篇文章所对应的主题，这种方式可以快速让用户对多图文的每篇文章有一个大概的了解，增强信息的识别度。

图5-44｜多图文首篇封面图主题明显

图5-45｜多图文次篇封面图简单、直观

专家指导

为了表达个性化，封面图也可以使用一些趣味性、带有独特标志的图片，如个人独特的形象图或带有公众号特有Logo、标签图。

2. 标题

除了封面图外，好的标题也能够直接引起用户对文案的阅读兴趣，微信文案的标题与其他类型的文案标题写作方法类似，可参考第2章中的标题写作方法。此外，为了使微信公众号的标题更具有辨识度，可在标题前使用竖线“|”或中括号“【 】”将关键词或不同类型的文章分隔开，以对文章内容进行区分，更好地打造公众号自己的风格，让用户在看到文章标题时就能快速分辨出属于哪个公众号，分享的是什么内容，从而进一步加强用户对公众号的印象。图5-46使用“|”将关键性的总结词语放在标题前，让用户看到这几个词语就能知道文章的主要内容；图5-47使用“【 】”将不同系列的文章进行区分，让用户更清楚地区分每个文章内容，并对公众号的性质有一个明显的印象。

专家指导

在强化品牌时，还可在标题中加入个人或企业的品牌名称或具有强烈品牌辨识度的词语，例如一个分享个性旅途的微信公众号，在其文案标题前均添加有“独特旅行|”的标识，以该标识来代表公众号的形象，能加强用户对企业和品牌的印象。

图5-46 | 使用“|”突显关键性词语　　图5-47 | 使用“【 】”区分不同系列的文章

3. 摘要

摘要是微信公众号文章封面图下面的一段引导性文字，在手机屏幕范围内可以快速引导用户了解文章的主要内容，或提出具有吸引力的问题，吸引用户点击文章，增加点击量和阅读量。一般情况下，摘要会显示在单图文列表页面，多图文则没有。虽然多图文文案在页面上并不显示摘要，但当某篇多图文文案被单独分享出去后，也会显示摘要，所以文案人员还是要对摘要进行认真设置。

单图文的显示区域大小约为多图文4篇图文的大小，从上到下的结构包括封面图、标题、摘要，具有一目了然的效果。摘要的字数约为50字，应根据标题和正文内容来写作。若是活动文章，可将优惠或额外优惠作为摘要来吸引用户；若是推书的微信文章，就可以将书中名句、作者的话、别人的评价等设为摘要，紧扣文章主题。

如果选择单图文模式发表文案却不添加摘要，微信会默认将正文的前面几句文字显示为摘要，这样就浪费了单图文的大好位置。多图文文案也是如此（只是作用没有单图文明显）。因此建议文案人员好好写作摘要，最好在写完正文后仔细阅读，并将文章内容和自己的看法见解作为摘要进行展示。不要出现表意不清的情况，这会影响用户对文章的第一印象。

专家指导

微信公众号文章的摘要与微博长文章中的导语有异曲同工之处，其写法和作用基本相同，可根据文章的实际需要写作。

4. 正文

微信公众号文章是以内容质量取胜的，虽然优秀的文章标题可以吸引用户点击阅读，但还需要配合翔实且富有内涵的内容才会让读者真正记住文章所表达的诉求。并且，在信息碎片化的时代，人们不会花费太多的精力来思考文章的层次与结构，因此，从读者的角度去思考，写出让他们读起来更轻松、看起来更舒服的文章才是抓住他们心理的重点。下面分别对微信正文的布局和写作方法进行介绍。

（1）微信正文的布局

基于手机屏幕的大小，微信文案一屏不能展示太多的内容，因此要好好规划文章的布局，思考怎么缩短读者对文章层次的理解时间，让文章层次清晰、表达清楚，从而提高阅读量。一般来说，微信正文的内容最好不要超过3屏，太长会让读者产生阅读疲劳。我们可以从正文与标题的搭配、段落的设置、图片和段落的排版、视觉统一等角度出发，让文章看起来更加舒适。

① 正文和标题的搭配

当微信文案需要表达的内容较多时，经常会采用小标题的形式来概括重点，以明确文章各部分的内容，并让读者对文章所表达的主要观点一目了然。这些小标题要比正文更加醒目才能让读者一眼注意到它们。

- **小标题与正文文字的设置** | 小标题是正文某一部分的开始，是这段话的主题要点，它的字体要尽量区别于文章的正文，且要比正文更加醒目，因此可对小标题的字体进行加粗、更改颜色等设置，使其突出显示。微信公众号文章正文的文字默认大小为16px，小标题可以在18px～20px，根据实际需要可进行适当调整。图5-48所示为微信公众号后台编辑器中的文字字号设置界面，其操作方法与微博长文章类似，这里不再赘述。图5-49所示为小标题与正文的示例。

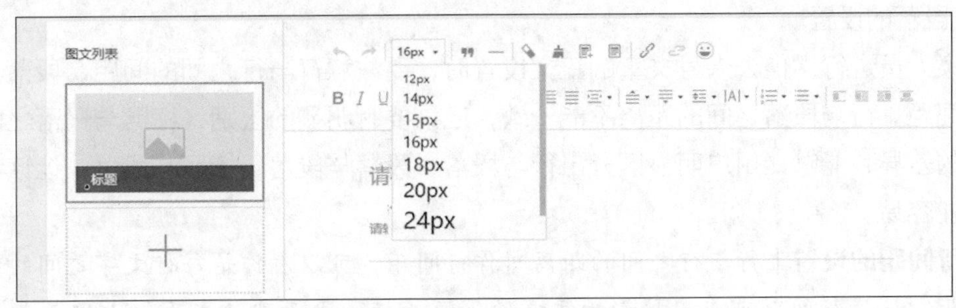

图5-48 | 编辑器中的文字字号设置界面

· **多级标题的设置** | 当文章中出现多个级别的标题时，大标题可以用“一、二、三”的样式并加粗显示，下一级标题可以使用“1、2、3”的样式并加粗显示，切忌为了区别不同的标题，将标题字体设置得过大或太花哨。图5-50使用“00、01、02”表示大标题，用①、②、③表示小标题。

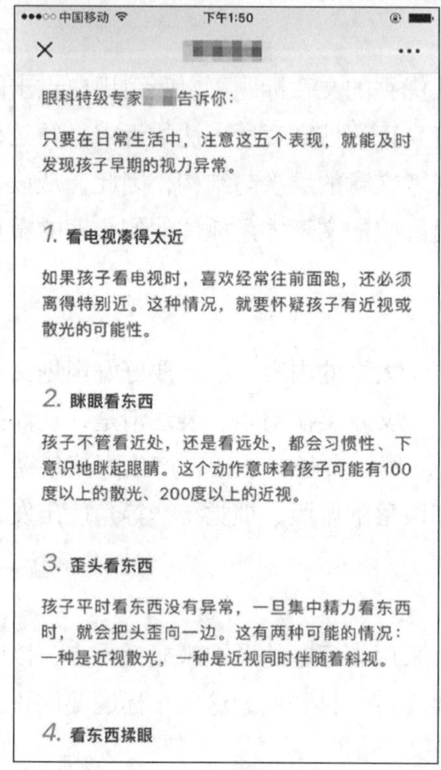

图5-49 | 小标题与正文文字示例

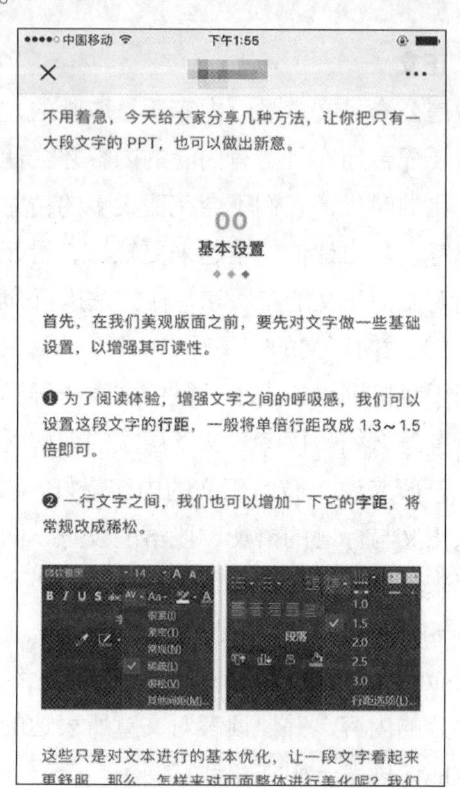

图5-50 | 多级标题设置

专家指导

标题与正文的字体大小和颜色设置要遵循和谐、整体与美观的原则，如果没有需要特别说明或突出的内容，可以不进行其他的格式设计。

② 段落的设置

文案人员进行微信公众号文章的正文设置时，要注意行与行之间的间距、段落与段落之间的间距。行与段落之间的距离不能一致，应该要有明显的区别，标题与段落之间也要有明显的差异，能够让用户明显区分出行与段落、段落与段落、标题与段落，让读者阅读起来更加容易。

· **行间距的设置** | 行与行之间的距离叫作行间距，可以看作是每行文字之间的纵向间距。设置行间距可以直接影响文章的篇幅长短，由于默认在手机上显示都较为拥

挤，因此为了提高用户的阅读体验，需要手动进行设置。在微信公众号后台编辑器中设置行间距时，可先选择所有文本再单击“行间距”按钮，在打开的下拉列表中选择需要的行间距选项即可，建议设置为1.5~2倍行距为最佳，如图5-51所示。

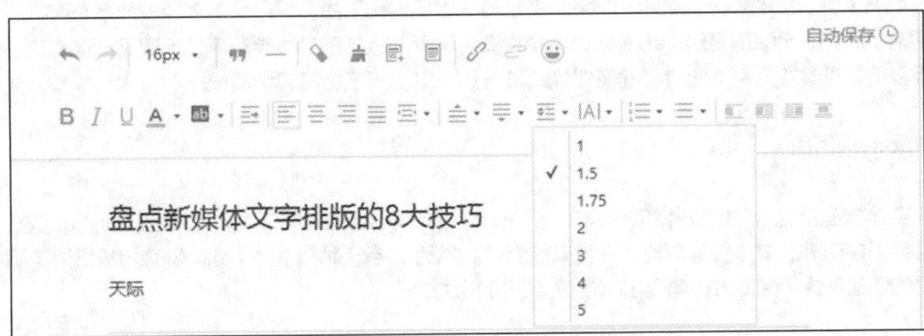

图5-51｜行间距的设置

- **段间距的设置**｜段间距是指段落与段落之间的距离，可根据段落方向分为段前距和段后距。在微信公众号后台编辑器中单击“段前距”按钮可设置段前间距；单击“段后距”按钮可设置段后间距，如图5-52所示。

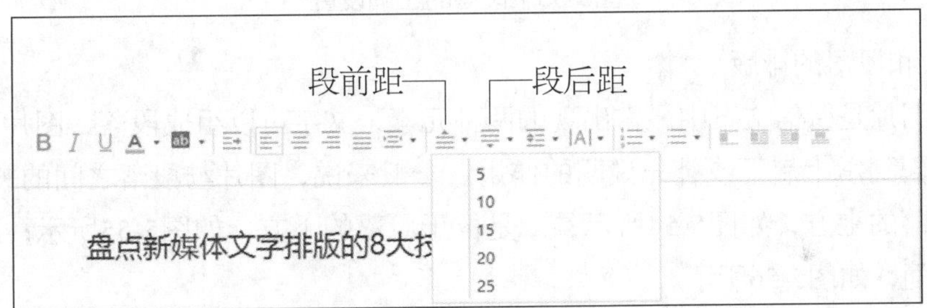

图5-52｜段间距的设置

专家指导

除了行与段落、标题之间的间距外，文案人员还要注意文字与文字之间的距离，即字间距。不同的字间距下，内容所呈现的视觉效果是存在差异的，微信公众号文章的字间距一般设置为1px或2px能够带来较为舒适的阅读体验。同时，由于微信公众号文章主要在移动端设置上阅读，如手机、平板电脑，这些设备的屏幕尺寸不一，如果在段首空两格容易导致整段文字比例失调。因此，微信公众号文章的段首都是顶格的，但如果在纸质媒体、计算机端等设备上写作文案，则要加上空格，这样可以让段落更加明显。

图5-53所示为正确的段落设置，它不仅将每个段落都分割开来，且段落之间的间距、段前距和段后距都保持一致，使文章结构清晰、排列整齐、阅读方便。

腾讯科技讯 5月2日，据国外媒体报道，过去几天，苹果遭遇了一系列不利消息。苹果发布的季度业绩令投资者失望，股价随后出现大幅下跌。目前，苹果股价已低于100美元。从短期来看，苹果面临的局面极具挑战性。

对苹果来说，最糟糕的一点是，iPhone销售首次出现同比下降。苹果此前曾谨慎地发布这样的预期，然而iPhone销量的同比滑坡仍然令投资者不满。近年来，苹果取得了一次又一次成功。但目前苹果需要证明，该公司的商业模式具备竞争力，未来仍将驱动增长。

iPhone的困局

苹果此次营收同比滑坡是自2003年以来的首次，当时苹果刚刚发布了Windows版iTunes。这已经是很多年前的事，因此苹果或许可以被原谅。然而，考虑到iPhone、Mac和iPad都出现了明显的销售下降，因此2016年苹果将面临巨大的压力。

从短期来看，吸引外界关注的将会是Apple Watch 2，以及iPhone 7 Pro。这两款传闻中的产品可能将带来创新。从长期来看，苹果汽车也可能会是重要的增长动力。

尽管苹果正在尝试业务的多元化，但毫无疑问iPhone仍将是最重要的营收来源。目前，iPhone对苹果的营收贡献达到2/3。即使苹果试图推动业务的多元化发展，但在可预见的未来，iPhone仍将是苹果的中心。

图5-53｜段落的正确设置

③ 图片和段落的排版

文字和图片是微信文案中最常出现的两种元素，文字可以组成段落，图片可以存在于段落之间，起到承上启下或补充说明的作用。一般来说，图片与段落之间的关系有3种，一是位于段落的上方，如图5-54所示；二是位于段落的下方，如图5-55所示；三是位于段落与段落之间，如图5-56所示。

夏季饮食小常识

4月28日

夏季是胃肠道疾病的高发期，这个季节细菌繁殖旺盛，食物容易受到污染、变质，稍不注意就会诱发疾病。因此夏季饮食要注意以下几点，远离不安全的食品，杜绝健康隐患。

一、夏天吃卤菜要冷藏

夏天可不可以买卤菜?行，不过有两点要注意：一要卤菜店要正规，正规卤菜店切菜间或配菜间空调都装有，这就可以让卖的卤菜安全保障就有了。二购买的量要注意别太多，可以满足一餐即可，假如有剩余，务必及时冷藏。

图5-54｜图片位于段落上方

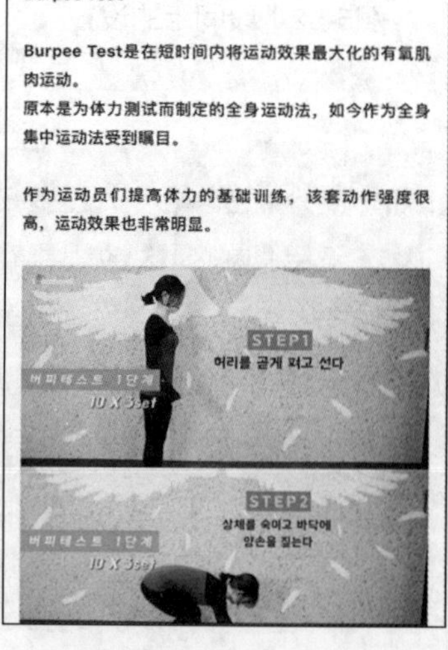

Burpee Test

Burpee Test是在短时间内将运动效果最大化的有氧肌肉运动。
原本是为体力测试而制定的全身运动法，如今作为全身集中运动法受到瞩目。

作为运动员们提高体力的基础训练，该套动作强度很高，运动效果也非常明显。

图5-55｜图片位于段落下方

下蹲练习

下蹲练习可以促进臀大肌和股四头肌的力量，但半月板损伤后的病人，在下蹲训练时要小心。首先，不要挑战高难度的负重深蹲，可以选择徒手靠墙静蹲和徒手无负荷半蹲。即使在康复后期，也不可蹲得过深，膝关节不要深过90度。可以选择坐蹲，也就是箱式蹲，在屁股后面放高一些的凳子或者跳箱，安全是第一位。

下蹲训练有三个原则：①要保证双脚尽量指向正前方，避免外八字和膝盖内扣；②下蹲时腰不要向前挺直，不能弯腰下蹲，会伤及腰部；③下蹲要做出屁股向后坐的动作，膝盖不能过脚尖。

图5-56｜图片位于段落与段落之间

不同的图片与段落之间的关系表现出来的含义不同。如果图片比较重要，用以引导读者，表述下文要讲述的内容，可以将图片放在段落上方，起到启下的作用。如果图片只是作为辅助的文字插图，可以放在最后，或根据需要调整位置，它们之间的位置关系要以读者的阅读感受是否舒服来作为衡量。

其次，在一些以图片为主的文案中，文字主要起到说明解释的作用。此时图片和说明文字之间尽量不要留空行，以保证两者之间的整体性。另外，建议对说明文字的字体颜色进行设置，以区别于正文文字。但整篇文章的颜色不要太多，最好控制在3种以内，且保证文章整体颜色的色调协调。

④ 视觉统一

微信公众号文章的整体视觉效果要在配色和排版两个方面达到统一才能增加文章对用户的吸引力，使用户对文章产生良好的第一印象，增加文章的可读性并形成自己的个人风格，与其他竞争者产生区别，形成差异化竞争优势。

- **配色** | 公众号推送文章的配色一般使用与企业或品牌相关的颜色，与品牌保持一致，如果没有品牌色，也建议使用比较统一的色调，作为公众号的代表色，以提高辨识度。在选择颜色时，尽量使用温和的颜色，否则很容易影响阅读，降低用户的阅读体验。如果文章中需要插入图片，文字颜色也应该与图片相匹配，这样整体会非常协调。
- **排版** | 为了保证推送文章整体的美观性和易读性，在进行排版时可以遵循对齐、对比、统一的原则。对齐主要包括左对齐、右对齐和居中对齐3种形式，默认一般为左对齐，可以根据内容需要选择合适的对齐方式，也可混合使用。对比主要是指标题与正文的对比、重点内容与普通内容的对比，体现标题、正文、重点内容的差异，可以使文章更加有条理。统一是指排版样式统一，包括正文内容字体样式一致、重点内容字体样式一致、行距一致、风格一致等。

（2）微信正文的写法

微信公众号文章是通过巧妙的结构组织、图文并茂的文案描述来一步步引导用户的思维，让用户接纳与信赖，从而达到营销推广的目的。所以文案的具体内容十分重要，下面介绍微信公众号文章正文的几种写法。

① 以商品为核心

以商品为核心进行正文写作是一种非常常用的微信公众号文章写作方法，它以商品作为贯穿全文的思路，在文章开头用一段话引出商品或直接介绍商品，再对商品的功能或核心卖点展开写作，其写作方法主要有各个击破法和核心拓展法两种。

- **各个击破法** | 根据要推广的内容，单独介绍商品或服务的特点。这种写作方法的好处在于总有一个点能够打动用户。文案人员在写作过程中要注意文字与图片的配合，通过详细的说明、亮眼的词汇以及直观有趣的图片充分展示商品、服务和卖点，以吸引用户的注意。图5-57所示为一篇典型的以各个击破法写作的商品型微信公众号文章，它在文章开头通过十一小长假引入其商品口红，然后以每天一支口红

的方式介绍其主推商品，并从商品色号、性质等方面进行介绍，同时搭配人物上色效果图，直观又清晰地展示了商品的特点，文章最后则以一段优惠促销信息激发用户的购买热情。

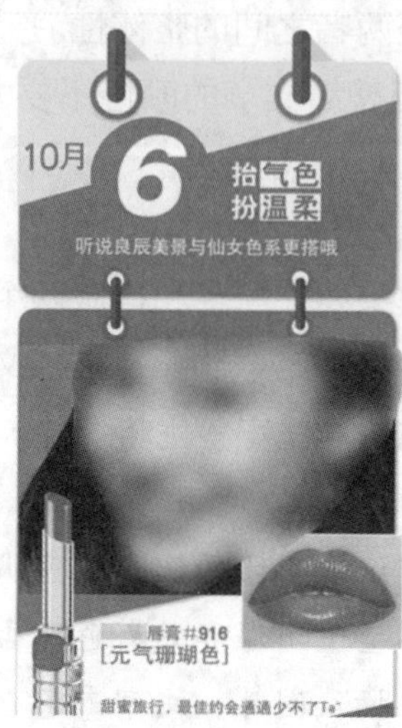

图5-57｜以各个击破法写作的微信公众号文章

· **核心扩展法**｜在文章开头先将核心观点单独列出来，再从能够体现观点的方面来扩展讲述，使文章始终围绕一个中心点来表述的叙述方式。使用核心扩展法的文章很难出现偏题或杂乱无章的情况，对用户的引导作用也更强。图5-58所示为典型的核心扩展法微信公众号文章，在开头直接点明其观点：丝绒能够衬托女人的气质，然后通过丝绒材质、丝绒搭配、丝绒单品挑选等来围绕这个观点展开叙述，加强用户对丝绒的了解并推广商品。

图5-58｜以核心扩展法写作的微信公众号文章

② 借故事来引导

故事引导法通过讲述感人的、有趣的、悲惨的、八卦的故事，让用户充分融入故事情节中，跟着故事的发展阅读下去，被故事思路所引导，在文章快结尾时，再提出需要营销推广的对象。采用这种写作方法一定要保证故事的特色和情节的合理，才能使故事有看点，方便植入推广对象。

③ 借兴趣点来引出

借兴趣点来引出即利用用户对某种事物越感兴趣就越容易关注该事物的心理来进行文案写作。干货、盘点、分享、时事热点、攻略、游戏、健康、猎奇事件等都是用户感兴趣的话题，文案人员要根据公众平台的定位，结合当前网络流行趋势、所推广商品的特征和用户的喜好，在其中选出好的选题，并进行商品或品牌植入。

例如，某游戏平台微信公众号的软文就可以将情侣发布的在游戏中恋爱，然后走向婚姻的幸福故事当作切入点来进行游戏的推广，这样浪漫的爱情经历很能激发用户的阅读兴趣；或是以游戏的资料背景或故事卡片来进行展开，以此吸引用户。美妆商品以分享爱用物的形式将要推广的商品介绍出来等。只要与商品有关联，内容有趣或是让用户觉得有价值、实用性强，这样的文案就很受欢迎。

5.3 资讯类网站推广文案写作

资讯类网站是指以文章为主的网站，其服务形式主要是提供文章给用户阅读，通过文章内容的质量来吸引用户，引起用户对内容的讨论。在电子商务环境下，文案人员更需要写作介绍或推广商品或品牌信息的文章来吸引用户，以得到用户的认可，为商品或品牌累积口碑，形成更多的流量与转化。

5.3.1 在搜狐网中写作推广文案

搜狐、网易、新浪、腾讯等大型门户网站是非常具有代表性的资讯类网站，这些网站的内容结构丰富。图5-59所示为单击搜狐网首页中的“美食”超链接后打开的页面，通过观察可发现这类资讯网站主要以内容栏目和热点文章进行展示，用户可通过单击内容栏目进入栏目专题页面查看文章，或直接单击文章标题阅读文章内容。

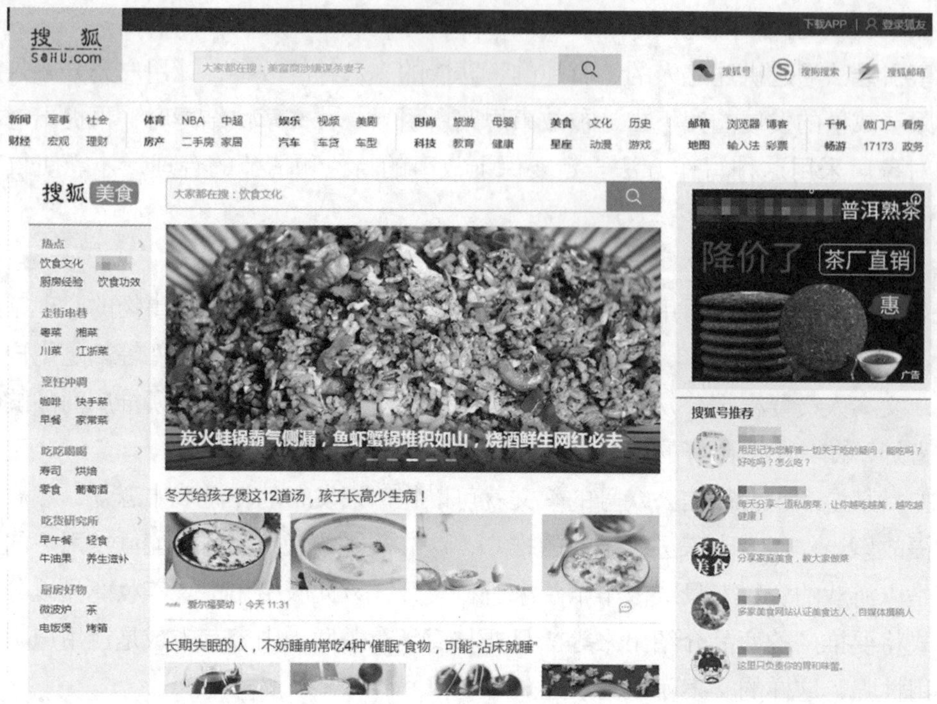

图5-59｜搜狐网中的“美食”页面

专家指导

除了大型综合门户网站外，虎嗅网等个性化商讯网站、环球网等全球生活新门户网站、凤凰网等新闻网站也是常见的资讯类网站。同时，随着移动互联网的发展，各大传统资讯网还纷纷开发了移动App应用软件，在其中也可进行文案的写作与推广。

1. 写作文案前的准备工作

在这种类型的资讯网中写作推广文案时首先要做好以下准备工作。

- **合理选择投放平台**｜电子商务环境下的资讯网站很多，文案人员在进行推广文案写作前需要根据对目标用户的分析，选择合适的投放推广文案的资讯平台。一般来说，资讯网站的权威越高，网站本身的流量自然就越高，用户群体就越密集，推广文案能被目标用户看到的概率就越大，推广效果就越好，但同时竞争也越大。
- **找准分类栏目**｜资讯类网站的栏目内容很多，如新闻、财经、体育、娱乐、时尚、健康、育儿、汽车、购物、家居、家电、科技、数码、手机、游戏、教育、文化等不同的类型，文案人员在写作资讯类文稿前需要明确自己文章的类型，不能盲目投放，如将汽车类文稿投放到体育分类下就是错误的。

2. 文案的写作方法

资讯类网站的文章由于分类栏目较多，针对不同的栏目其写作方法有所不同，下面以搜狐网中比较具有代表性的几种文案写作方法进行介绍。

（1）新闻文案

新闻是资讯类网站最重要的信息之一，很多用户通过资讯网中推荐的信息来了解实时新闻、感知生活百态。作为文案人员，可以通过写作新闻文体的文案来多角度、多层面地诠释企业文化、品牌内涵、商品机理、利益承诺等内容，通过行业资讯的传播来引导用户形成认知，提升品牌和企业形象，起到培养潜在市场的作用。这种模式可以通过新闻的权威性快速引导消费者形成消费，塑造品牌的美誉度和公信力。

新闻文案在结构上包括标题、导语、主题、结语和背景5部分，它们共同构成了一个完整的新闻文体，其中标题、导语和主体是主要部分，结语和背景是辅助部分。在用语上，新闻文案的文字描述要严谨客观，有说服力，不能出现明显的广告内容。也可以记者或专家的角度作为切入点，在文章中融入品牌或企业的创建历史、荣誉事件、业绩排名、文化宣传等的中肯介绍和评价，以增加文章内容的信服力。

如一则标题为“直击一秒1000万现场”的资讯类新闻文案，就以商家在“双11”当天零点的销售额为出发点进行写作，文案标题具有很强的即视感，文章正文内容则先通过记者的口吻直击报道“双11”当天的成交额，然后分别说明不同类目商品的成交排行榜，最后再转移到自己商品的销售额上，以此说明自己商品的高销量与高排名，以及为什么会产生这样效果。从新闻的角度来写作远比一般的直接叙述的方式更加具有权威性，也更容易让读者信服。

（2）热点文案

不管是什么类型的推广文案，热点永远是用户关注的焦点，在资讯类网站中写作热点文案，可以快速吸引用户的注意力，借助热点的热度带来大量的流量与讨论度，形成更多曝光。“时尚”“娱乐”“搞笑”等版块的栏目内容较为适合结合热点写作推广文案，其写作方法与前面的微博、微信等写法类似，这里不再赘述。如中秋节将至，一家商家以标题“你更喜欢延禧攻略中的哪位小姐姐吃过的月饼？”借助节日热点和热播剧将自己的商品月饼比作剧中的各位角色，并将角色与商品之间的相似点关联起来，以热点来吸引用户的点击与阅读，进而宣传与推广商品。

（3）软文文案

软文文案也是资讯类网站中非常常见的推广文案，它通过一种“软”植入的方式将宣传内容与商品内容完美结合起来，将营销目的与文字有效融合，让用户在津津有味的阅读中了解相关的商品和信息，从而产生购买欲望。软文文案的营销推广作用是非常明显的，文案人员可以在软文中进行商品或品牌的介绍，也可以添加推广链接，一旦软文被大量转载这些内容就会获得极大的曝光，从而达到宣传商品或品牌的目的。

图5-60所示为一则发布在“文化”版块的软文文案的部分截图，其标题为“用穿越的心态逛博物馆”。文章正文开头以近年来的文化修复新闻为切入点，列举并对比了几则并不理想的修复案例，然后展示了网友对此事的评论，最后引出文物值钱的原因——时间。

因为时间会让物体沉淀出文化价值，会让其升值，但同时也会有先跌后涨的趋势，文章列举了打字机、黑胶唱片等进行说明。文章紧接着又提出了一个问题，一台手机经过一千年后还值钱吗？借由这个问题将话题引入到英国鼎鼎大名的V&A博物馆，这个博物馆中的展品看起来一如它原本的样子，这不仅是因为博物馆的修复工作独到，还因为他们除菌给文物一个更优质的环境，进而引出其推广的商品——滴露，最后简单地介绍滴露的历史与功效，并以说明购买方法作为结尾。这篇文案就是典型的软文文案，它通过层层引入让用户在阅读过程中不断思考文案人员提出的问题，深入其中并自然而然地接受推广信息。

专家指导

软文的表现形式包括新闻资讯、管理思想、企业文化、技术与技巧文档、评论、趣味性的故事、包含文字元素的游戏等，用户对这些类型的内容非常熟悉，阅读过程中不经意间就会被它影响，从而产生某种思想和行为。

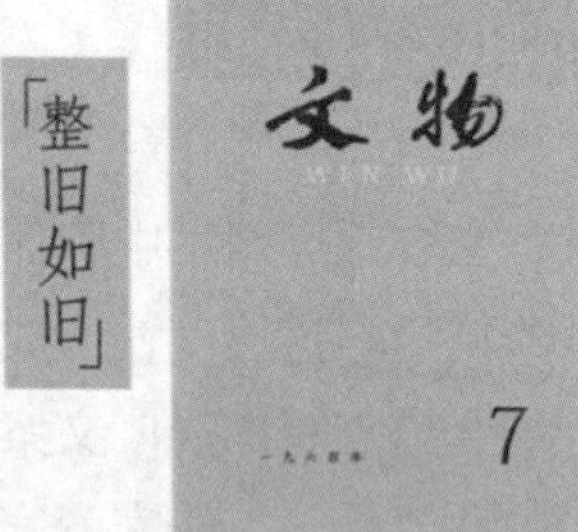

图5-60｜“文化”版块软文文案“用穿越的心态逛博物馆”

专家指导

新闻资讯类软文要与新闻文稿区别开来，其区别主要表现为文章是否包含新闻事件。如果文章内容涉及公司的获奖信息、最新活动、人事变动、业绩报告等内容，可定义为新闻文稿；若文章内容是关于公司的商品评测、发展计划、人物采访、模式分析，则可看作新闻资讯类软文。

（4）其他文案

除了以上类型的文案外，还有一些其他常见的资讯类网站推广文案，分别介绍如下。

- **争议文案**｜争议是最容易引发读者讨论的话题，特别是与读者切身利益有关的争议性话题更能引起他们的激烈讨论。比如针对是否取缔余额宝的话题，就引发了大量读者的讨论，甚至连续一周占据了百度搜索排行的榜首。
- **共鸣文案**｜能够让读者产生内心共鸣的文章，一定会引起他们的讨论与热捧。比如大学生面试的尴尬事件，通过诉说面试过程中遇到的各种问题，让读者感同身受，反响热烈。
- **分享文案**｜在网站中经常分享一些资源、经验或帮助读者解决问题，可以获得他们的好感和信任。同时，还可在分享时将需要宣传的资料以附件或自动回复的形式进行宣传。

5.3.2 在今日头条中写作推广文案

随着互联网的不断发展，传统门户网站类型的资讯网站为了满足用户碎片化、移动化阅读的特点，逐渐发展出了一种新型的资讯信息平台——自媒体资讯网站。自媒体是一种个人媒体，是一种利用电子媒介向他人或特定的某个人传递信息的新媒体，具有私人化的特点。自媒体的出现丰富了企业营销的方式，为企业商品或品牌的营销推广提供了新的平台，今日头条就是其中非常具有代表性的自媒体资讯类网站，图5-61所示为今日头条的首页。

今日头条是一个大型的内容聚合和展示平台，拥有非常庞大的用户群体和海量流量，通过基于数据挖掘的智能推荐引擎，可以快速为用户推荐有价值的、个性化的信息，无须用户关注、订阅就能精准找到目标用户，是目前备受广大营销推广人员青睐的自媒体渠道。由于今日头条的智能推荐引擎能够更有针对性地进行个性化推荐，因此，被推荐到用户眼前的文章是否能够吸引用户的注意，文章质量是否能够打动用户，是营销推广效果的决定性因素。下面对在今日头条中写作推广文案的相关知识进行介绍，以帮助个人或商家开展营销工作。

图5-61｜今日头条首页

1. 标题写作

今日头条的文章标题与其他电子商务文案的标题类似，是激发用户点击文章、继续阅读文章的关键性因素。由于今日头条是一个资讯类网站，其信息的即时性很强，很多用户都更愿意点击热点、新闻、娱乐等信息。因此，文案人员在写作文章时，要尽量将标题写得具有吸引力，增加标题的点击率和文章被推荐的概率。但同时，也要注意标题要契合文章正文内容，如果为了追逐热点而写作与正文内容无关的标题来吸引点击量，反而会影响文章的推荐指数，使文章审核时被判定为不合格。

专家指导

今日头条的文章点击率影响着文章的推荐指数，一般来说，在标题与正文内容契合的前提下，文章点击率越高其推荐指数越高，推荐量就越多。今日头条的智能推荐系统会通过用户行为先将文章推荐给可能感兴趣的用户，如果用户深度阅读的点击率高，再进一步将文章推荐给更大范围的相似用户，当点击率减弱到一定程度时，将不再推荐。

图5-62所示为"美食"版块推荐排名第二的某篇文章，其标题为"整条鱼下锅前，是用冷油还是热油？多数人做错了，难怪总是破皮"，通过对一种普遍现象的描述，使用疑问的手法提出问题，让用户产生兴趣，然后再通过设问给出答案。以"大多数人都做错了，难怪总是破皮"让用户对原因产生好奇，进而大大提高标题的点击率。当用户点击标题阅读正文时可发现，正文先从吃鱼的角度切入，然后对标题中提到的两种情况进行分析，说明为什么会破皮，最后再给出解决的办法，为用户提供煎鱼不破皮的技巧。这篇文

章的内容其实很平常，但点击量、阅读量和讨论量却较高，就是因为标题首先引起了用户的兴趣，激发了用户的阅读欲望与讨论欲望。

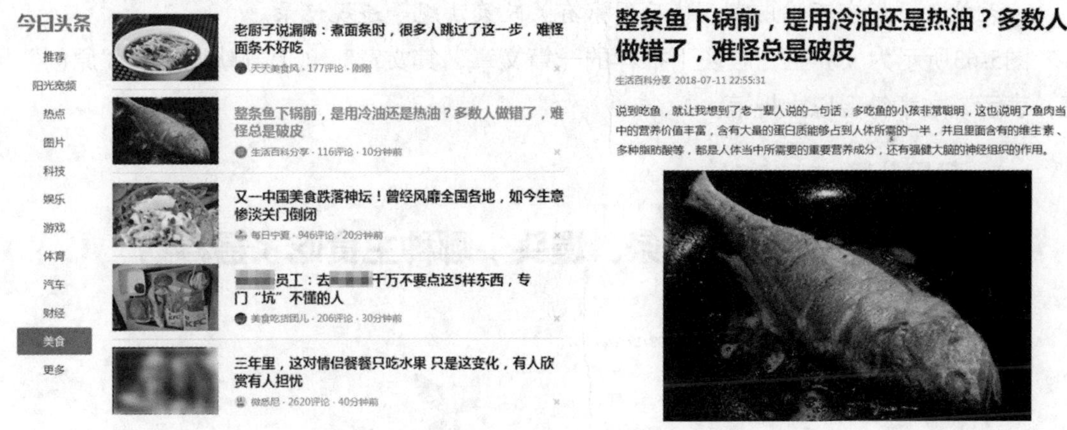

图5-62｜“美食”版块推荐文章标题与正文示例

2. 正文写作

正文内容写得好，文章才能更受用户的欢迎，才能拥有更加广泛的用户群体。今日头条中的用户群体大部分都是利用碎片化时间浏览信息的人群，因此文章内容要尽量简单、接地气，要场景化、经验化、故事化，避免写作太过专业或复杂的内容，这样会让用户失去阅读的兴趣。仔细观察今日头条中的文章，可发现时事新闻、搞笑段子、最新科技、生活小常识、奇闻趣事等类型的文章阅读量都较高，这是因为这些类型的文章比较大众化，内容简单易懂，用户不用花费太多的精力就能明白文章所传达的信息。此外，正文还要有实质性的内容，新颖的写作角度、丰富的情感表达、有争议的故事等都可以为文章加分，获得更多的文章阅读量。

在以上基础上，今日头条的正文创作还要注意以下几个方面的事项，才能获得更多的推荐，让文章展示到更多的潜在阅读用户前面，获得更多的流量。

（1）内容要原创

在今日头条中发表文章后，今日头条会首先通过全网搜索引擎审核文章的原创度、健康度，以及是否存在恶意营销等信息。若文章抄袭、包含低俗色情暴力等信息或存在恶意营销信息（如二维码、电话、个人微信/QQ号、微信群/QQ群等）将不会被推荐。其中，文章原创度是需要文案人员特别注意的，当文章原创度达到60%以上时，一般都会被推荐。文案人员也可申请开通原创功能，增加文章被审核和推荐的概率。今日头条的原创申请标准如下所示。

- 通过实名认证。
- 累积粉丝数达到5000。
- 最近30天，已发文大于10篇。

- 在发布内容中，原创比例超过70%。
- 最近30天内没有原创标签的审核记录。
- 无抄袭、发布不雅内容、违反国家有关政策法规等违规记录。

图5-63所示为“养生”版块下推荐的一篇文章，其文章正文上方就显示了“原创”标签，表示该文章符合以上规范。

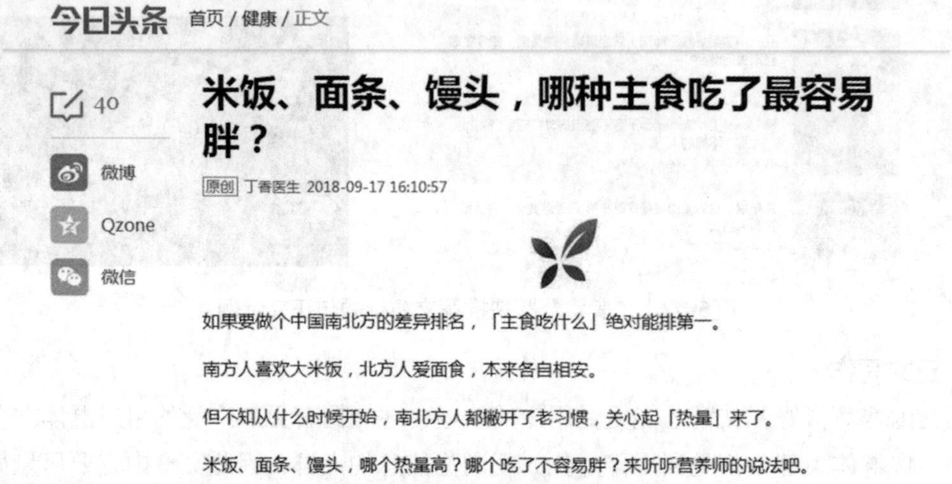

今日头条 首页 / 健康 / 正文

40

微博

Qzone

微信

米饭、面条、馒头，哪种主食吃了最容易胖？

原创 丁香医生 2018-09-17 16:10:57

如果要做个中国南北方的差异排名，「主食吃什么」绝对能排第一。

南方人喜欢大米饭，北方人爱面食，本来各自相安。

但不知从什么时候开始，南北方人都撇开了老习惯，关心起「热量」来了。

米饭、面条、馒头，哪个热量高？哪个吃了不容易胖？来听听营养师的说法吧。

图5-63 | “原创”标签

（2）要包含关键词

今日头条的文章推荐是机器推荐机制，通过智能算法来进行内容的投递，因此要用关键词方便机器识别你的文章。因为机器推荐机制通过关键词来打标签，将文章推荐给阅读过类似标签的用户。由此可见，文章内容中的关键词是非常重要的。那么今日头条是怎么通过关键词来识别文章的类型和领域内容的呢？主要有以下两种判断方法。

- **高频词** | 文章中出现频率比较高的、与文章内容相关的词语。如果一篇科技类的文章内容是关于5G的相关知识，那么文章中出现的高频词可能是手机、网络、4G、5G、硬件、芯片等与文章内容相关的词语。
- **同类文章中的低频词** | 相同类型的文章中常常出现的一些具有相同性质的词语并不会作为关键词被提取出来，因为这些词语是普遍存在的，不能体现出这篇文章的特质，因此写作文章还要与同类文章有一定差异。

文案人员在写作文章正文时要注意关键词的融入，在内容中多提炼出核心关键词，尽量让推荐机制更容易识别并判断出文章的关键词。当系统判定出关键词后，会将这些抓取出来的关键词与文章分类词库中的关键词进行比对，如果吻合度较高，文章就会被打上该分类的标签。如某篇文章被抓取出来的关键词有“C罗”“FIFA”“世界杯”“冠军”等，那么该篇文章就可能被打上“西甲”“C罗”“皇马”“欧冠”等标签，完成机器推荐机制对文章的初步认知。

专家指导

除了通过文章正文内容来识别关键词外，机器推荐机制还会对标题中的内容进行关键词的识别和分类对比。因此，标题中也要包含具有代表性的关键词，以更好地完成文章的标签匹配，被更好地推荐。

（3）覆盖目标用户

在今日头条中写作文章时要注意，文章内容要与目标用户的需求联系起来，写出大量用户都感兴趣的内容才能增加文章的阅读量，否则，即使文章被智能推荐出去，但由于对该内容感兴趣的用户太少，点击量和阅读量仍会非常少，进而降低文章的推荐指数。比如，一篇写作翡翠鉴别的文章，其中涉及了很多专业性的工具，以及工具的使用方法，这种文章就会推荐给对这些工具比较熟悉的少数用户群体，文章曝光量和阅读量自然会大大降低。因此，在写作今日头条的文章时，要尽量站在用户能够读懂的角度来进行写作，尽量通俗易懂，尽量多覆盖一些目标用户群体。

专家指导

今日头条文章正文写作时可以按照前段造势、后段引导的方法来进行写作。在正文前一段提出用户最关注的问题，并暗示接下来会有解决的办法；后一段则以总结性的话语来告诉用户其中的利益关系，借此引导用户转发、关注或参与讨论。

3. 正文排版

今日头条的文章要尽量图文结合，文字通俗易懂，图片直观、格式统一。一般文章主页建议搭配一张大图或三张小图，可根据目标用户群体的喜好来选择性配图，图片内容要与文章内容相关，风格可以是搞笑的、个性的、严谨的、清新的，但要与文章的整体风格保持一致。

文章正文内容也可以与微信公众号文章一样，通过标题、加粗、编号或列表等方式来突出重要内容，行与行、段落与段落之间的距离也要适中。其标准和设置方法与微信公众号文章类似，这里不再赘述。图5-64所示为“旅游”版块下一篇文章的错误排版示例，文章正文为了突出标题中的3个5A景区，使用加粗的方式在正文中进行突出显示，但由于景区包含多个景点，为了介绍景点，文章采用相同的加粗方式来突出景点名称，这非常容易给读者造成名称混淆，并且由于景区名称下并没有对应的解说，读者不容易理解；同时，文中搭配的图片大小不同，通篇看下来版面混乱。

中国最有良心的3个5A景区，不仅门票免费，第一个吃饭只需两元

吉尤星 2018-07-05 17:43:15

如今很多景区为了圈钱，一而再再而三地抬高门票，比如说黄山景区。

与之相反，今天我们要说的这三个景区，可以说是旅游界的一股清流了。

杭州西湖

山水西湖

一山（孤山）

中山公园原为清朝行宫御花园，1927年，为纪念孙中山先生，公园被命名为"中山公园"。公园进门迎面石级上书有"孤山"两大字，其中孤字没有一点，人们猜测其意为"孤山不孤"。放鹤亭在孤山东北角，为纪念宋朝以"梅妻鹤子"闻名的林逋而建。

孤山位于北侧外西湖中，海拔35米，面积约0.22平方公里，为栖霞岭的支脉，也是西湖中最大的岛屿。南宋咸淳《临安志》卷二十三："一屿耸立，旁无联附，为湖山胜绝处。"今山上林木葱蔚，多历代人文古迹留存。孤山东西分别以白堤和西泠桥与湖岸相连，且岛上名胜古迹甚多，因此杭州人将"孤山不孤"，与"断桥不断""长桥不长"并称"西湖三怪"。

孤山上主要的景观包括中山公园、浙江省博物馆、文澜阁、西泠印社、放鹤亭、秋瑾墓、俞楼、慕才亭（苏小小墓）等。2004年1月1日起，开始对公众免费开放。文澜阁在浙江省博物馆内西北角，清乾隆年间，为存放《四库全书》，仿北京故宫文渊阁格式改建。西泠印社创办于1904年，因地近西泠桥而命名，是中国近代著名的金石书画艺术团体。岛内还有杭城老字号饭店"楼外楼"，以在西湖活养的草鱼烹制"西湖醋鱼"闻名。

二塔（雷峰塔和保俶塔）

雷峰塔：原名皇（黄）妃塔，又名西关砖塔，位于西湖南岸夕照山的雷峰顶上，为吴越国王钱俶为祈求国泰民安而建。雷峰塔原是一座八角形、五层的砖木结构的楼阁式塔，后遇火只留下了砖体塔身。由于传说雷峰塔的塔砖可以用来驱病强身或安胎，长期有人从塔砖上磨取粉末、挖取砖块。1924年9月25日下午，几乎挖空的塔基再也不堪重负，突然全部崩塌。2002年10月25日，重建的雷峰塔落成，建在旧雷峰塔的原址之上，旧塔座部分成为遗址的展示厅，并有许多的文献资料供人参观。

图5-64｜错误排版示例

5.4 社群推广文案写作

社群推广文案是文案人员在某个群里为诱导群成员产生自己期望的商业行为而发布的文案。社群对于群员来说是一个半熟的圈子，既有熟悉的人，又有完全陌生的网友，但这种群体组织很好培养熟悉感，而且在群体氛围下发布文案，更容易产生让人相互感染的冲动购买效应。

5.4.1 社群的类型

社群是指以某网络为载体，将拥有共同的兴趣爱好和某种需求的网民聚集在一起，相互沟通交流，展示各自价值而形成的一种社交群体。在社群中，人们能获得心理上的归属感和认同感，其本质是在虚拟空间内实现的人与人之间的连接。社群在互联网营销时代被注入了经济元素后，慢慢成了商业营销的场所，而社群推广文案则是在这些场所内进行推广营销的一种手段。

社群推广文案是社群中营销变现得以实现的必要手段。在写作社群推广文案之前，文案人员需要了解社群的类型，明确社群定位，辨别社群类型和成员喜好，这样才能推出契合群员兴趣的活动和内容，不断强化社群的兴趣标签，给群员带来共鸣。社群主要有以下几类。

- **产品社群**｜是指在一个社群内，以产品为核心，通过与群员的互动形成的社群组织。在这种社群中，产品就是群员之间沟通的桥梁，起着增强群员凝聚力的作用。同时，商家还可以加入群聊，通过与群员之间的互动来营销产品。一般是发布与产品有关的活动文案，例如开展产品的使用心得等相关话题，通过交流互动保持社群的活跃度。
- **兴趣社群**｜即基于共同的兴趣爱好建立起来的社群，如××游戏社群、××母婴社群、××明星爱好者自行组建的粉丝群等，仅靠全员的兴趣支撑，也是现在互联网时代的产物。但这种兴趣群最容易产生消费的冲动。例如，一个做短袖的商家在粉丝群里和群员一起聊天，当有群员表示自己想要周边短袖时，他就可以为群员提供周边短袖，从而获得收益。这就是兴趣社群的营销效果。
- **品牌社群**｜这是群员对某一品牌产生了认同，从而聚集在一起形成的社群。它是产品社群发展到后期的表现，群员能够通过彼此的交流互动产生对品牌的共鸣。在这个社群中，文案人员需要考虑大家为什么加入这个品牌社群，是为了获取品牌的产品或活动信息、结交好友、解答疑惑、娱乐身心，还是为了得到优惠，然后对症下药，就能很好地维系该社群并实现品牌的变现。
- **知识社群**｜其本质类似于兴趣社群，是个体从学习交流、获得知识的角度出发，自发形成的学习社群，例如英语学习社群、考研社群等。这类群体的主定位是学习知识或资源交流而非社交，所以打造优质内容就成为该社群营销的重中之重。内容可以是文字、视频、图画、课程等形式，并可推荐书本或课程等。
- **互融社群**｜移动互联网时代虽然社群种类繁多，且各自定位清晰，但社群并不是封闭的，如果一个人同时加入了多个社群，且在各个社群都有认识的朋友，他将这两个没有联系的社群联合起来，就组成了互融社群。例如罗辑思维社群就是互融社群，它既是产品社群，又是兴趣社群和知识社群。再比如羽毛社群和茶兴趣社群的融合等。这种互融社群的文案写作角度更多，也更容易完美植入，如果想要推广自己的茶馆就可以说“我家茶馆附近有个很近的羽毛球场地，欢迎大家打球的时候来坐坐”，说不定就会引起后续的变现。

社群营销其实是一个口碑传播的过程，其营销方式非常人性化，不仅广受受众欢迎，还可以通过受众口碑继续汇聚人群，扩散口碑，让原有受众成为传播者。

5.4.2 社群推广文案的形式

社群能够营销的前提是社群气氛活跃、互动性强。开展社群活动是维持社群活跃度的有效方式，社群推广文案则以活动分享、话题交流等形式呈献，下面对其进行详细介绍。

（1）活动分享

分享是指分享者面向群员分享一些知识、心得、体会、感悟等，也可以是针对某个话题进行的交流讨论。专业的分享通常需要邀请专业的分享者，当然也可以邀请社群中表现杰出的群员，激发其他群员的参与度和积极性。一般来说，在进行社群分享时，需要提前做好相应准备，下面对准备工作进行介绍。

- **确定分享内容**｜为了保证分享质量，在社群分享之前，应该对分享内容、分享模式进行确认，特别是对于没有经验的新手分享者而言，确定内容和流程必不可少。
- **提前通知**｜在确定分享时间后，应该在社群内提前反复通知分享信息，以保证更多群员能够参与进来。
- **分享暖场**｜在分享活动开始前的一段时间里，最好有分享主持人对分享活动进行暖场，营造一个好的分享氛围，同时对分享内容和分享嘉宾进行适当的介绍，引导群员提前做好倾听准备。
- **分享控制**｜为了保证分享活动的秩序，在分享开始之前，应该制定相关的分享规则，约束群员的行为，比如分享期间禁止聊天等。在分享过程中，如果出现干扰嘉宾分享，与分享话题不符的讨论等，控制人员应该及时进行处理，维护好分享秩序。
- **分享互动**｜在分享过程中，如果分享者设计了与群员互动的环节，主持人应该积极进行引导，甚至提前安排活跃气氛的人，避免冷场。
- **提供福利**｜为了提升群员的积极性，在分享结束后，可以设计一些福利环节，为表现出彩的群员赠送一些福利，吸引群员的下一次参与。
- **分享宣传**｜在分享期间或分享结束后，可以引导群员对分享情况进行宣传，社群运营方也应该总结分享内容，在各种社交媒体平台上进行分享传播，打造社群的口碑，扩大社群的整体影响力。

以下为某营销社群中的分享活动的提前通知文案，便于群员为接下来的分享活动做好准备。

大家好！我是×××！上一次的群聊中大家确定了每周两次分享的规矩，那么下一次分享就是明天啦！

下一期的分享主题预告：#新的一年，自我管理从手机App开始#！大家一起来推荐一些好用的App，寒假时可以好好探索学习哦！

推荐说明：

1. 推荐的App分类：时间记录与管理类、记账理财类、社交或社区类、学习类、运动类、摄影类、旅游类、游戏类和其他有意义或好玩的App等。

2. 推荐的App是对大学生学习和生活有益的。

发言格式：

1. App名称和类型。如：随手记（记账理财类）。

2. 推荐理由。包括：①这个 App 的功能特色；②给你带来的好处或生活中的变化。

明晚分享时间为：晚上 9:30—11:00。欢迎大家交流~

（2）话题交流

话题交流是发动群员共同参与讨论的一种活动形式，先挑选一个有价值的主题，让社群的每一位群员都参与交流，输出高质量的内容。与分享活动一样，话题交流也需要经过专业的组织和准备，下面对准备工作进行介绍。

- **预备讨论**｜对于话题交流来说，参与讨论的人、讨论的话题都是必须预先考虑的问题。一个好的话题往往直接影响着交流效果，通常来说，简单的、方便讨论的、有热度的、有情景感的、与社群相关的话题更容易引起广泛的讨论。除了确认参与成员、话题类型外，话题组织者、主持人、控场人员等也必不可少，要合理分配角色，及时沟通，保证社群交流不出现意外事件，同时有一个恰当的秩序和氛围。
- **预告暖场**｜在社群的话题交流活动开始之前，最好有一个预告和暖场阶段。预告是为了告知社群成员活动的相关信息，如时间、人物、主题、流程等，以便邀请更多群员参与活动。暖场是为了保持群员参与活动的积极性，让活动在开场时有一个热烈的氛围。
- **进行讨论**｜话题交流活动在正式开始后，一般依照预先设计好的流程依次开展即可，包括开场白、讨论、过程控制、其他互动和结尾等。需要注意的是，与社群分享一样，当讨论过程中出现讨论重点偏离主题，甚至出现与主题无关的刷屏时，控场人员要及时进行控制和警告。
- **结束讨论**｜在社群讨论活动结束后，主持人或组织者需要对活动进行总结，将比较有价值的讨论内容整理出来，总结活动经验和不足，并可对活动内容进行分享和传播，扩大社群影响力。

如下为社群话题交流推广文案的示例。

大家好，我是××，这周将会由我跟同学们来一场交流哦~

交流时间：周六晚上 9:00—11:00

交流主题：效率提升从桌面整理开始！

你以为你把所有东西都放在办公桌上，就能节省找东西的时间了吗？你以为将各类文件堆满桌面，领导就会认为你工作很努力吗？那你就错了！本次交流将教你快速整理桌面，迅速提升工作效率！

欢迎同学们晒出自己的桌面图和心得哦~其他小伙伴可以提出整理建议和有效的方

法，最后欢迎大家在话题结束后，把学到的整理方法用到自己房间、办公室的整理中，并且微博晒图@我哦~我的微博是@××管家

然后在群内对这次话题交流总结之后，顺势引出广告内容，这次的社群推广文案就大功告成了。

本次话题交流到这里就结束咯，通过这次话题交流，大家是不是学到新技能啦，赶快将它们运用起来吧！

另外：为大学生精心研发的《和秋叶一起学职场技能》课程已经发布了！目前处于内测阶段，售价99元，2月1日正式发布，价格为129元哦~快跟着一起学职场技能，变身职场杜拉拉吧！

内测链接：（附具体链接）

5.4.3 社群推广文案的组成要素

不管社群推广文案采用怎样的表现形式，一篇优秀的社群推广文案应有以下4个要素。

- **产品信息**｜在推荐一款产品时，需要进行适当的产品信息介绍，让群员了解详细的信息以确认他们是否需要这样的产品或是否有这样的需求。甚至有些群员原本没有这方面的打算，但被呈现的某些产品信息吸引后，反而引起了消费欲望。图5-65所示为某社群的推广文案，在其中呈现了CC霜功能，包括“三色智能美颜”“遮瑕立体光感”、活动时间“1月10—11日”、活动规则“转发朋友圈集满……”。

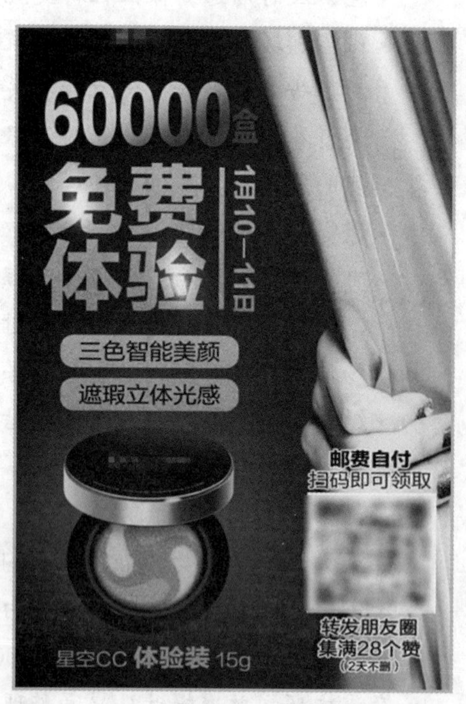

图5-65｜展示产品信息

- **链接**｜为方便全员查看或进行相应的操作，一般社群推广文案中都会附带链接，这样也有利于提升文案的转化率。
- **二维码**｜二维码与链接是同样的道理，基本上在社群推广文案中没有链接就会有二维码，群员可直接扫码查看，十分方便，图7-2所示的图片文案中就设有二维码。
- **@所有人**｜当文案人员作为一个群主或者推广人员，准备在群里发布某篇文案时，需要在群里@一下所有的成员，以保证他们都能看到这条信息，否则这条文案很容

易石沉大海，激起的浪花还来不及吸引更多的目光，就被群成员之间的对话刷过去了。但也要注意并不能在发送所有内容前都@所有人，有意义的、对他人有帮助的可选择@所有人。

专家指导

若有不能发送链接的情况，可换成口令或二维码的形式，例如淘宝链接就是淘口令的形式。群员复制该链接后打开淘宝就能跳转到该链接。

如下为某社群推广文案案例，基本都包含上述的元素，如利用了@功能，并在文案中展示了本次体验活动的具体信息、提供了报名链接等。

@所有人

万众期待的飞行体验活动本周末再追加一场，仅限20组名额，要报名的亲们一定要手快，名额报满小脚印依旧会提前截止报名时间！

上周活动结束后小脚印看见许多美妈都把照片分享到朋友圈为这次活动喝彩，也许很多美妈有些疑问，我来说说我们能为你带来的福利。

1. 邀请专业机长现场绕机讲解专业知识。小脚印特意邀请专业教员为各个家庭详解直升机的专业知识，解决小小飞机迷们的十万个为什么。

2. 近距离接触驾驶舱，观看机长操作。这个是坐客机完全没法比的，相信很多孩子们都羡慕机长的工作，也非常想知道飞机是怎么飞起来的。

3. 低空鸟瞰风景，与酷帅的机长聊天。

4. 说到重点了！关键是价格给力，不仅能坐直升机，还能玩室内降落伞+飞机培训课+吃饭+做飞机模型+2018年个性定制台历拍摄，这一系列流程下来并不贵，我想这就是我们“仅”能给你带来的几点福利！

报名链接戳下方

×××××××（该栏为链接）

5.4.4 社群推广文案的写作注意事项

对于社群而言，不管是活动的举办还是社群的宣传、产品的变现，都需要文案这种介质去引导群员做出行动。在上面的内容中，我们介绍了社群推广文案大致的写作方法，而要想写出高变现的社群推广文案，还需了解写作中的注意事项。

1. 输出优质内容

俗话说，内容是流量的入口，虽然有些社群中很多人都在发广告、卖货，但其转化率并不高，有些人天天在群里发自创的内容，然而很多时候这只是一种自嗨式的操作，内容却无人问津。所以，优质内容非常重要。内容是社群媒体最基础也是最关键的环节，只有输出优质内容去吸引和筛选群员，并占据群员时间和心智之后，才会让群员真正意识到该文案的价值，才会在当前社群的基础上形成一个更高转换效果的社群，这样，围绕社群的商业变现模式才会更加丰富多样，获得的回报也会更多。

2. 文案内容尽量以聊天形式呈现

细心留意就会发现，同样的内容，相比于单纯的文字罗列，对话形式更能集中人的注意力，让人产生好奇和新鲜感。如果文案人员能把社群推广文案营造成几个人聊天的假象，这种对话通常能够让全员心里响起一种声音，冲淡阅读带来的疲倦感；或者伪装成交流分享的状态，营造一种轻松愉悦的交流氛围。况且社群在本质上属于交流平台，以聊天的形式呈现文案会更合理、不突兀。

3. 文案内容要直白简单

在社群推广文案中，使用生僻、专业的词语解释活动、解释产品并不会让人觉得舒服，反而会让群员觉得不能理解或不愿去理解，以至于丧失了深入解的兴趣。所以文案的关键信息最好用直白通俗的语言表示，这才是引流吸粉的正确方法，而不是写成自嗨式文案，流失自己的受众。

5.5 本章实训

为了帮助读者进一步掌握网络推广文案策划与写作的方法，下面以策划并写作微博和微信文案为例进行实训练习。

5.5.1 策划并写作微博推广文案

营销推广的目的是进行企业形象的建设、商品或服务的推广。每一个企业都想通过较少的成本来进行信息的高效与大范围传播，微博就是这样一个平台。随着电子商务与微博的快速发展，不管是世界知名的大企业、中小型企业还是个人卖家，都将目光转移到微博上来，如京东、天猫等电商平台，戴尔、索尼等品牌。不管是作为大企业的官微平台，还是个人商家的推广平台，微博都是目前最流行的网络营销渠道之一。

1. 实训要求

①学会写作微博推广短文案。

②掌握微博长文章的写法。

③掌握在文章中植入品牌或企业信息的方法。

2. 实训准备

每年的淘宝天猫“双11”，都是淘宝、天猫众多商家开展大促销活动的日子，也是消费者购物频率和购物数量集中爆发的日子。由于“双11”带来的巨大客流量和成交率，许多卖家必须提前一月甚至多月开始着手备货、核算、策划活动等工作，火热备战“双11”。为了迎接“双11”购物狂欢，现要求文案人员利用微博为某服装电商进行推广宣传，通过前期造势引流来增加店铺和商品的流量和热度，为“双11”大促活动吸引流量进行预热。

文案人员在写作推广文案前需要先明确本次预热活动的目的和相关信息，以确定推广的方式及手段，主要包括以下几点。

- **商品人气推广**｜由于本次推广的商家主要销售服装，“双11”又是秋冬交替之际，因此主推商品为秋冬新品，推广的目的是增加商品的收藏量和人气，可以通过转发、评论抽奖的方式来激发用户的参与热情。
- **活动和品牌推广**｜“双11”本身具有很高的关注度，可以利用“双11”活动的热度来进行品牌信息的推广，因此可通过带话题来增加热度，同时建议搭配美观的活动图片，并在图片中植入品牌和商品信息。
- **用户累积**｜“双11”活动需要吸引大量的用户才能为活动预热做好准备，因此可通过微博长文章发布专业知识来累积用户，增加粉丝并吸引更多粉丝参与活动，增加人气。

3. 实训步骤

①写作商品转发、评论、点赞的抽奖短微博文案。抽奖类短微博主要是通过奖励来激发微博用户参与微博的转发、评论和点赞，因此奖励要吸引人，且要写清楚参与抽奖的条件和开奖的方式。由于本条微博主要是为了增加商品的人气，因此微博内容主要是以收藏、加购商品为条件。同时，还要在微博内容中插入商品的跳转链接。图5-66是为推广商品人气而写作的抽奖短微博示例。

专家指导

在微博中添加商品链接的方法很简单，输入时先按空格键与前面的内容分隔开，再输入商品的真实链接网址，然后按空格键与后面的内容分隔开，发布后网址会自动生成商品链接和其对应的真实信息。

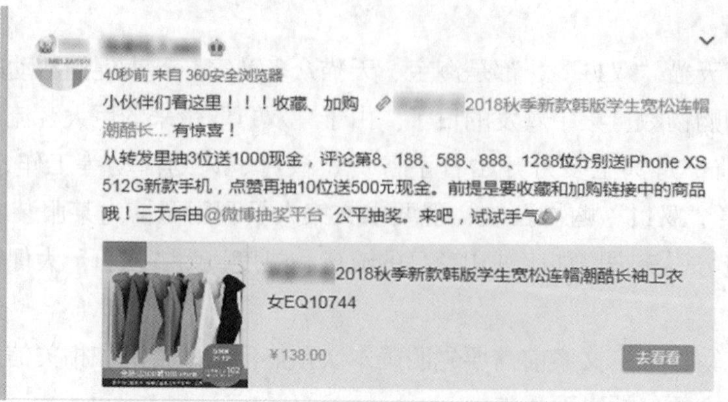

图5-66｜抽奖短微博示例

②写作“双11”活动推广话题文案。为了借助“双11”活动本身的热度，可发布“双11”话题文案，这样微博用户可以通过话题专题页看到推广信息。为了在话题中更好地进行商品和品牌的推广，可为文案配图，并在图片中添加商品和品牌信息。图5-67所示为发布的“双11”活动推广话题文案示例。

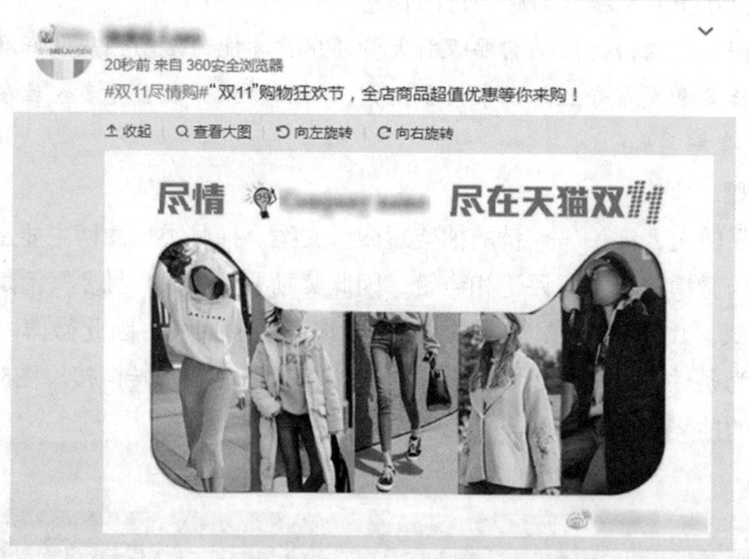

图5-67｜话题推广示例

③写作商品搭配推荐长文章。例如，通过写作专业的服装搭配长文章来吸引对此有兴趣的用户，文中配图可使用店铺的主推商品，以作为展示商品并吸引用户的手段。图5-68所示为一则简单的示例，可参考其写作展开写作。写作时要注意标题要醒目，正文中的段落要明显，图片格式要统一，以保证文章的整体风格。

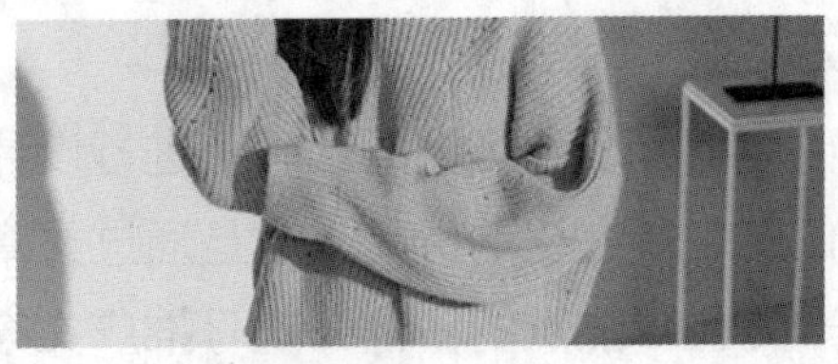

秋冬这样搭配显瘦又变高

2018-09-27 14:42:22

为什么别人的秋冬总是美美哒？而自己却臃肿得像个球似的呢？

秋冬将至，怎么在吃好保暖的同时做个又瘦又高的小仙女呢？穿衣搭配技巧就显得尤为重要了。

1. 连帽卫衣+阔腿裤

连帽卫衣和阔腿裤都是比较休闲的单品，连帽卫衣不挑身形，是很多女生的首选；阔腿裤不挑腿型，既具有气场，又比较干练。搭配时可以把衣服扎进裤子里，既显出腰身又让腿变得更长。

2. 中长连帽外套+小脚裤

中长连帽外套休闲又随意，有种轻松自由的感觉，可以在外套里内搭条纹打底，然后搭配小脚裤，整体看起来非常青春、活泼。

3. 连帽卫衣+大衣

每年冬天最冷的那段时间都要靠层叠穿搭度过，卫衣再加上大衣不仅显气质还更保暖，再加上一条阔腿裤，穿几条秋裤都不会看出来，但要注意腰线分明，让矮个子穿出时尚范。

4. 连衣长裙+长款大衣

长款大衣是提升气质的利器，采用女神范的连衣长裙作为内搭，外面加上一件长及小腿处的长款大衣，是冬天非常流行的穿法。

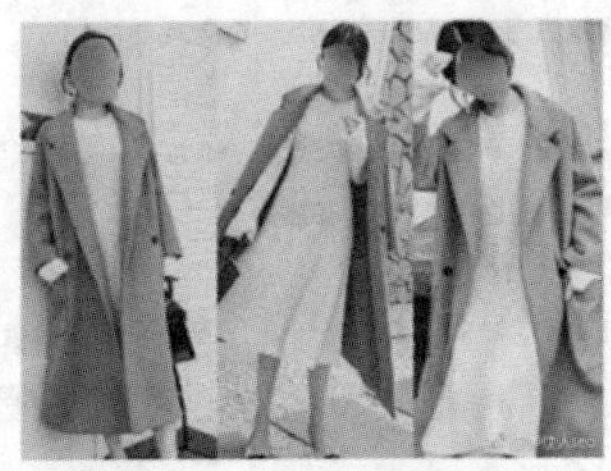

5. 毛呢大衣+连衣长裙

毛呢大衣是全世界都非常流行的服装，内搭上连衣长裙完全可以抵御冬天的寒冷，让你散发出女人味，立马显高显瘦。

图5-68 | 商品搭配推荐长文章示例

专家指导

发布文案后，文案人员还要关注用户留言或评论，选取比较具有代表性的用户进行回应，解答用户对商品或文案的疑惑，以满足用户的各种需求，给用户留下良好的印象，进而拉近与用户的距离，累积一定的口碑，获得良好的粉丝基础。

5.5.2 策划并写作微信公众号推广文案

微信公众号推广文案是建立在对目标用户群体的分析和了解的基础上进行设计与写作的，其目的是为了吸引用户阅读文章，并让他们产生所期望的行动，或是通过文章来保持用户对公众号的长期关注。下面将策划并写作一篇包含热点的微信公众号推广文案，并在文案中植入商品信息，吸引用户阅读文案内容并对商品留下印象。

1. 实训要求

① 掌握微信公众号推广文案的写作方法。

② 掌握在微信公众号文章中植入商品的方法。

2. 实训准备

一年一度的3・15消费者保障日到了，每到这天用户都特别关注又有哪些假冒伪劣商品被查处，话题占据了人们茶余饭后的时间，热度也会持续好几天。本例借助3・15的热度，为某牙科医院写作一篇微信公众号推广文案，以3・15当日曝光的北口义齿黑幕事件为切入点并进行对比，既借用了热点事件，有一定关注度，又推销了自己的商品，可谓一举两得。图5-69所示为3・15曝光的北口义齿黑幕事件的部分新闻信息。

（央视财经讯）在央视3·15晚会现场曝光了劣质假牙问题。

记者应聘进入了北口义齿技术研究有限公司，这是一家为多家医疗机构提供义齿加工服务的专业企业。该企业具备合法的医疗器械生产资质。

按照流程北口义齿会根据医院发来的订单生产义齿。医院在这些订单上都会标明义齿所要求的材料：钴铬、纯钛、诺必灵等。在铸造车间的地上，堆放着各地医院寄来的患者牙模制成的支架灌注模具。

记者看到，工人铸造普通支架所使用的金属原料形状不规则、大小不统一，并且没有任何标志。这是一种什么材料呢？是否符合国家标准呢？记者进入了这家企业的原料仓库，但并没有找到这种原料，就连工厂的老员工也觉得有些蹊跷。

北口义齿技术研究有限公司的工人称：“（你们这个现在用的是哪个厂的？）不知道，这段时间领料时，盒上面商标那直接就没了，直接就给倒袋里边，不让看”。

记者注意到，铸造工人偶尔会使用一些完全不一样的金属原料。这种金属原料的包装盒上都印有医疗器械注册许可证号，每颗金属原料都是形状规则、大小统一，并且印有相关标志。原来，这才是正规的义齿金属原料。按照国家要求定制式义齿属于二类医疗器械产品。作为入口的产品，义齿的金属材料在口腔环境中可能出现降解腐蚀，甚至会刺激牙龈，出现红肿的情况。根据国家食品药品监督管理总局下发的《定制式义齿产品注册技术审查指导原则》：“义齿的制作，应使用具有医疗器械注册证书的齿科烤瓷合金、齿科铸造合金等材料”。然而，在北口义齿铸造义齿支架时，使用量最大的却是这种形状不规则，没有任何标志的金属原料。

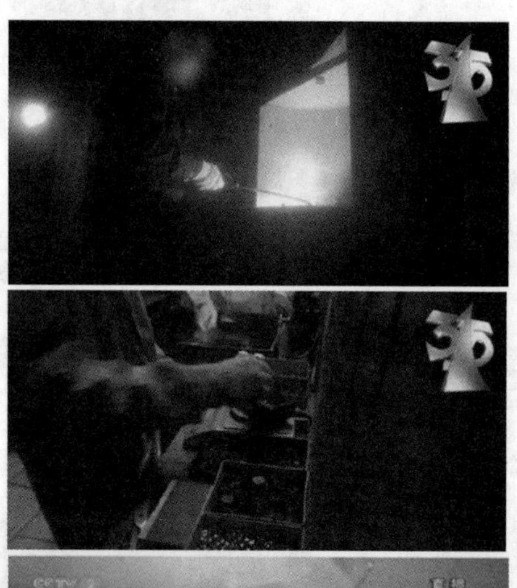

图5-69｜北口义齿黑幕事件的部分新闻信息

借热点写作微信公众号推广文案时一定要注意热点与自身商品的契合度，本例选取的热点事件为义齿黑幕事件，正好与要推广的商品牙科医院有所关联，能够比较好地进行推广商品的衔接和过渡。同时，还要注意文案写作的风格，一般这种类型的文案建议以趣味性内容为主，通过语言风格、描述方式和有创意的图片来吸引用户，让用户在阅读的过程中能够感到愉快，回味无穷；或引起他们新奇、振奋等情绪，让他们轻松、自然地接受文案所传递的信息。

趣味性的文案要有足够的新意，最好花费足够的时间在表达方式、内容倾向等方面进行构思，拥有自己的风格和特点并长期保持一致，这样才能与其他的公众号区别开来，让读者直观地识别。如琢磨先生、槽边往事等公众号都是比较有创意和个性的账号，文案人员可搜索这些账号并阅读其文章进行借鉴。

趣味性的文案可以通过新颖的写作方式或加入具有个性的图片来进行改善，但要注意这类文案在写作时，要满足以下条件。

- 内容要有及时性、可读性、教育性、娱乐性或互动性的特征。
- 不能大篇幅进行自我推广，要保持80%的内容是读者感兴趣的，20%的内容进行自我推广。
- 文案结构清晰明了，内容最好具有一定的思考性，独特有趣。
- 保持自己的文案风格，不要有巨大的转变。

3. 实训步骤

案例结合3·15打假的结果，通过对事件的描述和对比，撰写自己要推广的牙科医院。文案可以结合当下流行的表情包，穿插于其中，使文案严肃中带有乐趣，给读者带来不一样的体验，图5-70所示为示例内容，读者可参考其写作方法或展开自己的创意进行写作。

废钢材做假牙，清洁用旧牙刷——这样的义齿你敢用？

一年一度的3.15又轰轰烈烈地展开了！围观的群众表示，哈哈！又有一些商家要倒霉了！相关部门也用实际行动给了这些不法商家一个大大的耳光：十年风光，不如一朝黑名单！

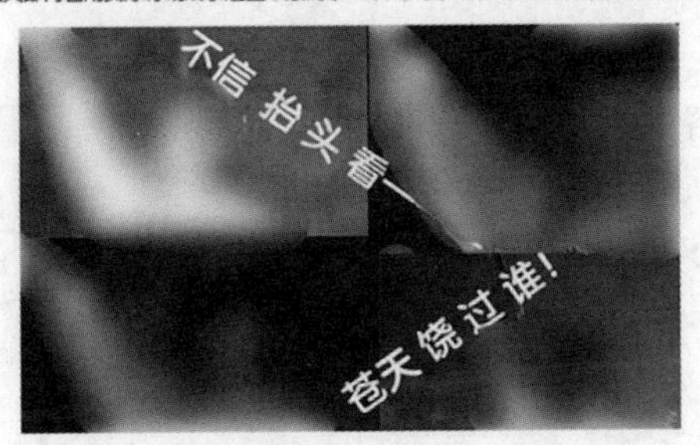

于是，各行各业都有商家陆续被爆。

"北口义齿用废钢料制假牙，清洁用旧牙刷"

看到这则新闻，小编的心理是哇凉哇凉的！牙齿隐隐作痛！

看看这些生产过程

环境简陋、被反复回收再利用的回收料或工业原料，没有医疗器械注册许可证号的碎钢，有害元素浓度远远超标。

图5-70｜示例内容

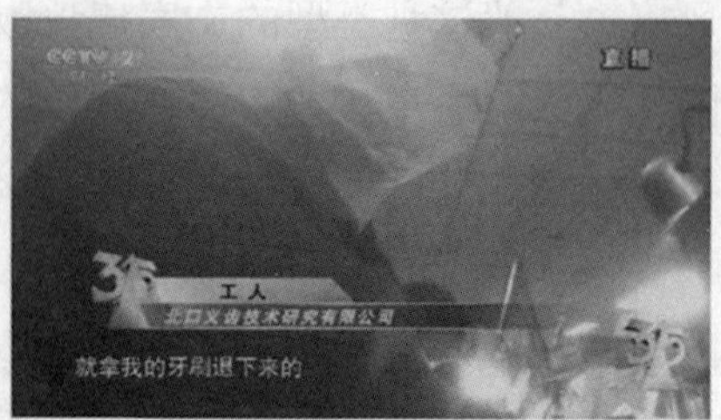

假牙不消毒，用员工用过的旧牙刷，刷一刷就寄给你

对此，相关部门表示：

毫不留情地揭露这些制作黑幕，对违法产品进行扣押，对违法生产车间、库房进行查封，要求企业暂停生产、限期整改，并向本市各医疗机构发布通告，暂停使用该企业的产品。

对比，小编只能说：

出了这样的事情，也让广大人民群众开始质疑，各大牙科医院的义齿正规么？

根据国家食品药品监督管理总局发布的《关于加强定制式义齿生产监管的通知》以及《医疗器械说明书和标签管理规定》："不得使用未经注册的义齿材料加工定制式义齿"。

作为义齿用户，我们最关心的就是产品本身的质量，如果产品本身已经出现了问题，那经过这些有问题的产品，吃进身体的东西，肯定是对我们人体有害的。

对此，有热心网友指出：要选择适合的假牙，就要清楚地知道假牙的不同类型，以及各自优点和适应症状。理想的假牙修复材料应是对口腔黏膜无毒性、无刺激性、无致癌性，对假牙覆盖的组织不会导致过敏反应，不溶于唾液，不因口腔环境而腐蚀、变性、耐生物老化，在口腔 温度改变中性能稳定，在制作过程中对操作人员无害。此外，还应力求美观、耐用，重量轻，易经加工，操作简便、取材容易、价格低廉等。

小编也认为，网友的观点十分正确。×××计算机智能全瓷牙通过计算机智能辅助设计、激光三维扫描，由计算机程序控制机床研磨制作成基底冠，再由饰面瓷粉进行饰面而成，具有完美逼真的色彩效果及高密度和高强度。是一种十分适合我们使用的义齿。

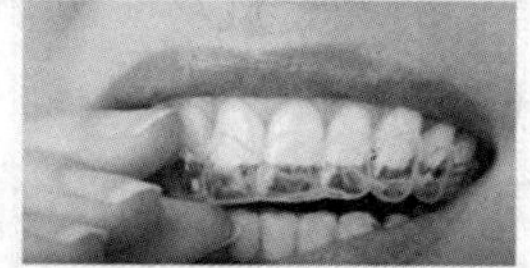

义齿要保证材料正规，无毒无害，不然看起来再好看，也是会坑人的呀！

图5-70｜示例内容（续）

第6章

内容电商文案写作与发布

学习目标

| 熟悉常见的内容电商平台

| 掌握淘宝内容电商文案的写作

引导案例

淘宝头条是阿里巴巴集团旗下的生活消费资讯媒体聚拢平台，以内容化、社区化和本地生活服务3个方向为淘宝卖家提供了营销的空间。对于广大淘宝卖家来说，淘宝头条是他们更贴近消费者需求的营销方式，能够快速吸引具有潜在需求或感兴趣的用户；对于消费者来说，淘宝头条中推送的各种内容已经提前将他们需要考虑的问题提出并给出解决的办法，无须自己再花费过多的心思，是一种省时省力的方式。

淘宝头条以图文结合的方式发布消费者感兴趣的帖子或视频，内容可以是产品上新、经验分享、使用体验、疑难问答等，向用户传递有价值的信息，从而实现营销的目的。这种新型的营销方式具有很高的转化效果，能够快速吸引在未来一段时间内可能产生这种需求的消费者，并快速形成品牌的印象，对产品与品牌的推广起到很好的作用。图6-1所示为淘宝头条中的部分文章。

类似淘宝头条这样的内容营销平台很多，如淘宝中的微淘、有好货、必买清单、每日新品；京东的京东快报、会买专辑、发现好货；各种自媒体推送的文章等。随着电子商务发展的不断成熟，消费者能够自主获取信息的方式逐渐多样化，对信息的分辨能力越来越强，对于广告信息越来越排斥，因此，内容就成为影响消费者购买决策的关键。它以更贴近用户消费需求的内容来引导消费者，激发他们潜在的购物欲望，增强其对产品或品牌的信心。因此，内容电商文案是否能够直击消费者需求和痛点非常重要。

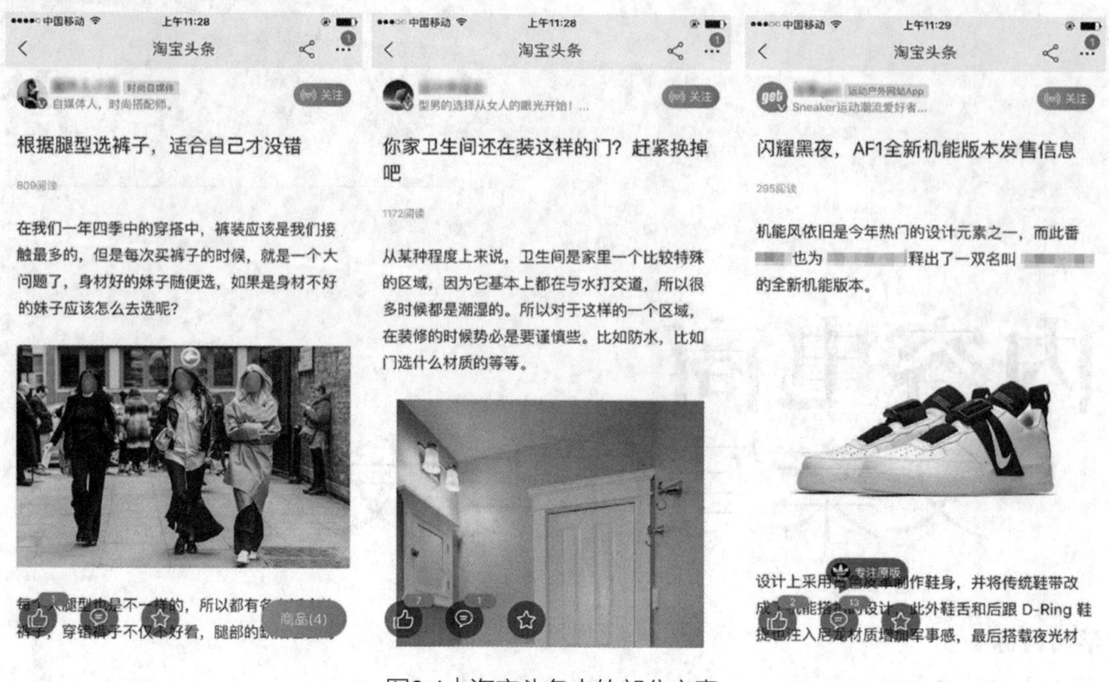

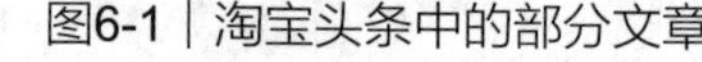
图6-1｜淘宝头条中的部分文章

6.1 常用内容电商平台简介

内容电商的大力兴起，使各大电商平台纷纷开放了内容营销的入口，如淘宝、京东等。此外，为了给消费者提供更好的内容服务，一些内容创作网站也纷纷兴起，如小红书等。下面对常见的内容电商平台进行简单介绍，为文案写作和发布打下基础。

6.1.1 淘宝电商平台

随着电子商务的不断发展，消费者对产品的需求逐渐从价格转向质量、服务，消费者的购买行为更加理性。而网购行为与消费者生活节奏的变化，导致很多消费者在没有明确购物需求的时候也会在电商平台中闲逛，消耗时间。消费者浏览电商平台时，商家就能通过优质的内容来进行产品或形象的推广，树立其品牌形象并刺激消费者的购物欲望。淘宝作为最典型的电商平台之一，很好地抓住了这个契机，加大了内容版块的投入，在淘宝首页的各大流量入口开设了内容频道。

1. 淘宝内容电商的模式

淘宝内容电商由内容生产者、平台、内容消费者三者共同组成一条完整的内容供应链。其中内容生产者是指内容的创作者，由于电商带有很明确的销售性质，很难站在用户的角度来客观、公正地推荐行业内的优质产品，其生产的内容很容易受到消费者的质疑，因此，淘宝主张将内容和电商分开，由独立的内容生产者来生产内容，如淘宝达人（自媒体、淘宝红人、领域专家等），同时，淘宝并未限制商家进行内容营销，商家也可申请账号开展内容创作，以进行品牌的宣传推广。淘宝中的各种内容频道包括淘宝头条、必买清单、淘宝直播等。内容消费者即消费者，消费者通过在淘宝的各个内容入口中查看内容并被内容激发产生消费行为。

文案人员要在淘宝平台开展内容创作，可通过阿里创作平台申请，如图6-2所示。阿里创作平台主要可申请微淘号和品牌号两种类型的账号。

- **微淘号**｜微淘号是“达人平台2.0”的重大升级，以优质原创内容创作者为主体，重新对淘宝内容生态体系的账号进行了定义和分类，涵盖原达人体系（微淘号·达人）、商家体系的各类内容生态角色（微淘号·商家）。
- **品牌号**｜品牌号是以知名品牌商为主体，提供内容生产、内容管理、内容投放的平台以及品牌全链内容交易服务。它适用于天猫品牌号，需要通过天猫品牌入驻。

图6-2｜阿里创作平台

商家在阿里创作平台中申请账号后即可进行内容的自创作，也可以与其他达人合作，招募达人进行内容的创作，并支付佣金。在创作了一定数量的内容后，内容创作者可以对自己的账号进行认证，以获取所发表内容相关领域的权威认证，增强自身的辨识度与消费者的信任感。目前，淘宝面向7个社会属性102个角色的行业精英或知名企业开放自主申请认证，主要包括媒体、网站App、自媒体、淘女郎、红人、垂直领域专家等7个社会属性；科技媒体、美食网站App、家居自媒体、时尚编辑、造型师、专业教练等众多角色，可通过创作号后台—账户—我的角色—申请认证进行了解。

- **媒体**｜指具有信息传播等许可证的媒体，传统媒体主要有电视、广播、报纸、周刊（杂志），新媒体主要为新闻网站等。需要具备《互联网新闻信息服务许可证》《广播电视播出机构许可证》《中华人民共和国期刊出版许可证》《网络文化经营许可证》等资质的媒体机构才能认证成功。
- **网站App**｜指拥有一定量级的用户量和日活量，且偏向生活消费类的独立网站或App；网站要求有合法备案，App要求在应用市场有效上线。网站或App要偏生活消费类方向、有一定活跃用户基础、资质真实有效无违规等才能认证成功。
- **自媒体**｜指外部社交平台（微信公众号、新浪微博等）粉丝数达到一定数字，且不符合媒体机构、网站App/社区的非艺人个人媒体。要求有优质原创的生活消费类内容创作能力；有粉丝追随，微信公众号粉丝大于5万或新浪微博粉丝大于10万或其他平台粉丝数大于10万，才能认证成功。
- **淘女郎**｜指能为全网商家提供全链路的商品平面拍摄、视频拍摄、商家直播、线下活动参与、内容包装推广等服务，为消费者提供年轻、时尚以及极具人格化的生活消费内容，有态度、有颜值和内容创作能力的年轻女性。要求颜值高、女性、年龄在18~28岁、有内容创作能力，才能认证成功。
- **红人**｜指在社交平台拥有高粉丝号召力，且具备高电商能力的网络红人。要求先通过淘宝红人店铺认证。
- **垂直领域专家**｜在垂直领域具有强专业技能，有一定的话语权和影响力，且已经积累一定的粉丝，属于垂直领域专家。要求在垂直领域有资质证明、证书、奖杯等；在垂直领域内有一定的内容能力；积累了一定的粉丝，站外微博、微信等粉丝数达5000以上，或站内创作号粉丝数达1000以上，才能认证成功。

成功认证的创作者，根据细分角色及能力，享有相应渠道的快速入驻权。且在阿里V任务场景下，商家能够通过角色更精准地找到达人，更清晰地了解达人领域属性及能力，提高合作机会。

2. 淘宝内容电商的布局

淘宝近几年对内容电商给予了大量的支持，经过一段时间的发展和沉淀后，用户对于优质内容的诉求越来越高，淘宝达人在淘宝平台上开展内容创作时，要了解淘宝的内容布局，确定自己的角色并选择对应的版块进行内容设计。淘宝不同于一些垂直内容平台，它为用户提供了一个形式丰富多样的生态型内容平台，无论是个人、商家、自媒体还是淘宝达人都可以通过淘宝内容平台吸引消费者，提高自己的销售额。由于移动电子商务的普及与应用，目前的内容电商更注重移动端的发展，这里以手机淘宝为例来分析淘宝的内容布局，主要包括3大类，共9个频道，每个频道都能满足不同用户的需求，如图6-3所示。

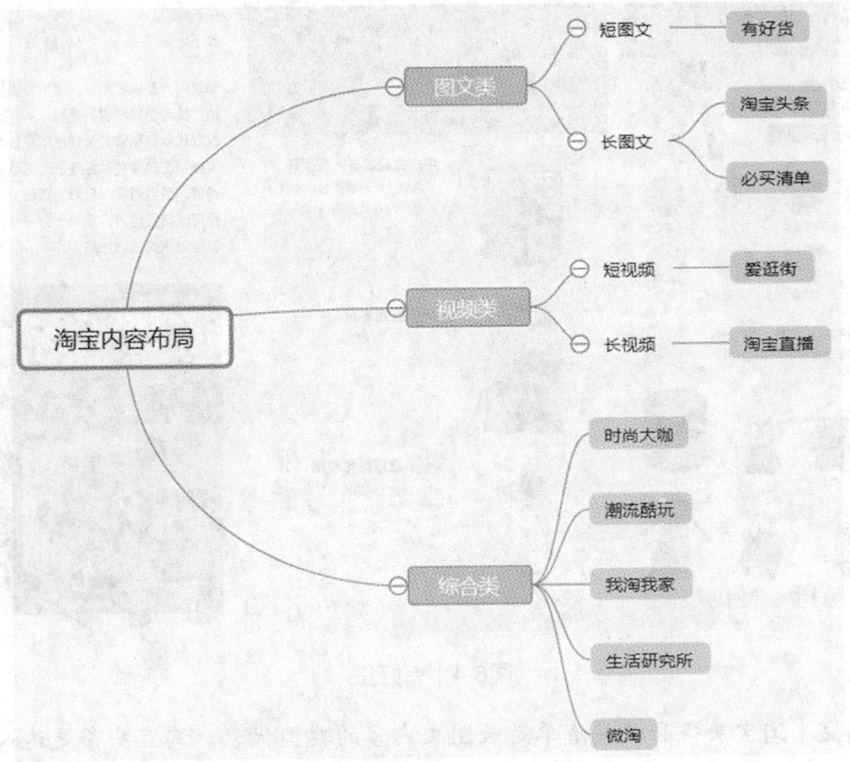

图6-3｜淘宝内容布局

（1）图文类

与单纯的直接展示商品信息相比，通过图文内容创作并在其中穿插推荐商品及其购买链接的方式，会让消费者更容易接受你推广的信息。在淘宝平台中，图文类内容主要包括短图文和长图文两种类型。

- **短图文**｜有好货是淘宝内容电商的典型代表，它是一个精品导购平台，以千人千面个性化算法模型为中高端用户提供高品质的选品及导购介绍。在手机淘宝首页点击进入有好货，即可进入有好货页面，如图6-4所示。有好货注重对单品进行内容营销，要求内容标题清晰，能表达推荐产品的名称、品牌、品类、产地、功能等元素，正文则主要侧重于对产品功能、特点、品牌、产地、质量、优缺点、使用经验等的介绍，要求描述可观，与商品实际相符。正文内容可搭配产品图片，要求图片清晰，最好为白底图、浅色背景图或场景图，能够体现出商品的功能，方便读者查看。

图6-4｜有好货

· **长图文**｜淘宝头条和必买清单是长图文内容的典型代表。淘宝头条是达人或自媒体开展创作的有利平台，它的结构与新闻App类似，划分有头条、视频、手机、旅行、汽车、运动等多个模块，每个模块下都可以进行相应主题的文章创作，文章内容主要以资讯和知识为主，导购性弱，可读性更强，便于创作者累积粉丝和树立形象，如图6-5所示。必买清单是以一个场景或主题为单位，围绕该场景或主题介绍相应的技巧、攻略，并通过在文章中穿插商品图片和链接来吸引消费者购买的一种内容创作方式。必买清单介于有好货与淘宝头条之间，很好地平衡了导购与资讯之间的内容，利用消费者的潜在购物需求来对应创作的场景或主题，更好地刺激了消费者产生购物欲望，图6-6所示为主题为“时髦中国风”的一组必买清单，不仅说明了哪些中国风元素时髦，还为消费者提供了对应的商品，在满足消费者购物需求的同时，还提供了解决的方法，是一种信息价值较高的内容提供方式。

专家指导

必买清单场景或主题预览要求商品图片为正方形，不能添加水印、Logo和其他多余的文字。其次，在描述清单内容时，不要写无意义的空泛内容，要以用户需求为切入点，将产品卖点与用户需求结合起来增加内容的可读性与通过率。

图6-5｜淘宝头条　　　　图6-6｜必买清单

（2）视频类

视频能够更加直观地展示商品，消除消费者对商品认知上的疑虑。淘宝平台提供了短视频和长视频两种不同类型的视频内容展示方式，下面进行简单介绍。

- **短视频**｜爱逛街是淘宝短视频内容的主要入口，其内容需要由经过认证的淘宝达人输出，输出视频长度主要为15秒至5分钟，视频内容主要围绕一个场景，由达人展示商品的使用过程或效果，也有少量的商品宣传广告视频，如图6-7所示。
- **长视频**｜淘宝直播是淘宝长视频内容的主要入口，它是一种以主播为导向的内容输出方式，其播出时间在几十分钟到几个小时不等，根据主播的需要可以导购几个到几十上百个不同数量的商品，其内容主要是商品试用和讲解。在播出过程中，主播需要通过与观众的互动来让消费者更全面地了解商品，推动购物流程，并且可通过发放优惠券或抽奖等来吸引消费者参与互动，如图6-8所示。

（3）综合类

时尚大咖、潮流酷玩、我淘我家、生活研究所等是不同场景、主题的综合内容频道，其内容展现方式多样，既可以是图文，又可以是视频，并通过千人千面的方式推送给消费者。图6-9所示为这几个频道的内容入口，从中可以看出，每个频道下都包含不同的场景或主题，可以将其看作是专栏信息，用户可以通过这些专栏快速找到自己需要的内容，并获得有价值的信息。

而微淘位于手机淘宝底部导航的第2位，这个位置可以带去大量移动流量。对于淘宝卖家而言，微淘是淘宝营销的一个重要武器。卖家通过微淘后台发布各类上新产品信息，可以让粉丝及时知道店铺动态，实现精准互动，提高客户黏性，并进行品牌传递，直至成交转化。

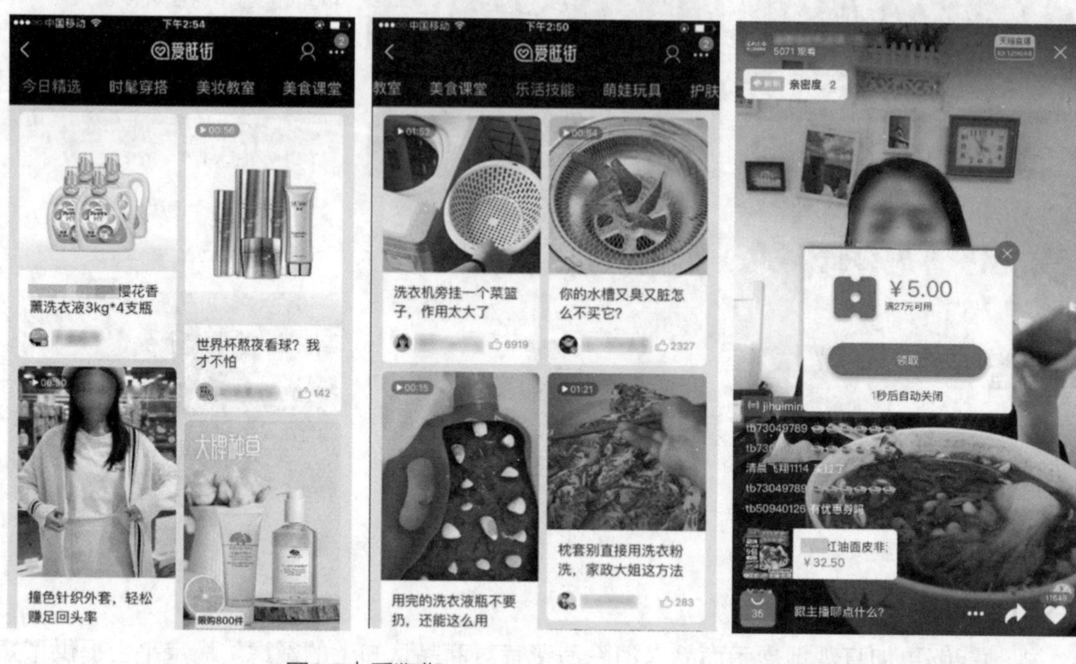

图6-7｜爱逛街

图6-8｜淘宝直播

图6-9｜时尚大咖、潮流酷玩、我淘我家、生活研究所

6.1.2 京东电商平台

京东与淘宝类似，在其首页开设了多个内容电商频道，以优质的内容吸引消费者，刺激他们产生购买欲望。京东内容电商主要依靠京东内容开放平台进行内容创作，凭借与腾讯的战略合作优势，引导有实力的原创写手进行与京东商品相关的创作和分享。

1. 京东内容电商的布局

京东内容电商的布局与淘宝内容电商类似，整体可以分为图文、视频和综合等类别，每个类别下对应不同的内容入口。图6-10所示为京东内容电商的常见布局。

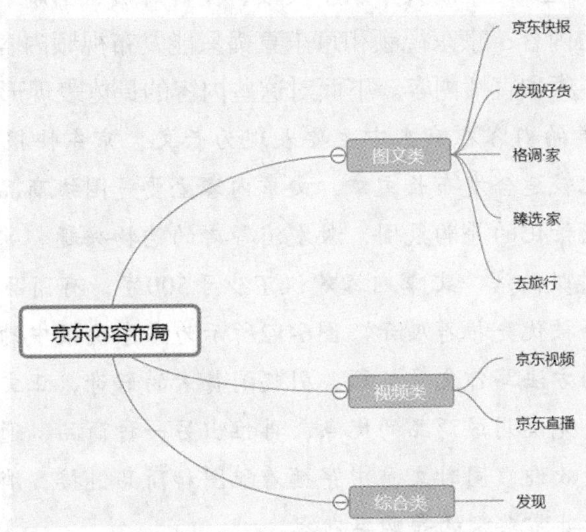

图6-10｜京东内容电商的常见布局

这些内容布局都是京东站内的内容入口，它们主要通过京任务来进行内容的招募。京任务是商家发布任务并招募达人的平台，京东达人通过该平台接受商家发布的任务，达人完成的文章将发布在京东站内的多个资源位，如发现好货、京东快报等，其流程如图6-11所示。

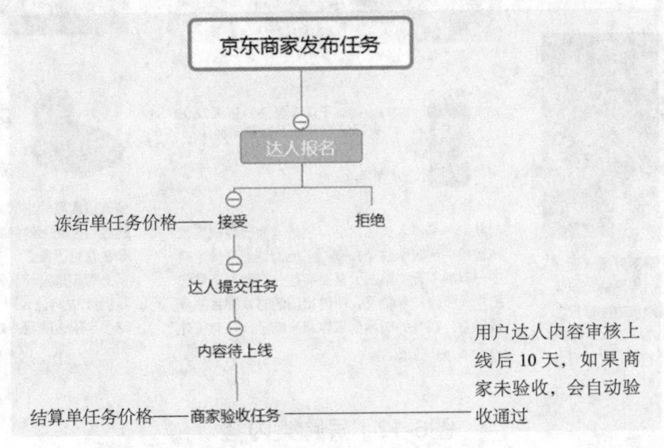

图6-11｜京任务流程

专家指导

商家还可通过今日头条、微信等进行内容的站外引流。站外引流主要通过京挑客与第三方媒体合作，由媒体选择商品信息在自己的资源平台上推广，最终带来转化。

2. 京东内容的表现形式

京东达人通过京东内容开放平台进行内容创作，其内容表现形式主要以图文（导购、清单、测评、资讯）和视频为主。其中京东快报、发现好货、格调·家、臻选·家、去旅行等入口只能发布图文内容；京东视频和京东直播只能发布视频内容；发现既可以发布图文内容，也可以发布视频和直播内容。下面对这些内容的具体表现形式进行介绍。

- **导购类**｜导购类的内容在京东中主要表现为长文，京东快报、格调·家、臻选·家、去旅行等比较适合发布长文章，文章内容主要是围绕商品，通过商品推荐、商品资讯等提供场景化的导购氛围，激发消费者的购物兴趣。导购类内容必须配图，且图文穿插、排版简洁，文章内容建议不少于500字，有商品链接、覆盖不同品类和品牌的文章会被优先推荐展示。图6-12所示为京东快报中的一则文章，它通过对比和悬念设置的方法写作文章标题，引起消费者的好奇，正文层层深入，从对比商品的角度切入，先说明该商品的优点，再推出另一种商品，通过优质的对比表明两种商品都非常受欢迎，同时文章中穿插着配图和商品链接，消费者可以直接点击商品进行购物，是非常典型的导购类内容。

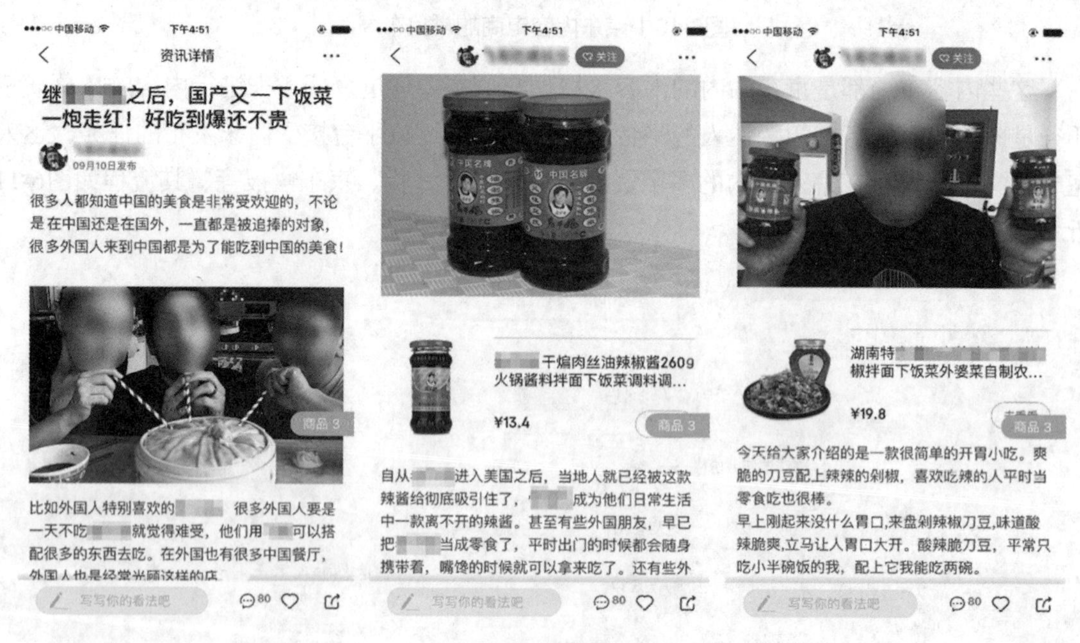

图6-12｜导购类内容

- **清单类** | 清单也是内容的常见表现形式，一般以“短文介绍+商品推荐”为主。清单类内容在写作时要注意主题必须与推荐商品匹配，并为每个商品配上相应的简短文案以介绍商品。图6-13所示为发现和发现好货中的清单类内容。

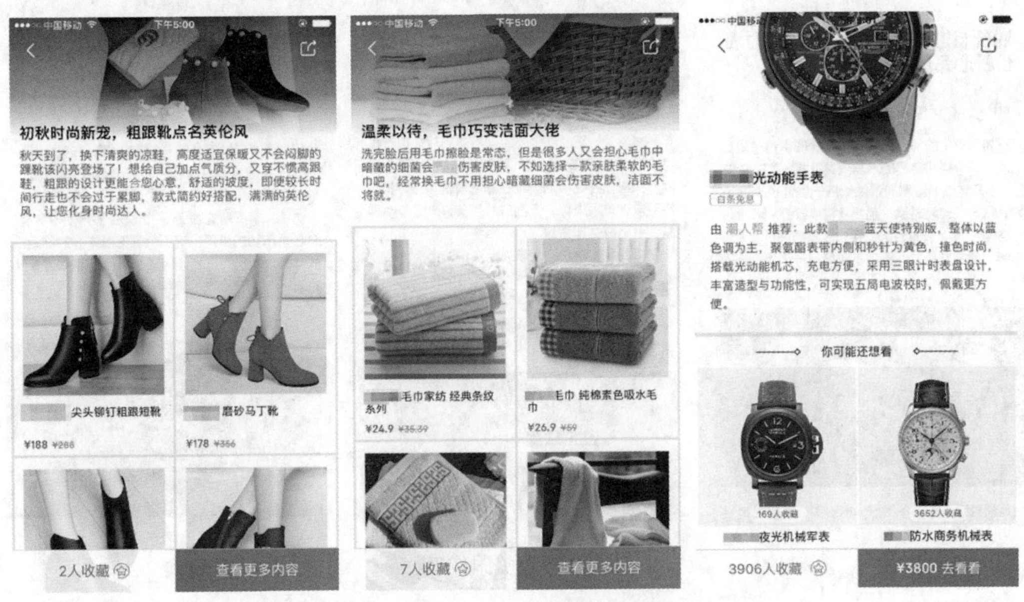

图6-13 | 发现和发现好货中的清单类内容

- **评测类** | 科技、数码、家电、美妆等类型的商品非常适合写作评测类内容，内容主要围绕商品的外观、功能、使用体验等角度展开，搭配图片进行详细解说。图6-14所示为发现好货中的一篇手机评测文章。

图6-14 | 评测类文章

· **资讯类**｜时尚、科技、生活、艺术创意等内容可以用资讯信息的方式展示，这类内容要注意信息的时效性。图6-15所示为典型的资讯内容展示。

图6-15｜资讯内容

· **视频类**｜京东视频、京东直播和发现中的“视频”和“直播”栏目可以进行视频内容展示，视频比较适合科技、时尚、美食等领域的内容展示；直播比较适合潮搭、美妆、珠宝、美食、3C数码等领域的内容展示。若视频中有名人出镜，会被优先推荐展示。图6-16所示为京东视频和京东直播的展示界面。

图6-16｜视频内容

专家指导

不管是淘宝内容电商，还是京东内容电商，都是基于内容营销创作开展的以内容为起点、向粉丝销售商品或者服务的电商模式，其实质是通过内容连接用户与商品。内容电商以其原创、实用的内容为消费者所接受，其营销渠道多种多样，适用于几乎所有的媒介渠道和平台，目前以视频、直播和移动营销等为主要的发展方向。

6.1.3 小红书分享电商平台

与淘宝、京东等交易型电商平台不同的是，小红书是一个生活、购物分享的社区平台，在这个平台，用户通过创造内容来与不同的人分享自己的生活点滴，找到与自己志趣相投的人或喜欢的内容，以彰显自己的生活态度。

小红书成立的初衷是为了向海外用户分享购物经验，但随着电子商务和内容电商的快速发展，小红书逐渐拓展了自己的业务，不仅增加了更多与消费者生活方面相关的各种领域的内容分享，还打造了自己独有的社区电商平台——小红书商城。用户可以在小红书社区中通过文字、图片、视频来分享自己的生活点滴，如服饰搭配、美妆教程、旅游攻略、美食测评等，小红书通过大数据和智能推荐对这些信息进行精准、高效的匹配，将其推送到对其感兴趣的用户眼前，以更好地进行从内容到产品的转化，提高用户在商城中购物的概率。

用户在小红书中购物主要是通过在小红书App的“商城”模块中搜索商品，这些商品大部分都来源于小红书社区中用户的分享与推荐，具有较好的口碑印象，能够更快促成商品的成交。图6-17所示为小红书App的界面，用户主要通过“发现”模块查看感兴趣的领域的内容，当用户关注某个喜欢的内容创作者时，也可通过“关注”模块查看所关注人分享的内容，“附近”模块则是根据用户定位所在位置附近的创作者进行内容的推荐。

专家指导

在搜索输入框中，用户可根据自己的喜好输入想要查看的内容关键字，小红书将推荐与之相关的文章供用户查看。同时用户还可点击“商品”或“用户”选项卡选择商品或用户名称中包含该关键词的账号名称，以关注其他用户。

图6-17 | 小红书App

1. 小红书的内容领域

小红书中可以分享的内容领域非常广泛，目前有时尚穿搭、护肤、彩妆、旅行、餐厅、食谱、综艺、美发、美甲、个人护理、萌宠、运动健身、萌娃、情感、婚礼、电影、电视剧、游戏、科技数码、汽车、读书、健康、家居家装、动漫、舞蹈、母婴、音乐、搞笑、摄影、教育等领域，如图6-18所示。

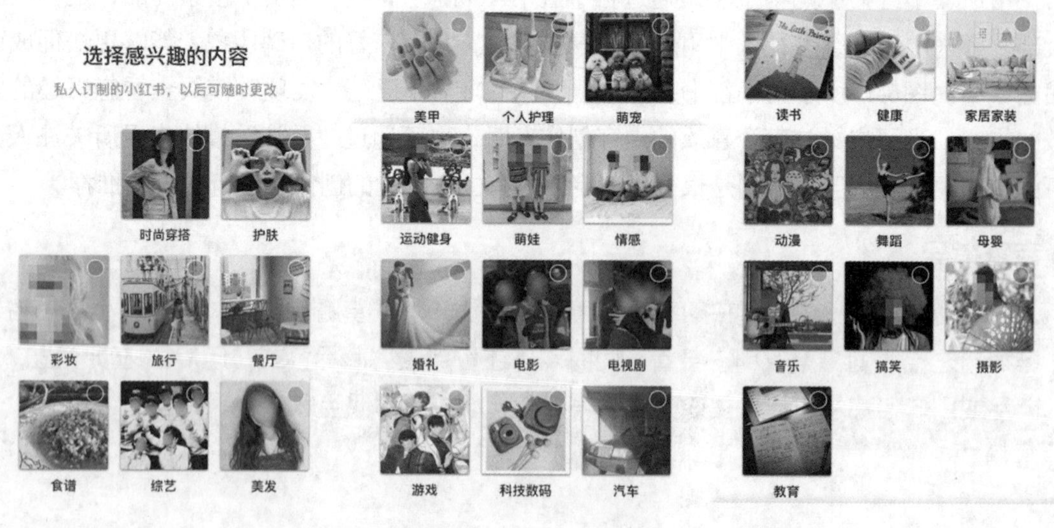

图6-18 | 小红书内容领域

小红书的这些内容领域主要来自两个方面，一是围绕目标受众群体所关注的话题，通过相关的关键词来划分话题的不同维度，如生活场景、品类等；二是根据时事热点策划相关的专题，如围绕世界杯这个热点，可以策划出#为世界杯干杯#、#选择我的世界杯#、#边吃边看世界杯#等话题。小红书的内容领域一直在根据平台用户、内容数据的分析进行调整和增加，未来这些内容领域会更加丰富和多样化，内容创作者要先选定自己擅长且与目标受众群体定位相符的领域进行内容的创作。

专家指导

除了热门话题专题外，小红书也会根据情况进行原生优质内容的整合推荐。

2. 小红书的内容来源

根据小红书中内容呈现方式的不同，其内容来源主要包括3种，分别是UGC、PGC和PUGC，下面分别进行介绍。

（1）UGC

用户原创内容（User Generated Content，UGC），也可叫作UCC（User Created Content），是指用户将自己原创的内容通过互联网平台进行展示或者提供给其他用户。UGC是小红书中内容生产的主要来源方式，它提倡用户自己原创内容，并建立了一套用户成长体系，用户升级需要满足小红书对内容生产的要求，图6-19所示为小红书中的用户等级，从低到高分别是尿布薯、奶瓶薯、困困薯、泡泡薯、甜筒薯、小马薯、文化薯、铜冠薯、银冠薯、金冠薯。如要获得文化薯称号，需要累计发布9篇参加话题活动的视频笔记均获得10个收藏或50个赞，或者累计发布100篇笔记均获得10个收藏或50个赞，这就要求小红书用户所发布的内容质量有一定的可取之处才能晋级。

此外，小红书还发布了相关领域内容生产的指导教程，用户可以先查看指导教程，了解原创内容的写作方法，再进行内容的创作，如图6-20所示。

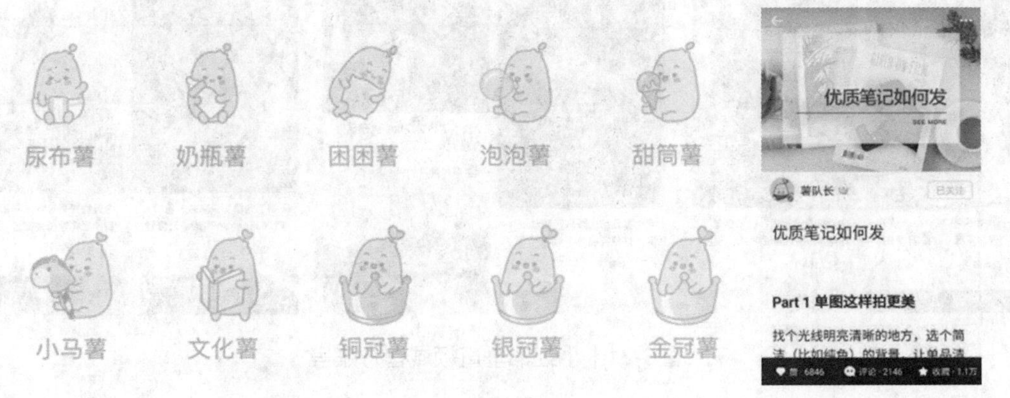

图6-19｜小红书用户等级

图6-20｜优质笔记指导教程

专家指导

UGC内容来源于用户自己的生产和分享，因此内容的可信度较高，可以通过用户的评价和真实体验来打造更可靠、更具有认同感的品牌形象。

（2）PGC

专业生产内容（Professionally Generated Content，PGC）也叫PPC（Professionally-produced Content）。它与UGC的区别在于，其内容质量更高、专业性更强，其通过从各个领域的细分市场来纵向挖掘内容，为消费者提供真正有价值的内容。

PGC主要有两种类型，一是知识、技能、方法的分享，二是主题式推荐。知识、技能、方法的分享是在专业技能的基础上进行内容的创作，如一个美食店铺的PGC内容营销，就是进行各种美食内容的分享，如美食制作、美食推荐等。主题式推荐则是通过小而美的内容来吸引具有相同需求的用户，引起消费者的共鸣和归属感，从而获得忠实客户。小红书以内容话题的分类作为划分依据，开设了多个垂直官方账号，如薯队长、穿搭薯、视频薯、娱乐薯、生活薯、运动薯、日常薯、吃货薯、照片薯、巨星薯、校园薯等，这些垂直官方账号发布的内容一般都是相关领域的专业型知识或技能，如图6-21所示。

图6-21 | 小红书垂直领域官方账号

（3）PUGC

专业用户生产内容或专家生产内容（Professional User Generated Content，PUGC）是一种将UGC与PGC结合起来的内容生产模式。它既有UGC的广度，又能通过PGC的模式产生专业化的、能够更好吸引和沉淀用户的内容。小红书中的PUGC内容生产者主要有3类，一是从其他网络平台邀请的达人或团队，二是小红书平台中的达人用户，三是明人。这些生产者大都拥有很好的粉丝基础，能够带来大量的流量和转化。

3. 小红书的内容表现方式

小红书中的内容既可以是图文，也可以是视频，可以通过小红书中的“笔记”和“视频”两种方式来呈现。用户在小红书App界面中点击页面底部的⊕按钮，在打开的界面中可选择“相册”“拍照”和“拍视频”3个选项，其中，“拍照”为图文类的笔记；“拍视频”为短视频；“相册”既可以选择图片，也可以选择视频。

（1）笔记

笔记是小红书用户发布内容最常见的方式，其内容主要由图片和文字组成。用户在发布笔记时要先了解笔记的结构，主要包括图片、标签、标题、正文、用户信息、赞、评论、收藏等，如图6-22所示。部分笔记还可以在其中添加所分享的商品，如图6-23所示。

图6-22｜笔记的结构

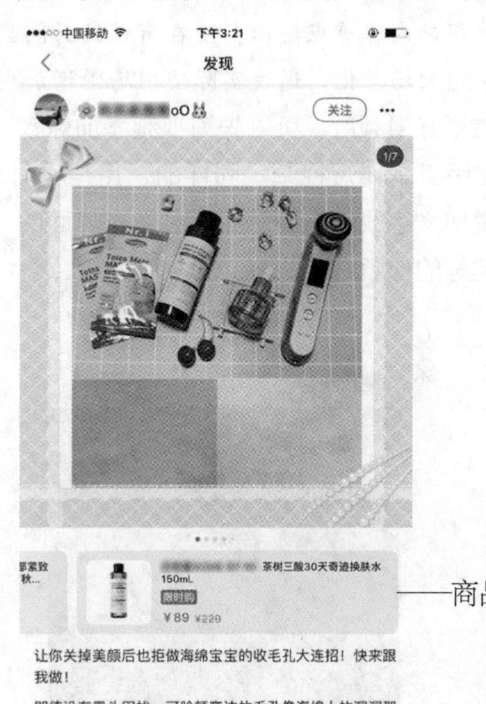

图6-23｜在笔记中添加分享的商品

要写出吸引用户点击与阅读的优质内容，需要保证笔记内容的独立性、可归纳性和可整合性。

- **独立性**｜是指笔记内容能够与其他内容区别开来，不与其他用户发布的内容重复，同时还能对用户产生价值，能让用户看完后有收获。
- **可归纳性**｜优质的笔记内容能够被收录到小红书中对应的内容领域，但要注意内容中要有比较明显的可以体现内容领域的归纳性词语，如地名、穿搭等，否则，笔记将不能被收录到分类中，也得不到曝光和推荐。

- **可整合性**｜在小红书中不仅系统会将优质笔记自动收录到对应的话题，用户也会在看到优质笔记时将其收藏到自己的专辑，因此，优质的笔记内容是可以被整合的。但要保证笔记的图片清晰、美观，标签完整、详细，内容实用、干货较多。

（2）视频

视频在小红书中也非常常见，视频不仅可以更加直观地展示分享给用户的内容，还能增加用户的停留时间、提升转化率，特别是服装、美妆、玩具、厨具、家居等需要充分展示使用场景的产品更加适合使用视频内容。

短视频内容创作需要注意以下几个方面。

- 在拍摄视频内容时要注意保持拍摄画面的稳定，以免造成画面抖动或模糊。
- 视频时长不超过60秒，但建议在20秒左右最佳。
- 视频内容重点突出，要在有效的时间里给用户提供最有价值的信息。
- 视频场景化，通过实际使用场景增加内容的感染力。

拍摄好视频后，可以先为视频添加标签、正文描述，然后再发布。图6-24所示为拍摄的DIY手工制作短视频。同样的，用户也可通过其他视频软件制作视频，为视频添加字幕、说明文字或特效，然后通过发布界面的“相册”选项发布视频内容。图6-25所示为发布创建好的视频内容。

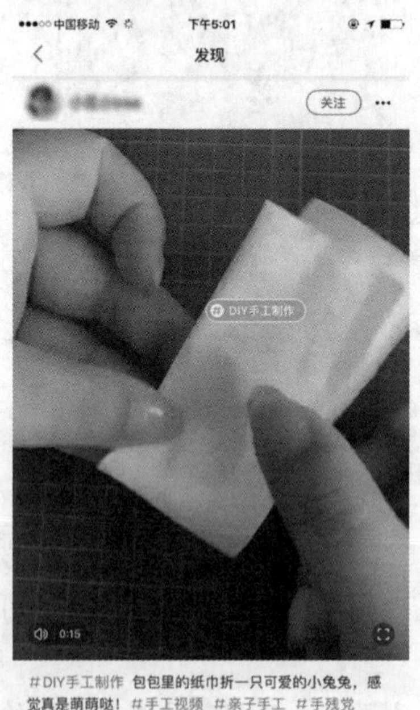

图6-24｜拍摄视频进行发布

图6-25｜发布创建好的视频内容

专家指导

与微博类似，在小红书中进行内容创作时也可通过“# #”符号来创建话题，不管是图文还是视频内容，内容创作者都可以根据需要添加话题。当大量用户搜索相似的内容时，小红书会在“发现”模块的搜索框中显示目前的热搜内容，添加话题可以更好地被系统收录，并推荐给用户查看。

6.2 淘宝内容电商文案写作与发布

淘宝、京东、小红书等常用内容电商平台的操作方法都比较类似，下面以淘宝为例，通过介绍微淘、淘宝头条和淘宝直播3种较为常见的表现方式来讲解内容电商文案的写作与发布方法。

6.2.1 微淘

微淘是淘宝非常重要的内容营销平台，它定位移动端，通过发布各种消息来维护与消费者之间的关系，加强与消费者之间的互动，达到宣传店铺品牌文化、发布折扣活动、管理新老客户、定向推送优秀内容的目的。

微淘是在现有的店铺和商品之上新构建的一个可广泛传播的信息层。每位用户可以自由订阅自己关注的账号和感兴趣的领域，还可与商家互动。也就是说，当商家在微淘上发送信息后，关注该商家的粉丝即可看到他发布的信息，并与商家互动。图6-26所示为微淘界面，通过“关注”栏目，粉丝可看到关注的微淘商家发布的内容。在其他栏目中，淘宝用户可以查看其他达人或微淘商家发布的内容，并关注感兴趣的达人或微淘商家。

专家指导

淘宝商家在微淘中进行内容营销，相当于增加了一个有效的营销渠道来吸引粉丝、宣传店铺和商品，同时多了一个渠道触达消费者，引导转化。但要注意，微淘的运营效果并不能立竿见影，而是需要日积月累的。只有慢慢积累起粉丝，才能够达到理想的效果。

图6-26｜微淘

1. 微淘的体系

微淘是淘宝内容创作者与阿里创作平台的接口，淘宝内容创作者在阿里创作平台中申请微淘号成功后即可发布微淘，进行内容的营销与粉丝的运营。微淘号包括商家号和达人号两种类型，商家号是指直接使用淘宝开店的账号入驻的微淘号；达人号是指通过阿里创作平台注册的微淘号。商家号适合淘宝商家进行店铺的内容创作、粉丝运营；达人号适合自由创作者进行内容创作、粉丝运营，并与商家开展合作。

不管是商家号还是达人号，都可以通过发布优质微淘内容，提升微淘账号等级。账号等级是对商家号和达人号内容创作或内容组织能力、粉丝运营能力、账号健康度等进行综合评估的价值体系，等级越高，账号可以获得的权益和功能就越多，也能获取更多公域流量等平台奖励。

微淘账号等级有L0、L1、L2、L3、L4、L5、L6共7个等级，不同的等级有不同的渠道和权限。商家或达人要想通过淘宝的内容入口获得更多价值，就一定要注重微淘等级的提升，下面以达人号为例进行介绍。

微淘号 · 商家等级体系

- **L0**｜在阿里创作平台完成账号入驻的新手达人。
- **L1**｜在阿里创作平台有一定的内容创作积累，具备基础创作能力的新手达人。
- **L2**｜在阿里创作平台持续发布优质内容，并拥有基础创作能力、有效粉丝关注的进阶达人。
- **L3**｜在阿里创作平台持续发布优质内容吸引粉丝关注和访问，具备一定转粉能力的进阶达人。

- **L4** | 在阿里创作平台持续发布优质内容，与粉丝充分互动，形成粉丝持续回访的资深达人。
- **L5** | 具备优秀的内容创作能力及粉丝运营能力，并具备一定账号影响力的资深达人。
- **L6** | 具备优秀的内容创作能力及粉丝运营能力，有自己的个人品牌，在某一领域下具有非常强的影响力的品牌达人。

2. 微淘的类型

通过微淘号，商家或达人可以发布不同的内容，以微淘号·商家为例，可以发布帖子/清单、上新、短视频、图片、单品、互动、转发和买家秀等类型的内容。文案人员可以在阿里创作平台中选择“发微淘”选项，在打开的页面中选择需要发布的类型进行写作并发布。

（1）帖子/清单

包括长文章、宝贝清单和装修样板案例3种。

- **长文章** | 长文章是自由度最高、最适合独立创作者使用的内容发布类型。与微博、微信中的长文章类似，可以充分发挥创作者的创意与写作能力，通过文章内容的质量来吸引消费者点击阅读，带来流量转化。
- **宝贝清单** | 是指围绕某一相同话题的商品专辑，清单内容要尽量挑选优质的宝贝，以提高内容的质量。
- **装修样板案例** | 是指帮助装修商家或设计师创建的真实的整屋样板案例，在体现商家或设计师专业能力的同时，给消费者提供灵感，并可通过添加宝贝进行场景式购物。

专家指导

微淘号·达人同样可以发布帖子，主要包括长文章、商品评测、商品排行、商品推荐、店铺推荐和装修样板案例几种。此外，还包括短视频、搭配（场景搭配、拼图搭配）、单品（好货心得）和问答（互动问答）4种类型。

（2）上新

上新包括上新和预上新两种。上新要求内容包含的商品是7天内上架的商品；预上新要求内容包含的商品是7天内预上架的商品。上新内容只需要简短的标题或合集介绍，再加上商品即可，最多可添加50个商品，如图6-27所示。

（3）短视频

短视频包括标题、摘要、内容主体、封面图几部分，内容主体即上传的短视频，与前文中介绍的短视频制作相似，这里不再赘述，图6-28所示为微淘中“视频”栏目中的内容。

- **标题**｜要求用4~19字体现视频内容，避免标题党等误导性标题。
- **摘要**｜控制在50~140字，要求根据不同的视频填写不同的摘要以辅助视频浏览。若推荐单品则需要写推荐理由；剧情、广告类需要写主要的剧情或情节；评测、清单、盘点类内容需要填写对应的主题和涉及的商品。
- **内容主体**｜视频比例为横版16:9或竖版9:16，大小不超过200MB，时长9秒~10分钟，支持mp4、mov、flv、f4v几种格式。
- **封面图**｜16:9比例的视频需要上传2张封面图（16:9封面图、1:1封面图）；9:16比例的视频需要上传3张封面图（16:9封面图、1:1封面图、9:16封面图）。

（4）图片

图片主要用于展示商品图片，通过展示多张优质图片，并为每张图片添加描述，形成图片合辑来吸引消费者，以获得影响力和粉丝关注。

（5）单品

单品围绕单个商品的亮点、使用心得展开介绍，通过优质的内容让粉丝对该商品产生良好印象。单品内容是基于商品的推荐内容，推荐理由、标题需要简单明了，突出产品本身优势和特点，通过真实可信的推荐理由、详尽到位的商品解说、美观清晰的图片，能够有效展示商品的亮点，增加被有好货、生活研究所等渠道采纳的机会。图6-29所示为优质单品的内容展示。

图6-27｜上新

图6-28｜短视频

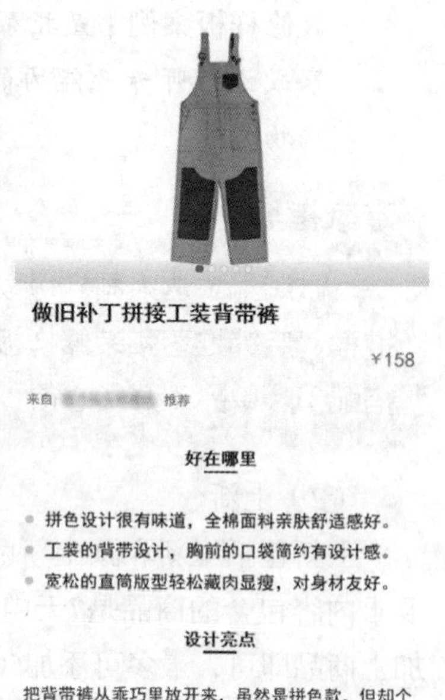

图6-29｜单品

（6）互动

互动包括互动问答和活动链接两种。

- **互动问答**｜是指由内容创作者发起的问题答疑互动内容，包括发起问答内容、消费者提问和问题回复3个主要环节。内容创作者主要负责发起问答内容，如图6-30所示。

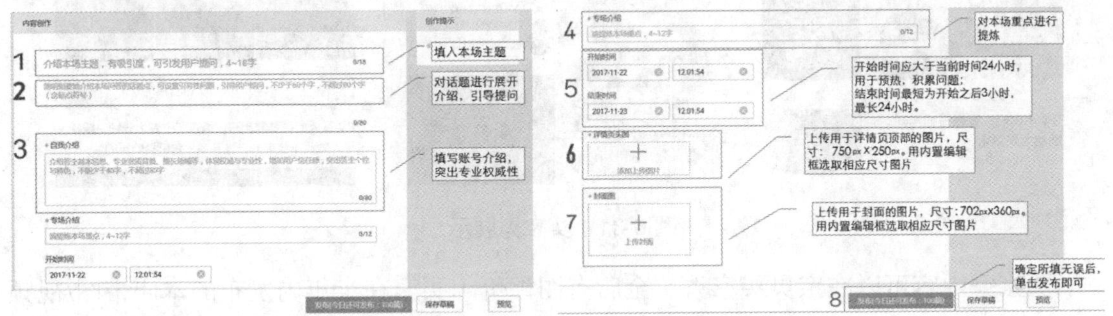

图6-30｜互动问答

- **活动链接**｜活动链接包括封面图和自定义链接，通过设置链接可以让粉丝快速参与活动。

（7）转发

微淘转发可以转发我的V任务内容、达人微淘内容和商家微淘内容3部分内容。

- **我的V任务内容**｜是指商家自己采买的内容，并且该条内容是通过阿里创作平台发布到微淘的。
- **达人微淘内容**｜是所有在阿里创作平台发布到微淘的全量达人内容。
- **商家微淘内容**｜是所有在阿里创作平台（暂不支持千牛发布的内容）发布到微淘的、除去自己店铺的内容，以及买家秀内容。

转发内容默认支持含有本店铺商品的内容，并按照内容发布时间由近及远排序，方便商家快速查找到与自己店铺有强相关的内容进行转发。转发后，商家可以输入对店铺粉丝要讲的话，该描述将会在手机淘宝App微淘内展示。建议该描述要能展现店铺风格特色，以吸引粉丝点击和互动。

（8）买家秀

商家可通过展示优质买家秀内容展示商品的特点，促进单品成交转化。买家秀内容主要展示在淘宝头条“最美买家秀”、微淘“晒单”、主搜“买家秀”等栏目，其内容全部由买家秀运营得好的商家提供，如图6-31所示。

图6-31｜买家秀展示

买家秀内容可以在宝贝买家秀、全店有图评价（买家在半年内发布的本店带图/视频评价内容）、全店晒物贴（买家在本店“征集活动”中发布的有图/视频的带商品的晒物内容）中进行选择，然后设置封面图，对内容进行加精、移除或转发到微淘，如图6-32所示。被加精的买家秀会被同步到店铺买家秀中，建议每个商品至少加精4条。

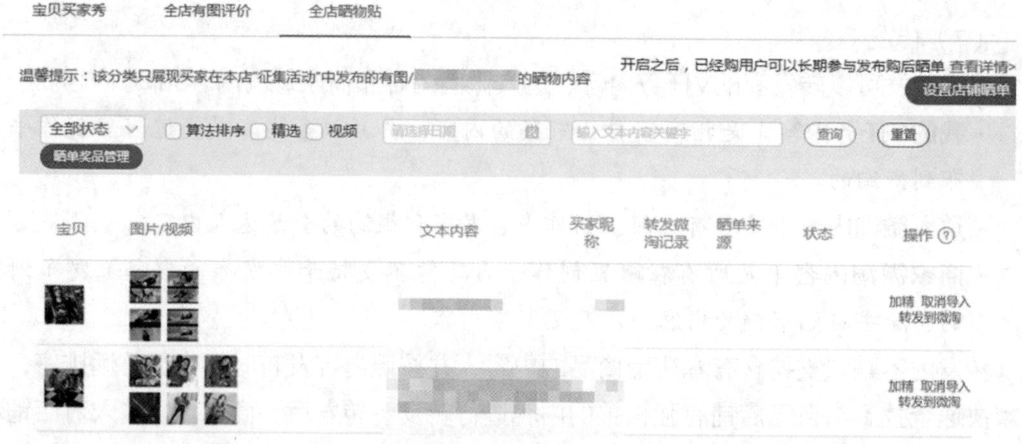

图6-32｜买家秀内容设置

6.2.2 淘宝头条

淘宝头条是淘宝平台为外部媒体开放的内容营销入口，其开放对象为机构媒体、内容类企业、自媒体或在相关领域有一定影响力的内容创作者。淘宝头条提供了头条、视频及其他内容频道展示模式，如图6-33所示。

图6-33丨淘宝头条内容展示模式

淘宝头条的内容创作者是淘宝达人。商家可通过阿里V任务与淘宝达人进行合作。阿里V任务有需求方和服务方两种角色。

- **需求方**丨支持店铺、品牌号和内容服务商3种身份申请开通。开通成功后，可以在阿里V任务平台购买内容服务。
- **服务方**丨支持创作者、机构和媒体3种身份申请开通。成功开通后，可以在阿里V任务平台提供内容创作及推广等服务，以赚取任务酬劳。所有等级在L2以上的淘宝达人都可以申请成为服务方，如果达人等级不达标但拥有直播浮现权也可以入驻阿里V任务。

一般来说，淘宝商家是需求方，内容创作者是服务方，需求方和服务方都可以通过阿里V任务发布任务，供对方在任务平台中查看并筛选。图6-34所示为在阿里V任务中搜索图文达人并设置渠道为“淘宝头条”的结果。

从图中可看出，淘宝内容电商的其他渠道，如有好货、必买清单、每日好店等都是通过阿里V任务来完成的。点击任务可以查看任务的详细说明，若符合需要可以下单接任务，接任务后，内容创作者即可开始内容的创作与发布。对于淘宝头条来说，以下内容会更受消费者的青睐。

- 紧跟生活时尚潮流的资讯内容，其覆盖范围广泛，如穿搭、居家、数码、户外等领域。穿搭类时尚潮流趋势解读、3C数码前沿科技产品首发信息同步解读等内容是非常典型的潮流资讯内容。
- 知识、经验分享等实用型资讯，如育儿类经验分享、3C数码各型号商品、美妆用品盘点、装修攻略分享、瘦身食谱、运动装备挑选等内容。

· 八卦、奇闻、热点话题、猎奇新鲜事等内容。

· 商品评测、分享；商品、活动爆料；旅游攻略、旅途心情分享；新书上架导读、推荐；电影影评、影讯；其他和生活、娱乐、消费相关的新鲜资讯等。

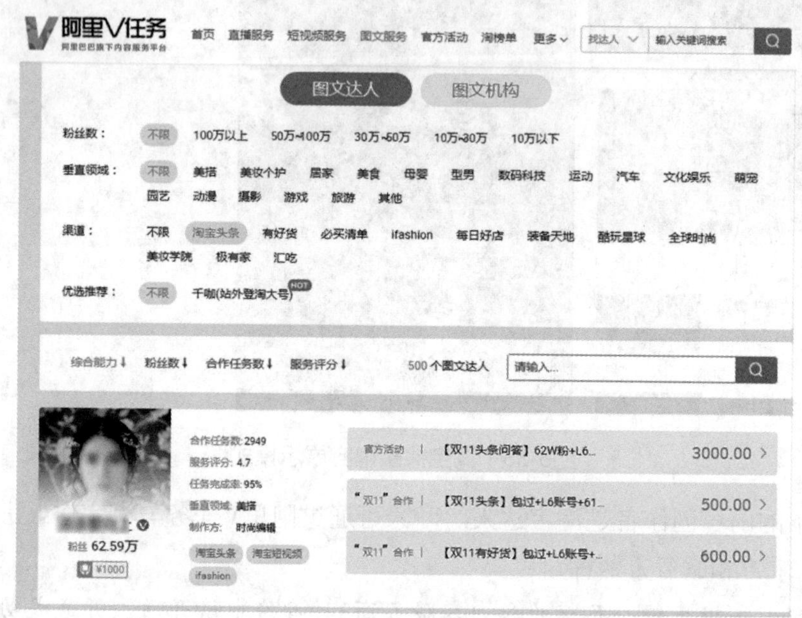

图6-34｜在阿里V任务中查看达人发布的任务

6.2.3 淘宝直播

淘宝直播是一个社交电商平台，它通过场景式的方式，对商品和品牌进行营销，实现商家边直播边卖、消费者边看边买的营销目的。在直播中，消费者可以提出自己的疑问和要求，播主可以现场解答疑问，信息的展示更加直观、真实，互动更加紧密，是目前十分主流的电商直播营销方式。

1. 淘宝直播的推广方式

淘宝商家要通过淘宝直播来进行内容推广，有两种模式可以选择，一是商家自己直播；二是商家找达人或机构直播。

· **商家自己直播**｜商家自己开通直播权限进行商品的推广直播，其流程如图6-35所示。淘宝针对集市店铺和天猫商家有不同的开通标准，其中集市店铺的开通标准是：店铺一钻及一钻以上级别，店铺微淘层级L1及以上，具有一定老客户运营能力，有一定主营类目所对应的商品数和销量。天猫商家的开通标准是：微淘账号层级L1及以上的天猫商家可开通直播，天猫商家发起直播通过预告审核后，默认有直播浮现权限。

图6-35｜商家自己直播流程

- **商家找达人或机构直播**｜商家还可以挑选达人或机构来进行直播推广，其操作流程如图6-36所示。

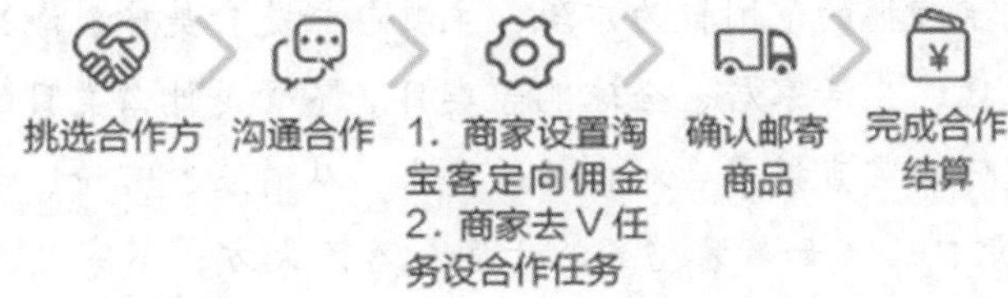

图6-36｜商家找达人或机构直播流程

达人或机构要成为淘宝直播的主播，必须要有一个绑定了支付宝实名认证的淘宝账号，账号属性不同要求也不同，具体如下。

（1）非商家且为个人主播，以下条件满足一条即可。

①微博粉丝数要大于5万（含5万），最近7天内至少有一条微博的点赞数和评论数过百（有明显“僵尸粉”和“水军”的情况将取消申请资格），或者其他社交平台的粉丝数大于5万（含5万），粉丝互动率高。

②淘宝达人（不含有商家身份）粉丝数大于1万（含1万），最近7天内至少发布过一篇图文帖子。

满足以上任一条件，即可上传一份大小不超过3MB，时间在5分钟内的主播出镜视频，申请成为淘宝主播。视频主播要有较好的控场能力，口齿流利、思路清晰，与粉丝互动性强，以充分全面地展现自己，提高审核通过的概率。

（2）如果为个人商家，要求其微淘粉丝数1万以上。由于行业不同，对主播的要求也各不相同，要以每个行业的要求为准，因此需要商家明确自己的所属行业。

（3）如果是经纪公司，旗下有大量主播，且在其他直播平台有过成功经验，想要以主播运营机构的身份加入淘宝直播，则要求引入的达人必须在微博等社交平台有一定粉丝影响力（粉丝基本门槛2万，粉丝数高的优先），或者为某些专业领域的关键意见领袖、知名公众号、平台签约模特或艺人等，有影响力的达人优先通过。

2. 淘宝直播的组成

淘宝直播是基于淘宝电商平台的一个可以直接变现的直播内容平台，它依托于淘宝系统的智能推荐，向消费者推荐符合他们需求和感兴趣的内容和主播。淘宝直播向消费者推荐内容是分批次的，一般先在小范围内进行测试或推荐给100个人观看，如果视频观看数据很好，就会持续加大推荐到更多消费者的淘宝直播平台。反之，则停止推荐。判断直播展现效果的好坏，主要由淘宝直播成交转化率、点赞数、评论数、用户观看时长等因素决定。一般来说，成交转化率越高、点赞数和评论数越多、观看时长越长，能够获得的粉丝推荐量就越大。因此，淘宝直播要注重直播内容的质量，只有具有吸引力的优质直播内容才能让展现的数据更好。

对于淘宝平台来说，一个完整的淘宝直播主要由直播主播、商品描述、观看时长和评论互动4部分组成。

- **直播主播**｜淘宝直播的范围较为广泛，主要包括美食美味、潮搭攻略、珠宝类、美妆类、亲子乐园、生活家居、全球购等类目。不管是什么类目的主播，在进行直播时都必须要遵守淘宝直播平台对主播的要求，从着装、言论、动作行为和直播间环境4个方面约束自己，如着装整齐、干净、落落大方，不穿过于低俗暴露的服装；不谈论政治话题、色情、敏感信息；不攻击、诋毁或谩骂他人；不传播不实信息；不泄露他人隐私；直播间环境简洁、大方、明亮，不能过于花哨等。
- **商品描述**｜不同于其他的直播营销平台，淘宝、京东等交易型电商中的直播平台最重要的内容就是展示商品。主播在直播的过程中要清楚地向消费者展示商品的特点，解答消费者对商品的疑惑。
- **观看时长**｜淘宝直播的时间一般较长，建议一天直播两场，每场不少于4小时。如果是新手主播，建议避开早上7:00—12:00、下午2:00—5:00、晚上7:00—11:00的高峰时段，进行差异化竞争。
- **评论互动**｜直播是一个双向互动的过程，直播时可使用一些技巧，如制造冲突、设置悬念来引导用户咨询商品或进行评论。也可以通过强烈的个人风格来提高粉丝的留存和转化率，如讲幽默段子等。

专家指导

在进行淘宝直播时，直播内容不能出现纯粹的商品推荐或广告推销，以及与直播内容毫无关系的商品、微信账号等，不能涉及黄、赌、毒、烟等违规内容。其次，主播不能在直播评论中使用小号添加自己的店铺或微信账号信息。

3. 淘宝直播的内容

主播首先要选择淘宝直播的直播类型，包括竖屏直播间和横屏直播间（手机端不支持横屏），然后填写直播信息，包括直播开始时间、直播标题、本场直播的内容简介、直播封面图、直播位置、内容标签等信息后即可进行淘宝直播的发布。

- **直播开始时间**｜若不在当前时间开始直播，就需要发布一条直播预告。

- **直播标题**｜标题需要控制在12个汉字以内，必须包含必要的内容亮点，如“带你发现××”“××全攻略”“今夏最××”等。
- **直播内容简介**｜：内容简介是对标题的解释或对直播内容的概括，建议在140字以内，内容要简单、不拖沓，可以是直播嘉宾、粉丝福利、特色场景、主播介绍、主打商品故事等，要从能够吸引消费者的角度来写作。
- **直播封面图**｜封面图首先要清晰、易懂；其次要保证画面完整、主题突出、不花哨。
- **直播位置**｜即直播的地点，可根据实际直播位置进行填写。
- **内容标签**｜直播所对应的淘宝直通站内频道。

图6-37所示是标题为“蜜蜡欢迎比货比价”的淘宝直播封面和直播展示。

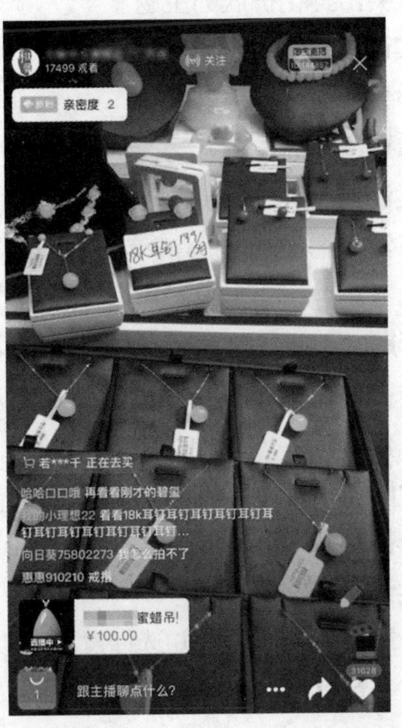

图6-37｜淘宝直播封面和直播展示

专家指导

在正式直播前，建议主播发布直播预告。通过预告先对直播内容进行清晰的描述和介绍，让消费者提前了解直播内容。同时，由于要上传直播分享的商品，因此可以更好地通过大数据匹配到对商品感兴趣的消费者，获得更加精准的流量，提升转化率。

6.3 本章实训

为了帮助读者进一步掌握内容电商文案的写作与发布方法，下面以发布清单和长文章为例进行实训练习。

6.3.1 写作并发布清单

清单是一种通过商品推荐来吸引消费者购物的内容，一般以实用型为主。写作时要先确定好清单的主题，围绕主题展开商品推荐。下面围绕成分包含鲜花的护肤品发布清单，需要注意突出鲜花护肤的主题。

1. 实训要求

①学会写作清单内容。

②掌握清单的发布方法。

2. 实训准备

发布清单需要先了解清单的组成结构，主要包括标题、推荐理由、封面图、推荐商品等。

- **标题**｜标题字数控制在16个汉字以内，不能有违规词和敏感词。
- **推荐理由**｜推荐理由是对清单中所推荐商品的整体进行的描述，建议内容不要太多，控制在40~140个汉字。
- **封面图**｜封面图的尺寸不小于750px×422px，大小不超过5MB。
- **推荐商品**｜清单中可以添加6~100个商品，可以直接复制商品链接。

3. 实训步骤

①登录阿里创作平台并选择发布的类型。使用淘宝商家账号或达人账号登录阿里创作平台，在平台首页单击“创作”栏中的“发微淘”选项，打开“发布新微淘”页面，在其中单击“帖子/清单”选项，然后单击“宝贝清单”中的立即创作按钮，如图6-38所示。

图6-38｜登录阿里创作平台并选择发布的类型

②写作清单内容。在打开的“清单”页面中依次写作清单的标题、推荐理由，然后设置封面图、推荐的商品以及本文目标人群，如图6-39所示。

③发布并预览效果。完成后单击发布(今日还可发布：3篇)按钮进行发布，并预览其效果，图6-40所示为示例效果。

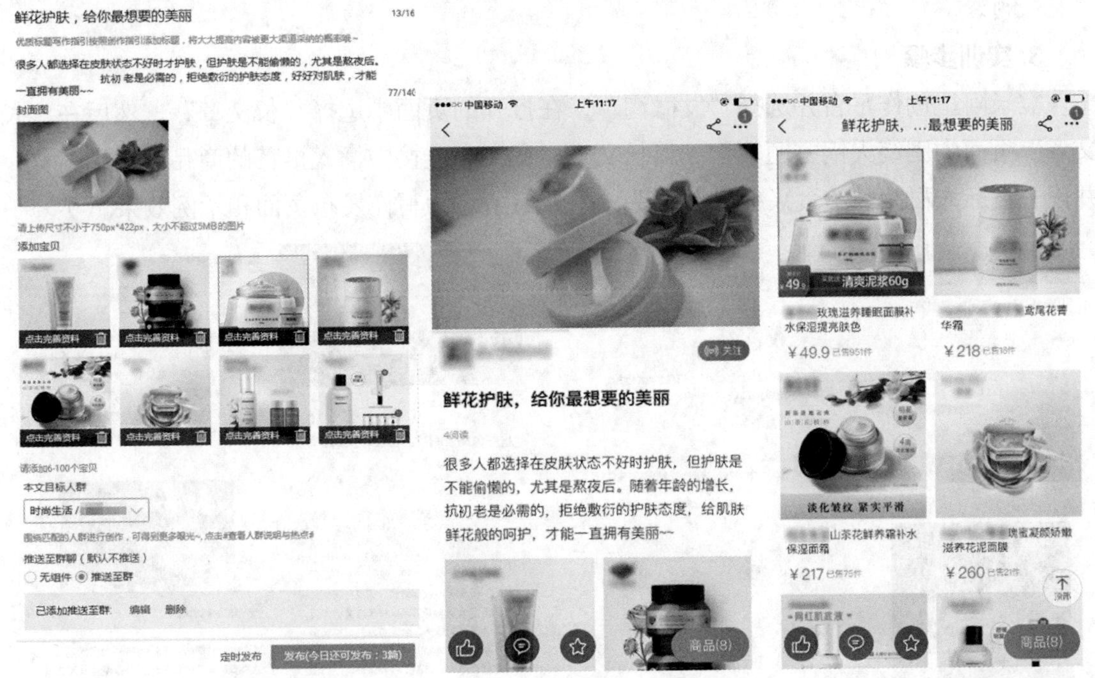

图6-39 | 写作清单内容　　　　图6-40 | 发布并预览效果

6.3.2 写作并发布长文章

长文章是淘宝内容电商非常典型的一种表现方式，在淘宝头条、有好货、必买清单等频道中都可发布长文章，以激发消费者的购物兴趣。下面围绕火锅写作一篇长文章，通过介绍不同地方的火锅文化来吸引火锅爱好者。

1. 实训要求

①学会写作长文章内容。

②掌握长文章的发布方法。

2. 实训准备

在淘宝中发布长文章，需要先了解长文章的组成结构，主要包括标题、引文、正文、文末链接等内容。

- **标题** | 需用4~19个汉字准确描述内容概况和阅读指引，建议不要添加特殊字符、复制商品标题。

- **引文**｜是对内容的简介，建议保持在10~100字。
- **正文**｜可插入视频、图片、商品等内容元素，并且可以对文字进行排版编辑，错落有序的正文、精美优质的商品和图片等元素，可以增加内容的可读性和专业性。
- **文末链接**｜是在内容底部增加一个链接，用来补充或指引正文无法表达完整的内容。

3. 实训步骤

登录阿里创作平台并选择“发微淘”，在打开的页面中选择“长文章”，然后在“长文章”页面中围绕火锅主题写作一篇长文章，在文末链接中插入推荐的商品链接和名称，并设置目标人群为“美食兴趣/火锅控”。图6-41所示为写作发布页面和示例效果。

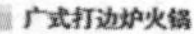

图6-41｜长文章写作发布页面和示例效果